中国国情调研丛书
村庄卷

China's national conditions survey Series

Vol. Villages

中国国情调研丛书·村庄卷

China's national conditions survey Series · Vol. Villages

主 编 张晓山
　　　蔡　昉

国情调研

发达地区贫困村的艰难起飞
——江苏泗洪李庄村

Hard Take-off of the Poverty Village in the Developed Regions:
Lizhuang Village in Jiangsu Province

杜志雄　包宗顺 等著

中国社会科学出版社

图书在版编目（CIP）数据

发达地区贫困村的艰难起飞：江苏泗洪李庄村／杜志雄，包宗顺等
著. —北京：中国社会科学出版社，2012.6
（中国国情调研丛书·村庄卷）
ISBN 978 – 7 – 5161 – 0931 – 1

Ⅰ.①发… Ⅱ.①杜…②包… Ⅲ.①乡村 – 农村经济发展 – 研究 –
泗洪县 Ⅳ.①F327.535

中国版本图书馆 CIP 数据核字（2012）第 108682 号

出 版 人	赵剑英
责任编辑	任　明
特约编辑	乔继堂
责任校对	韩天炜
责任印制	李　建

出　　版	中国社会科学出版社
社　　址	北京鼓楼西大街甲 158 号 （邮编100720）
网　　址	http：//www.csspw.com.cn
	中文域名：中国社科网　　010 – 64070619
发 行 部	010 – 84083685
门 市 部	010 – 84029450
经　　销	新华书店及其他书店

印　　刷	北京奥隆印刷厂
装　　订	廊坊市广阳区广增装订厂
版　　次	2012 年 6 月第 1 版
印　　次	2012 年 6 月第 1 次印刷

开　　本	710 × 1000　1/16
印　　张	16.75
插　　页	2
字　　数	221 千字
定　　价	45.00 元

总　序

　　为了贯彻党中央的指示，充分发挥中国社会科学院思想库和智囊团作用，进一步推进理论创新，提高哲学社会科学研究水平，2006 年中国社会科学院开始实施"国情调研"项目。

　　改革开放以来，尤其是经历了近 30 年的改革开放进程，我国已经进入了一个新的历史时期，我国的国情发生了很大变化。从经济国情角度看，伴随着市场化改革的深入和工业化进程的推进，我国经济实现了连续近 30 年的高速增长。我国已经具有庞大的经济总量，整体经济实力显著增强，到 2006 年，我国国内生产总值达到了 209407 亿元，约合 2.67 亿美元，列世界第四位；我国经济结构也得到优化，产业结构不断升级，第一产业产值的比重从 1978 年的 27.9% 下降到 2006 年的 11.8%，第三产业产值的比重从 1978 年的 24.2% 上升到 2006 年的 39.5%；2006 年，我国实际利用外资为 630.21 亿美元，列世界第四位，进出口总额达 1.76 亿美元，列世界第三位；我国人民生活水平不断改善，城市化水平不断提升。2006 年，我国城镇居民家庭人均可支配收入从 1978 年的 343.4 元上升到 11759 元，恩格尔系数从 57.5% 下降到 35.8%，农村居民家庭人均纯收入从 133.6 元上升到 3587 元，恩格尔系数从 67.7% 下降到 43%，人口城市化率从 1978 年的 17.92% 上升到 2006 年的 43.9% 以上。经济的高速发展，必然引起国情的变化。我们的研究表明，我国的经济国情已经逐渐从一个农业经济大国转变为一个工业经济大国。但是，这只是从总体上对我国经济国情的分析判断，还缺少对我国经济国情变化分析的微观基础。这需要对我国基层单位进行详细的分析研究。实际上，深入基层进行调查研究，坚持理论与实际相结合，由此制定和执行正确的路线方针政策，是我们党领导革命、建设与改革的基本经验和基本工作方法。进行国情调研，也必须深入基层，只有深入基层，才能真正了解我国国情。

为此，中国社会科学院经济学部组织了针对我国企业、乡镇和村庄三类基层单位的国情调研活动。据国家统计局的最近一次普查，到 2005 年底，我国有国营农场 0.19 万家，国有以及规模以上非国有工业企业 27.18 万家，建筑业企业 5.88 万家；乡政府 1.66 万个，镇政府 1.89 万个，村民委员会 64.01 万个。这些基层单位是我国社会经济的细胞，是我国经济运行和社会进步的基础。要真正了解我国国情，必须对这些基层单位的构成要素、体制结构、运行机制以及生存发展状况进行深入的调查研究。

在国情调研的具体组织方面，中国社会科学院经济学部组织的调研由我牵头，第一期安排了三个大的长期的调研项目，分别是"中国企业调研"、"中国乡镇调研"和"中国村庄调研"。"中国乡镇调研"由刘树成同志和吴太昌同志具体负责，"中国村庄调研"由张晓山同志和蔡昉同志具体负责，"中国企业调研"由我和黄群慧同志具体负责。第一期项目时间为三年（2006—2008），每个项目至少选择 30 个调研对象。经过一年多的调查研究，这些调研活动已经取得了初步成果，分别形成了《中国国情调研丛书·企业卷》、《中国国情调研丛书·乡镇卷》和《中国国情调研丛书·村庄卷》。今后这三个国情调研项目的调研成果，还会陆续收录到这三卷书中。我们期望，通过《中国国情调研丛书·企业卷》、《中国国情调研丛书·乡镇卷》和《中国国情调研丛书·村庄卷》这三卷书，能够在一定程度上反映和描述在 21 世纪初期工业化、市场化、国际化和信息化的背景下，我国企业、乡镇和村庄的发展变化。

　　国情调研是一个需要不断进行的过程，以后我们还会在第一期国情调研项目基础上将这三个国情调研项目滚动开展下去，全面持续地反映我国基层单位的发展变化，为国家的科学决策服务，为提高科研水平服务，为社会科学理论创新服务。《中国国情调研丛书·企业卷》、《中国国情调研丛书·乡镇卷》和《中国国情调研丛书·村庄卷》这三卷书也会在此基础上不断丰富和完善。

陈佳贵

2007 年 9 月

编者的话

2006 年中国社会科学院开始启动和实施"国情调研"项目。中国社会科学院经济学部组织的调研第一期安排了三个大的长期调研项目，分别是"中国企业调研"、"中国乡镇调研"和"中国村庄调研"。第一期项目时间为三年（2006—2009），每个项目至少选择 30 个调研对象。

经济学部国情调研的村庄调研工作由农村发展研究所和人口与劳动经济研究所牵头，负责组织协调和从事一些基础性工作。农发所张晓山同志和人口与劳动经济研究所的蔡昉同志总体负责，工作小组设在农发所科研处，项目资金由农发所财务统一管理。第一期项目（2006—2009）共选择 30 个村庄作为调研对象。2010 年，在第一期国情调研村庄项目基础上，中国社会科学院经济学部又组织开展第二期国情调研村庄项目。第二期项目时间仍为三年（2010—2012），仍选择 30 个村庄作为调研对象。

农发所、人口与劳动经济研究所以及中国社会科学院其他所的科研人员过去做了很多村庄调查，但是像这次这样在一个统一的框架下，大规模、多点、多时期的调查还是很少见的。此次村庄调查的目的是以我国东中西部不同类型、社会经济发展各异的村庄为调查对象，对每个所调查的村庄撰写一部独立的书稿。通过问卷调查、深度访谈、查阅村情历史资料等田野式调查方法，详尽反映村庄的农业生产、农村经济运行和农民生活的基本状况及其变化趋势、农村生产要素的配置效率及其变化、乡村治理的现状与变化趋势、农村剩余劳动力转移的现状与趋势、农村社会发展状况等问题。调研成果一方面旨在为更加深入地进行中国农村研究积累村情案例资料和数据库，另一方面旨在真实准确地反映 30 多年来中国农村经济变迁的深刻变化及存在的问题，为国家制定科学的农村发展战略决策提供更有效的服务。

为了圆满完成调查，达到系统翔实地掌握农村基层经济社会数据的预定目标，工作小组做了大量的工作，包括项目选择、时间安排、问卷设计和调整、经费管理等各个方面。调查内容包括"规定动作"和"自选动作"两部分，前者指各个课题组必须进行的基础性调查，这是今后进行比较研究和共享数据资源的基础；后者指各个课题组从自身研究兴趣偏好出发，在基础性调查之外进行的村庄专题研究。

使用统一的问卷，完成对一定数量农户的问卷调查和对调查村的问卷是基础性调查的主要内容，也是确保村庄调查在统一框架下开展、实现系统收集农村基本经济社会信息的主要途径。作为前期准备工作中最重要的组成部分之一，问卷设计的质量直接影响到后期分析和项目整体目标的实现。为此，2006 年 8 月初，农发所组织所里各方面专家设计出调查问卷的初稿，包括村调查问卷、调查村农户问卷等。其中，村问卷是针对调查村情况的详细调查，涉及村基本特征、土地情况、经济活动情况、社区基础设施与社会服务供给情况等十三大类近五百个指标；农户问卷是对抽样农户详细情况的调查，涉及户人口与就业信息、农户财产拥有与生活质量状况、教育、医疗及社会保障状况等九大类，也有近五百个指标。按照计划，抽样方法是村总户数在 500 户以上的抽取 45 户，500 户以下的抽取 30 户。抽样方法是首先将全村农户按经济收入水平分为好、中、差三等份，然后在三组间平均分配抽取农户的数量，各组内随机抽取。问卷设计过程中，既考虑到与第二次农业普查数据对比的需要，又吸取了所内科研人员和其他兄弟所科研人员多年来的村庄调查经验，并紧密结合当前新农村建设中显露出来的热点问题和重点问题。问卷初稿设计出来之后，农发所和人口与劳动经济研究所的科研人员共同讨论修改，此后又就其中的每个细节与各课题组进行了集体或单独的讨论，历时半年，经过四五次较大修改之后，才定稿印刷，作为第一期村庄调研项目统一的农户基础问卷。

在第二期村庄调研项目启动之前，根据第一期调研中反映出来的问题，工作小组对村和农户问卷进行了修订，以更好地适应实际调研工作的需要。今后，还将随着农村社会经济形势的发展，本着"大稳定、小调整"的原则，对问卷内容继续进行修订和完善。

在项目资金方面，由于实行统一的财务管理，农发所财务工作负担相对提高，同时也增加了管理的难度，工作小组也就此做了许多协调工作，保障了各分课题的顺利开展。

到 2010 年 7 月为止，第一期 30 个村庄调研已经结项 23 个；每个村庄调研形成一本独立的书稿，现已经完成 11 部书稿，正在付梓印刷的 5 部。第一期村庄调查形成的数据库已经收入 22 个村 1042 户的基础数据。

国情调研村庄调查形成的数据库是各子课题组成员共同努力的成果。对数据库的使用，我们有以下规定：（1）数据库知识产权归集体所有。各子课题组及其成员，服务于子课题研究需要，可共享使用数据资料，并须在相关成果关于数据来源的说明中，统一注明"中国社会科学院国情调研村庄调查项目数据库"。（2）为保护被调查人权益，对数据库所有资料的使用应仅限于学术研究，不得用于商业及其他用途；也不得以任何形式传播、泄露受访者信息和隐私。（3）为保护课题组成员的集体知识产权和劳动成果，未经国情调研村庄调查项目总负责人同意和授权，任何人不得私自将数据库向课题组以外人员传播和应用。

国情调研是中国社会科学院开展的一项重大战略任务。其中村庄调研是国情调研的重要组成部分。在开展调研四年之后，我们回顾这项工作，感到对所选定村的入户调查如只进行一年，其重要性还显现得不够充分。如果在村调研经费中能拨出一部分专项经费用于跟踪调查，由参与调研的人员在调研过程中在当地物色相对稳定、素质较高、较认真负责的兼职调查员，在对这些人进行培训之后，请这些人在此后的年份按照村问卷和农户问卷对调查村和原有的被调查的农户开展跟踪调查，完成问卷的填写。坚持数年之后，这个数据库将更具价值。

在进行村调研的过程中，也可以考虑物色一些有代表性的村庄，与之建立长远的合作关系，使它们成为中国社会科学院的村级调研基地。

衷心希望读者对村庄调研工作提出宝贵意见。也希望参与过村庄调研的同志能与大家分享他们的经验，提出改进工作的建议。让我们共同努力，把这项工作做得更好。

编者　2010 年 7 月 28 日

目　　录

绪　　论

呈献在读者面前的《发达地区贫困村的艰难起飞——江苏泗洪李庄村》，为中国社会科学院中国国情调研项目：村庄研究系列成果之一。本项目由中国社会科学院农村发展研究所副所长杜志雄研究员和江苏省社会科学院农村发展研究所所长包宗顺研究员共同主持，由江苏省社会科学院农村发展所负责项目具体实施。

一　调查目的与意义

作为沿海经济发达地区的江苏省，苏南（苏州、无锡、常州、南京、镇江）、苏中（南通、扬州、泰州）、苏北（徐州、淮阴、盐城、连云港、宿迁）的经济发展水平，如同全国东、中、西部地区之间一样，存在巨大的梯度发展差距。下面一组 2007 年的统计数据可直观反映区域间经济发展水平的巨大落差[①]：2007 年苏南人均地区生产总值为 8081 美元，苏中为 4178 美元，苏北仅为 2391 美元，三地区人均地区生产总值之比为 1：0.517：0.296；从人均进出口总额差距来看，苏南为 13680 美元，苏中为 1228 美元，苏北仅为 297 美元，苏中地区人均进出口总额仅为苏南地区的 8.97%，苏北地区人均进出口总额仅占苏南地区的 2.17%；从人均

[①] 数据来源：2008 年《江苏统计年鉴》。人均地区生产总值按 1 美元兑人民币 6.8 元的汇率折算。

地方财政一般预算收入差距来看，苏南人均地方财政一般预算收入为6056.72元，苏中为1723.77元，苏北仅为906.26元，三地区人均地方财政一般预算收入之比为1：0.285：0.149；从人均社会消费品零售额指标来看，苏南人均社会消费品零售额为20208元，苏中为8554元，苏北仅为5014元，三地区人均社会消费品零售额之比为1：0.423：0.248；从三地区居民人均储蓄存款指标来看，苏南居民人均储蓄存款为33771元，苏中为16284元，苏北仅为7086元，苏中居民人均储蓄存款约为苏南的48%，苏北不足苏南的21%；最后，从农村居民人均纯收入指标来看，苏南农村居民人均纯收入9293元，苏中6698元，苏北为5352元。三地区农村居民人均纯收入之比为1：0.721：0.576。有趣的是，农村居民人均纯收入差距，成为反映三地区间经济发展差距的一系列主要经济指标中差距最小的经济指标。这无疑主要得益于农村经济活动人口的地区间自由流动，得益于"打工经济"的成效。事实上，2007年江苏农村居民人均纯收入中，工资性收入已占53%，成为农村家庭经济最主要的收入来源。大批苏北农民工在苏南打工，他们在为苏南经济发展作出贡献的同时，也分享到了苏南经济快速发展的成果。

作为本项目调研对象的李庄村，位于苏北宿迁市泗洪县双沟镇，属于江苏经济最不发达地区。江苏省在全省范围内确立为重点扶持的1011个贫困村[①]中，254个位于宿迁市，占全省确定的贫困村总数的25.1%，其中泗洪县有63个，又占宿迁市贫困村总数的25%。

我们选择李庄村作为我国东部欠发达农村社区典型个案，进行重点解剖、深入研究，试图通过对李庄村全面深入的调查（包括走访、座谈和问卷调查），了解苏北与苏南地区经济发展水平差距程

① 江苏省扶贫办确定贫困村的5项评价指标为：（1）人均纯收入低于2500元；（2）低收入农户大于14%；（3）楼房率低于8%；（4）非农就业劳动力比重低于50%；（5）村集体经济无收入来源。

度和未来变化趋势；了解目前经济欠发达地区的农业生产组织方式
与未来发展趋势；了解欠发达地区非农产业发展的潜力和改善发展
环境的要求；了解农村剩余劳动力的转移状况以及带来的经济、社
会与家庭问题；了解农村土地流转状况与流转过程中土地承包权益
纠纷的处理机制；同时，我们也想通过典型调查，对国家，尤其是
对江苏省的扶贫政策、措施与绩效进行分析。

通过李庄村典型个案调查研究，除了系统收集大量第一手农村
改革和发展资料，作为学术研究的公共资源外，我们更希望能对缩
小地区发展差距、促进地区统筹发展方面提供有价值的政策建议；
能对经济欠发达地区新农村建设路径提供有价值的参考意见；能对
提高国家和地方政府扶贫绩效提供有价值的决策参考信息。

二　江苏扶贫概述

据江苏省扶贫办和省调查总队联合调查，"全省农村人均年纯
收入在 1500 元以下的低收入人口为 106 万户、310 万人，低收入人
口区域分布为，苏南、苏中分别占 6.2% 和 13.5%，苏北
占 80.3%"[①]。

促进江苏区域间的协调发展，是江苏各级政府长期不懈为之努
力的主要工作目标之一。从最近五年的政府工作报告中反映出的相
关内容，我们不仅可察其一二，还可看到政府扶贫工作的推进力度
在逐年加大："加强对扶贫工作的领导，落实扶贫优惠政策，增加
扶贫资金投入，拓宽南北挂钩合作领域，巩固和扩大扶贫成果，进
一步改善生产生活条件。"（2003）"加大扶贫工作力度，扶贫小额
贷款担保资金增加到 1 亿元"（2004）。"扶贫和救灾工作得到加
强。省财政安排小额扶贫贷款贴息资金 1.3 亿元，11 万农户直接受
益"（2005）。"加大扶贫开发力度，对 1011 个经济薄弱村进行重

---

① 江苏新闻网：http://jsnews.jschina.com.cn 2006 - 12 - 23 12：29：30。

点帮扶，促进脱贫致富"（2006）。"加大'千村万户帮扶'工程实施力度，推进扶贫工作进村到组入户，提高扶贫开发水平和扶贫标准"（2007）。

最近几年来，江苏省委、省政府先后推出的主要扶贫战略措施包括：实施政府担保的小额贴息贷款、实施"千村万户"帮扶工程、实施"脱贫攻坚"工程。下面对三项重大决策措施分别简要阐述。

（一）政府担保扶贫小额贴息贷款

2005 年 1 月 1 日，江苏省扶贫工作领导小组办公室、江苏省财政厅和江苏省农村信用联社联名发布《江苏省扶贫小额贷款实施意见》。旨在加快贫困村贫困农户脱贫致富的步伐，以省财政提供的担保资金作保证，通过农村金融机构（农村信用社）对符合条件的贫困农户发放扶贫小额贷款，帮助其发展小型生产经营项目，实现增效增收。

政府担保扶贫小额贷款的发放范围，重点是 16 个经济薄弱县及黄桥、茅山老区的贫困村。随着担保资金规模的扩大，2006 年覆盖地区总数扩大到 30 个县（市、区）。

发放对象主要是贫困村中有劳动能力、致富愿望、遵纪守法、信用观念好、选择了较好的小型生产经营项目、收入处于中等以下水平的贫困农户。过去曾获得贷款，项目较好、有效益，能按期偿还贷款本息，并在扶持范围内的农户，仍可作为贷款的对象。能带动贫困农户共同致富的项目，其项目承担者种养大户也可给予适当支持。

扶贫小额贷款的额度，农户首次贷款原则上不超过 3000 元，续贷的原则上不超过 5000 元，具体金额视项目需要在限额内确定。2007 年农户贷款额度调整为最高不超过 1 万元。此外，对种养加专业户每带动一户建档立卡低收入农户可申请贷款调整到 5000 元（须有书面带动协议），最高不超过 5 万元。

2004 年初设省级扶贫小额贷款担保基金规模为 1 亿元，2005 年增加到 1.35 亿元，2006 年 2 亿元，2007 年 2.35 亿元。贷款总量按财政提供的实有担保资金与贷款规模 1∶3 的比例，由省扶贫办、财政厅、信用联社共同下达的贷款计划确定。贷款期限视生产经营项目周期确定，最长不超过一年，允许跨年度使用。贷款利率按人民银行规定的同期同档次基准利率执行，不得上浮。按期归还贷款的农户，享受财政 50% 贴息，由农村信用社在农户还贷时直接贴付。贴息资金优先在省财政扶贫小额贷款担保资金存款利息中支出，不足部分由省财政在每年第一季度预拨。

对 2007 年度江苏全省 29 个县（市、区）扶贫小额贷款发放、回收情况审计显示①：2007 年度在《扶贫小额贷款实施意见》范围内累计对 108740 户农户发放贷款，累计发放贷款总额 66826.54 万元，发放计划完成率为 99.00%；截至调查时已收回 109055 户，限额内收回贷款总额 66729.37 万元，贷款回收率为 98.39%；其中按期收回 101343 户，计 62431.11 万元，逾期收回 7712 户，计 4298.26 万元；限额内贷款贴息总额为 1482.39 万元。根据审计结果，江苏省财政需兑付 2007 年度奖励及贴息资金约 5235 万元，节省开支 1765 万元。

（二）千村万户帮扶工程

2006 年初，针对农民收入南北差距出现拉大的趋势，江苏省委省政府作出全面启动实施"千村万户帮扶工程"重大战略部署，即在政府主导下，动员社会各方参与，解决全省重点经济薄弱村和贫困农户脱贫问题。相关部门根据统计数据，并采用多指标、综合加权测评的方法，在全省 1.8 万多个行政村中确定 1011 个行政村为"经济薄弱村"，为省级重点帮扶对象。1011 个经济薄弱村全部在苏北。其他地区对经济薄弱村和贫困农户的帮扶，由当地党委政

---

① 中华人民共和国财政部网：http://gjzx.mof.gov.cn/mof/xinwenlianbo/jiangsu-caizhengxinxilianbo/200808/t20080825_66585.html。

府按照全省统一部署，实行自主帮扶。

按照扶贫开发"重心下移、帮扶到村、落实到户"的总体思路，"千村万户帮扶工程"的目标任务是：力争"十一五"期间，省重点帮扶的1011个经济薄弱村基本生产生活条件得到明显改善，逐步达到"八"有目标，即有"双强"班子、科学规划、高效农田、特色产业、配套设施、保障机制、整洁村容、文明村风，贫困农户每年有20%左右脱贫。

在组织实施上，帮扶工程结合各经济薄弱村实际，以制定村级发展规划为先导，确定分年度实施的内容。村级发展规划坚持以项目为载体，突出对村级班子、基本农田、特色产业、基础设施、社会事业、村容村貌和民主管理等方面的建设提出明确目标要求，着力夯实加快经济薄弱村发展和促进贫困农户增收两个基础。

为确保"千村万户帮扶工程"的顺利实施，省委省政府不仅要求省财政、省直各部门、经济薄弱村所在的各市、县都要在各自的职责范围内加大投入，重点帮扶1011个经济薄弱村及贫困农户。健全挂钩帮扶体系。由省、市、县各级选派优秀年轻干部到经济薄弱村担任扶贫工作指导员，并实行部门挂钩帮扶。还在1011个经济薄弱村开始启动低收入农户建档立卡和扶贫开发动态监测体系建设。经济薄弱村贫困农户资料将全部登记录入上网，在动态监测的基础上实行有针对性的帮扶，也为帮扶工作责任落实和绩效考核提供依据。

（三）脱贫攻坚工程

2008年，省委省政府就扶贫问题再次作出重大决策，即组织实施"脱贫攻坚工程"，并将其作为深入贯彻落实科学发展观、加快推进江苏"两个率先"发展、建设社会主义新农村的重要抓手。

"脱贫攻坚工程"是"千村万户帮扶工程"基础上扶贫工作的进一步深化。为保持政策的延续性，政策明确原有的"五方挂钩"单位帮扶关系不变，原来确定的扶贫优惠政策不变，已经确定的扶贫项目不变。

那么，"脱贫攻坚工程"与"千村万户帮扶工程"到底有何区别？宿迁市委书记张新实曾在博客上撰文提出了自己的看法："把'帮扶工程'改成'脱贫工程'，体现了指导思想的转变。'扶贫'主要是依赖外界的带动，现在改成'脱贫'，包含了我们基层的责任，特别是贫困户自身的努力。"

除了领导指导思想和认识上的区别外，最显著的区别是贫困标准的调整：把原来到"十一五"期末基本消灭年收入1500元以下贫困户和经济薄弱村实现"八有"，调整为在3—5年时间消除绝对贫困现象。而"绝对贫困"是与人均日消费1美元的国际标准接轨，也即把人均年纯收入2500元以下作为贫困人口，这样就大大提高了贫困线标准，扩大了扶贫目标人群。以宿迁市为例，"千村万户帮扶工程"只涉及72个乡镇、254个行政村的32万农村贫困人口，而贫困标准改变后的"脱贫攻坚工程"，农村贫困人口则增加到107万，几乎涉及80%的村和所有的乡镇，让地方各级政府承担起更大的扶贫工作责任。

为了充分发挥大学生村官在"脱贫攻坚"中的作用，江苏省扶贫工作领导小组办公室和江苏省选聘高校毕业生到村任职工作领导小组办公室于2008年9月联合下发《关于组织到村任职高校毕业生参与脱贫攻坚工程的意见》，旨在充分发挥各级扶贫工作部门的职能作用和扶贫工作队的指导作用，组织到村任职高校毕业生参与脱贫攻坚工程。《意见》提出四项明确要求：一是引导到村任职高校毕业生积极参与贫困户增收脱贫工作。组织他们参与贫困农户建档立卡、监测脱贫进程等基础性工作，帮助他们尽快熟悉所驻村的基本情况以及村内每个贫困户的家庭情况、需要帮扶的措施等，指导到村任职高校毕业生帮助贫困农户发展增收项目、开展贫困农户创业培训、提供就业信息等，使他们在帮扶贫困农户增收脱贫中发挥作用。二是组织到村任职高校毕业生积极参与经济薄弱村"八有"建设工作。三是支持到村任职高校毕业生开展自主创业。通过发挥大学生村官的带头示范作用,"做给农民看,带着农民干,帮助农民富",大力推进农民就业创业。四是做好到村任职高校毕业生的培养工作。主动关心他们的工作、学习、生活情况,帮助解决实际困难。对在脱贫攻坚工作中成绩显著的到村任职高校毕业生给予表彰。

脱贫攻坚工程首战取得显著成效:"2008 年,江苏省有 116.18 万贫困人口实现脱贫,1011 个省定经济薄弱村中有 93 个村基本达到脱贫攻坚目标,脱贫攻坚工程开局良好,进展顺利。"①

2009 年省级财政投入 78.3 亿元资金,专项用于包括"脱贫攻坚工程"在内的第三轮六大农村实事工程。新一轮的'脱贫攻坚工程'要求,对江苏全省范围内农村年人均纯收入低于 2500 元的 460 多万农村居民,积极采取发展生产、扩大就业、提高保障水平、社会帮扶救助等措施,计划 2009 年全省再完成 100 万农村贫困人口脱贫任务,2012 年年底前基本消除绝对贫困现象"②。

三 调研方法与步骤

选择李庄村作为调研对象,除其对东部地区贫困村具有典型代表性考虑外,还因为有许多对调查开展的有利条件。首先,李庄村是江苏省社会科学院的定点扶贫对象,有长期工作关系,对该村情况也相对比较熟悉。其次,本项目组成员、江苏省社会科学院农村发展研究所副所长徐志明研究员曾作为驻村扶贫工作指导员,在李庄村从事扶贫工作两年。他既对李庄村有深入了解,也为课题组成员入村访问和进行问卷调查提供了组织和沟通上的保证。另外,本项目组成员高珊助理研究员也曾承担江苏省社会科学院为扶贫点专

---

① 引自国务院扶贫办网 http://www.cpad.gov.cn/data/2009/0420/article_ 340244.htm。

② 引自新华网 http://news.xinhuanet.com/newscenter/2009 – 05/08/content_ 11332869.htm。

设的一项青年课题——为李庄村制定了村庄建设中长期发展规划。

根据本项目研究需要，项目组除了搜集乡、村两级的财务会计和统计报表等研究数据外，农户访问和问卷调查成为实施本项目研究最重要的调查方法和获取第一手基础研究数据的主要手段。因此，问卷调查表的研制与农户抽样调查，成为本项目实施成败的关键控制点。

首先是问卷调查表的开发研制。尽管已有中国社会科学院农村发展研究所研制、专用于村庄调查项目的《行政村入户调查表》（每个村庄调查项目必须完成 50 份农户问卷调查），但该基础调查表的信息量远不足以支撑整个项目研究对数据的需要。为此，我们还设计了农户调查的补充问卷。项目组全体成员对补充问卷调查表的设计作了认真充分的准备。补充问卷的研制开发工作自 2008 年春节后的第一周即开始实施，具体步骤如下：

第一周：项目组全体成员每人领取一份《行政村入户调查表》进行研阅；课题负责人再次修改补充课题设计书拟定的研究大纲。

第二周：项目组全体成员听取徐志明研究员介绍李庄村简况；集体讨论课题研究大纲；明确项目组成员研究任务分工；各成员根据所承担调研任务，进一步研列详细调查提纲；各自根据承担任务结合《行政村入户调查表》，研制补充调查问卷。

第三周：项目组全体成员听取徐志明研究员详细介绍泗洪县、双沟镇、李庄村社会经济发展情况及贫困状况；集体讨论针对各自承担部分设计的详细提纲、补充调查问卷。

第四周：项目主持人对补充调查问卷进行汇总和修改，目的是既能满足课题组全体参与人员的研究需要，又避免基础数据的交叉重复调查。

第五周：汇总后的问卷调查表初稿发给项目组全体成员，各自结合别人的补充问卷调查内容，进一步仔细修改自己设计部分；项目主持人对补充问卷进行试调查前的最后一次修改统稿。

第六周：项目组 4 位成员共赴李庄村进行实地问卷试调查。试调查的成效有二：一是根据试调查中发现的设计缺陷进一步修改和完善补充调查问卷；二是通过试调查，探索出如何保证高质量完成"规定动作"——《行政村入户调查表》的具体调查方法和技巧。

农户抽样调查与问卷调查表的开发研制一样，是项目实施成败的另一关键控制点。由于前述选择李庄村为调研对象的有许多有利条件，使得农户抽样和调查过程均能按照我们的既定方案和目标顺利实施。

李庄村由 4 个自然村（杨庄、李庄、项岗和孙庄）、7 个村民小组组成，现有农户 641 户。我们将从村会计处获得的李庄村全体农户名单输入电脑后，采取等距离抽样方式，从每 3 户中抽取 1 户，共抽取农户样本 213 户。根据四个自然村中的两个靠得较近，另两个自然村相距较远的情况，调查人员分为三个小组，每组 3—5 人，抽中的 213 个样本农户名单按比例分配到各调查小组，再由各组分配到每个调查人员，以小组为单位协调调查活动。虽然各调查员有被调查农户名单在手，但要自己摸上农户家门还是有点困难，因此最初每个调查组聘请一位村民小组组长为调查员领路，有的小组在两天后便不再需要领路人，每当调查员进村，便有村民主动热情地迎上来提供帮助，带领调查人员到被抽中的调查农户家。一些农户甚至因未被抽中而觉得有点遗憾。

尽管如此，由于外出打工找不到人等可以理解的原因，仍有部分抽中农户未能成功调查。最终获得有效问卷 167 份。

四　各章内容提要

《发达地区贫困村的艰难起飞——江苏泗洪李庄村》的撰写，以农户问卷调查获得的第一手丰富资料为基础，以经济发达地区农村扶贫为主线，对李庄村的基本情况、农业生产方式与水平、土地流转纠纷与化解、农村劳动力转移、村民生活、民风民俗、生态环境、村民自治等方面以及当前新农村建设中出现的新情况和新问题进行了全面、深入、细致的分析和研究。我们自认为这是一份十分难得的农村经济与社会调查研究成果。值得指出的是，依据调查结果形成的部分阶段性成果已引起江苏省政府相关领导的高度重视并批示。

本书各章节虽然分别由项目组成员各自执笔，但所用的信息资料和统计数据均为整个项目组全体成员共同参与筹划、实地调查、搜集和整理而获得的，凝聚了项目组全体成员的艰辛劳动和集体智慧。全书除绪论外，另分为十章。章节之间既有相互关联，又自成体系。因此，读者既可以按顺序阅览，亦可以直接翻阅自己最感兴趣的章节。为方便读者阅读起见，现将各章要点简述如下：

第一章是对李庄村基本情况的全面描述。该章全面介绍了李庄村自然、经济与社会情况和在江苏经济社会发展中所处的位置。首先详细介绍了李庄村的地理区位、自然条件、历史沿革与农业生产资源拥有状况；然后从人口与劳动力资源、农业生产状况、土地资源及其承包情况以及非农产业发展情况等方面，描述了李庄村的经济发展水平；从村内道路建设、生产和生活设施建设情况、文化医疗和科教发展情况、社会稳定及农村社会保障情况等方面，详细描述了李庄村社会事业和基础设施建设状况和建设水平；从村委会基本情况、村委会民主选举、村内公共事务管理等方面，分析了李庄村村庄治理的基本状况；最后从农业生产条件、农民收入和生活水平方面，将李庄村与苏北、苏南和全省平均水平进行了比较，从而更清晰地反映出李庄村经济和社会发展水平在全省所处的位置。

第二章是对李庄村农业生产方式的分析研究。着重从农业生产条件、农业生产水平与结构、农业生产的组织方式与社会化服务三个层面对李庄村的农业生产方式进行叙述。在生产条件方面：着重描述了李庄村的土壤特性、耕作方式与生产规模，农业生产基础设施供给状况，农业劳动力资源构成及其利用状况，农业机械化水平与科技应用情况等。对李庄村农业生产组织方式与社会化服务状况的分析，着重从产前（农资购置、资金的筹集、田块翻耕）、产中（病虫防治、施肥、收割）和产后（销售、加工）的各环节展开。李庄村土地贫瘠，农业生产以粮食为主，农村基础设施陈旧，农民思想保守、文化素质较低。在全国上下加快市场体系建设的背景下，李庄村广大农民的生产行为已部分地受到市场经济的影响，他们选择比较优势项目，优化配置资源，以图实现收益的最大化。然而，传统的经营意识和经营方式并没有使上述规律充分发挥作用，李庄村的农户仍处于传统的经济状态下，农业生产的粗放经营方式一直未有大的改变。

第三章是对李庄村土地问题的分析研究。该章着重从联产承包与土地流转、农户土地经营与宅基地、土地非农征用和土地所有权与土地制度创新三个层面展开分析研究。具体内容包括土地承包经营方式、农户间的承包地流转和土地的非农流转、园地和林地经营状况、宅基地的使用、土地征用与补偿等。作者认为，虽然家庭联产承包责任制的实行使农民有了土地经营的自主权，调动了广大农民从事农业生产的积极性，有了拓展家庭经营、增加收入的时间和空间，但是，由于农村土地产权的模糊化，更由于现实中缺乏有效的农民利益保护机制和科学、有效的执法监督机制，随着我国工业化和城市化进程的加快，全国各地在农村土地征用、租赁过程中较为普遍存在着损害农民利益的现象，此现象在位于典型传统农区的李庄村也同样明显地反映出来。

第四章是对李庄村多种经营与非农产业发展情况的分析研究。该章描述了李庄村的传统家庭副业，分析了李庄村多种经营与非农产业发展现状、对农户的收入贡献及其发展水平低下的主要原因，剖析了李庄村多种经营与非农产业发展的潜力。作者认为，江苏作为全国经济比较发达的省份，经济社会各个方面的指标都高于全国平均水平。尤其是作为全国典型的苏南农村，多种经营与非农产业发展水平很高，但是，由于江苏省内区域经济发展不平衡，苏北和苏南农村的多种经营与非农产业发展水平存在着较大的差距。李庄村的多种经营与非农产业的发展水平相当落后，与全省的平均水平还有相当大的差距。李庄村应充分利用其传统农业区的优势，变差距为动力和潜力，加大多种经营与非农产业发展的力度，用非农化发展方式来扩展农民增收的空间。

第五章是对李庄村剩余劳动力转移及其相关问题的分析与研究。该章主要从劳动力资源状况、劳动力转移的现状与人口特征、劳动力外出务工的现状及存在问题、劳动力转移对农村经济社会的影响等方面展开讨论。从李庄村劳动力整体特征来看，受教育程度较低，参加各类技能培训比例不高，培训时间较短。李庄村外出务工劳力以受教育程度相对较高的未婚男性青年为主，身体素质也相对较好。从劳动力外出就业行业来看，以制造业和服务业为主，以自谋职业为主，务工地点以本省为主。总体上看，外出务工工作时间长，工资水平低，合同签订率低，社会保障水平差。尽管如此，外出务工收入仍成为农民家庭收入的主要来源和增收的主渠道。虽然多数劳力每年外出打工时间较长，但绝少在外定居者，"移而不迁"的现象较为明显。另外发现，打工"孽债"问题较为突出，势将演绎为未来的重大社会问题。

第六章是对李庄村居民生活状况的分析与研究。该章首先对李庄村居民的收入水平和消费水平进行了总体描述；随后，利用实地调查资料对李庄村居民的食品消费、居住水平、耐用品消费、教育投资、医疗与社会保障和社会救助情况、居民休闲方式与文化生活等方面进行了详细的描述性分析；最后，在上述分析的基础上，指出了导致李庄村居民生活质量低下的主要原因，并就未来提高经济欠发达地区居民生活水平提出了相应的政策建议。

第七章是对李庄村的乡风民俗分析与研究。该章并未面面俱到地描述和分析李庄村当地的所有风土人情，而是立足于调查资料并结合历史文献，选择性地考察三个方面：其一，社会民俗中的家庭、宗族、村落；其二，围绕人生诸仪式与岁时习俗、生活习俗而形成的请客送礼之风；其三，精神民俗中的宗教信仰。描述了李庄村村民宗教信仰概况，简要分析了村民入教动机、宗教戒律与教徒的道德诉求、宗教仪式与教徒的心理调适、宗教活动与教徒的文化娱乐需求等。

第八章是对李庄村的生态环境状况的分析与研究。该章立足李庄村这一苏北传统农业区的环境现状和特点，从对生态环境的综合述评入手，剖析了该村的生产和生活环境，包括家庭卫生状况、生产和生活用水及垃圾处理、环境污染、绿化、防灾和社会救助等方面状况，总结了新农村建设以来该村的主要做法及成效。作者认为，农民是理性的，充分尊重农民意愿，将环境整治与扶贫工作紧密结合不失为良好的新农村建设切入点。

第九章是对李庄村的村民自治状况的专门论述。该章结合李庄村村民自治的现实状况，从公司治理结构理论这样一个全新的视角，分别详细讨论了村民自治的决策、执行、监督等问题，并探索性地提出健全村民代表大会制度、明确村委会职能定位、完善村民民主监督机制的一系列解决方案，见解独到。作者指出，由于特殊的制度安排和制度环境，导致村民自治出现组织残缺、制度废弛、功能不全或功能错位等基础性的缺陷，使村庄公共产品供求机制严重扭曲，公共产品供给不足现象更加严重。因此，应从国家战略上给予充分重视。作者认为，有的问题是制度设计本身的缺陷导致，有的问题是已有法律和制度执行不力导致。村民自治面临的最基本的也是最具刚性的制度背景是不完整的土地集体所有制和城乡分割的户籍制度。在这样的财产权和人身权背景下，要实行自治很难；要实行民主自治，可能性更低。目前应做的第一步，是切实执行已经颁布的有关村民组织法，限制政府侵占土地权益等行为和党务机构对村委会的越俎代庖。第二步，要逐渐改变不合理的制度安排和制度环境，按照民主化、市场化、法治化的方向完善村民的财产权和居住权。

第十章是专门针对李庄村的贫困与社会扶助进行的系统性分析和研究。该章分析框架包括这样几大块：李庄村贫困现状、致贫原因、扶贫机制、扶贫存在的主要问题、扶贫效率不高成因分析。从李庄村总体情况来看，农民收入水平远低于全省平均水平，相当比例的农户生活水平尚处于温饱状态，村内道路、农田水利等基础设施建设落后，村级集体经济基础薄弱。作者分析认为，思想观念保守、文化素质较低和经济结构单一，是李庄村居民相对贫困的主要原因，而因病（因残）、因子女上学或超生而致贫的家庭也占相当的比例。由于作者曾亲历两年扶贫工作体验，对江苏各级政府的扶贫具体措施十分熟悉，因此才能做到从"省财政整村推进帮扶"、"省直属后方单位帮扶"、"'五个一'帮扶机制"、"优先安排涉农资金"、"小额贷款扶持"、"免费培训"和"建立农村低保"六个方面进行全面、系统而详细的论述。同时，作者对扶贫工作中存在的主要问题、扶贫资金使用效率低的成因分析，也有其非常独到的领悟和见解。

最后需要补充说明一点，由于由项目组成员分别执笔不同章节，为了各章行文格式的统一，在本书稿撰写中我们统一作出如下约定：书中的图表或分析论述过程中使用的数据，只要是来自本课题组成员（问卷）调查搜集和整理的数据，一律不必说明来源；而当引用本课题（问卷）调查数据以外来源的数据，则用表下注或脚注的方式注明出处。

全书由课题组成员写出初稿后，包宗顺和杜志雄两位主持人先后通读书稿，并对各章提出了详细和具体的修改意见，在经各章作者完成修改后，主持人再对全书进行通读并再次提出修改意见，几经反复，最终定稿。

杜志雄　包宗顺
2010 年 3 月 5 日

第一章

李庄村村情概述

李庄村行政隶属于江苏省宿迁市泗洪县双沟镇。该村地处苏皖两省三县交汇处，是宿迁的南大门。双沟镇是中国名酒之乡，江苏省百家名镇之一。历史素有鸡鸣两省，犬吠三县之说，区位优势明显，水陆交通便捷，宁宿徐高速公路、宁徐公路穿境而过，东濒洪泽湖，淮河、怀洪新河横贯东西。2005 年镇域面积 86 平方公里，常用耕地面积 4.15 万亩，辖 10 个行政村，8 个居民委员会，总人口 5.06 万。李庄村是江苏省 1011 个经济薄弱村之一，良好的区位优势使其在双沟镇下辖的 10 个行政村中经济发展水平相对较好。全村共有 7 个村民小组，4 个自然村，分别为杨庄、李庄、项岗和孙庄。

第一节　自然条件与资源禀赋

一　区位条件

李庄村属于平原地区，地理坐标为东经 118°10′38″，北纬 33°13′32″，位于双沟镇域的最北部，南距双沟镇区 5 公里，北距泗洪县城区 25 公里。交通较为便利，121 省道从村域的西部南北方向穿过，宁徐高速公路从村域东部南北方向穿过，距离最近的车站 0.5 公里。李庄东濒洪泽湖，南与罗岗村接壤，西与魏营乡相邻，北与窑沟乡毗连。

二 自然条件

李庄村处于中纬度地带，属于暖温带向北亚热带的过渡地区，四季分明，气候温和，雨水充足，温差较大，常年平均气温为 14.10℃，主导风向为东南、东北风，年平均降水量 894 毫米。村域东西长约 4.5 公里，南北宽约 3 公里，地势西高东低，东部为湖滨滩涂，西部属低矮岗坡，地面标高在 13.5—39.0 米之间。村域土质均为黏性土，遇水会有微膨胀，地基承载力滨湖地区 8—10 吨，岗坡地为每平方米 16—20 吨，地震基本强度为 8 度。东部滨湖滩涂地地势低洼，灌溉沟渠纵横，用于灌溉和排水的主要沟渠有 6 条，机电排灌站 2 座，沿洪泽湖有防洪大堤一道，地下水深 0.5 米左右，最高洪水位 15.3 米；西部岗坡地为"忘天地"，沟渠少，虽有一条机电灌溉渠，但因土质疏松漏水而无法灌溉，地下水深埋在 2 米以下；村域中部在岗坡地与滩涂地交接处有南北向截水沟一条，将雨水向南排入洪泽湖。

三 历史沿革

据史料记载，双沟居泗州州境之中"地势广阜、河面既阔、支港畅流，亦无壅塞冲突之患、居中控驭，地扼淮湖"。汉代曾在此设淮平县，故称淮平镇。历经风雨沧桑，后来黄河长期夺淮，导致淮河与洪泽湖不断决口泛滥成灾，淹没小镇，加之这个小镇的地形奇特，镇的东西两侧被洪水冲刷成两道大沟，所以到明朝时，人们又把它叫做双溪镇，因溪即沟，泗州州守王如玖改称双沟镇，一直沿袭至今。宋初，这里即有住户，逐渐形成集市，因临淮河，名顺河集。由于人口不断增多、街道向北延伸，因东、西两侧有两条水沟，逐名双沟。《泗州志》载："清康熙年间即有双沟镇之称。"民国时先后属泗县工区和三区，民国二十九年（1940年），中共淮北苏皖边区泗南办事处在此设双沟区，1930年，双沟归划峰山区，1932年，双沟又独立成区。1957年撤区并乡，称双沟乡，1958年9月，成立双沟人民公社，1965年5月恢复建制，1968年，成立双沟公社革命委员会，1981年成立双沟镇。1989年12月，双沟乡与之合并，为双沟镇。李庄村1955年之前为安徽省属地。为方便洪泽湖管理，1955年3月将其划为江苏管辖，属泗洪县双沟乡，1958年为双沟公社李庄大队，1983年复称双沟乡李庄村，1989年双沟乡镇合并，为双沟镇李庄村。

四 农业资源

耕地资源较为丰富，但土地质量不高。截至2007年，李庄村共有土地面积7320亩，其中耕地面积6420亩，占全村土地面积的87.7%。耕地面积中，水田4800亩，旱地1620亩，分别占耕地总面积的74.8%和25.2%。人均耕地面积2.4亩，远高于全省人均耕地面积（0.95亩）。然而，耕地质量较低，中低产田面积达到4240亩，占耕地面积的比重高达66%。由于土地质量不高，瓜果蔬菜等经济作物的种植比重较低。农业以生产小麦、水稻、花生和大豆等经济作物为主。由于地处洪泽湖边，泗洪是全国水产百强县、中国螃蟹之乡，具有得天独厚的水产资源，2007年全县各类水产养殖总面积现已突破50万亩。地处泗洪县的李庄村，毗邻洪泽湖，渔业资源较为丰富，2005年可养殖水面面积为2100亩，水产养殖以螃蟹及鱼虾为主。

第二节 社会与经济现状

李庄村隶属于宿迁市。由于自然资源、地理位置、历史基础等原因，宿迁市经济社会发展水平较低。2006 年实现 GDP 为 454.20 亿元，在江苏 13 地市中最低；人均 GDP 为 8613 元，低于苏北平均水平 13699 元，不到全省平均水平（28814 元）的 1/3，各项经济发展指标在全省 13 市中处于较低水平。2006 年宿迁市城镇居民人均可支配收入 9468 元，低于全省平均水平（14084 元）；农民人均纯收入 4228 元，低于苏北地区（4733 元）和全省平均水平（5813 元）。泗洪是宿迁市下辖的三县之一，以农业为主。2006 年实现 GDP 为 81 亿元，其中第一产业占 32.1%，远高于全省平均 7.1% 和苏北地区 17.8%；人均 GDP 为 8131 元，介于沭阳县（7028 元）与泗阳县（8452 元）之间。

一　经济发展水平

李庄村是泗洪县双沟镇所辖的 10 个行政村之一。双沟镇 2006 年实现地区生产总值 5.2 亿元，农民人均纯收入 4255 元，接近于宿迁平均水平。2007 年，李庄村实现生产总值 1500 万元。其中，第一产业 1300 万元，第二产业 200 万元。农民人均纯收入 3400 元①，低于双沟镇平均水平。农业是李庄村的主导产业，产业结构较为单一。而农业又以粮食作物为主，林、牧、渔业所占比重较小。总体来说，李庄村处于经济欠发达地区，经济发展水平不高。

（一）人口与劳动力资源

2007 年，李庄村共有 641 户、2714 人，户均 4.2 人。其中，劳动力总数为 1413 人，占总人口的 52.1%。党员 57 名，占总人口的 2.1%。改革开放以来，随着经济发展水平的不断提高和国家对人口流动不合理限制的减少，李庄村外出劳动力不断增加。截至 2005 年底，全村在外打工劳动力人数达到 417 人，占劳动力总数的 30%；全家外出农户达到 136 户，占全村农户总数的 21.2%；长年

---

① 该数据为李庄村村委会上报数据。

在外人口为 524 人，占总人口的 19.3%。目前，尚有 216 个能转移的劳动力没有实现转移，占劳动力总数的 16.4%。

（二）农业生产状况

2007 年李庄村第一产业产值为 1300 万元，占生产总值的87.7%，可见，农林牧渔业在李庄村经济发展中占据主导地位。农业生产以传统农作物为主。2005 年粮食种植面积为 6420 亩，占播种总面积的 75.7%，粮食产量为 3000 吨；油料作物 860 亩，占播种总面积的 10.1%，产量为 800 吨；其他经济作物如花生、大豆1200 亩，占播种总面积的 14.2%。其他经济作物以大豆和玉米为主，由于靠近洪泽湖旁边的耕地年年被淹，农户一般种植较为耐水淹的大豆，但被淹耕地的产量特别低，每亩最多能产百十斤；稍好一点的土地种植玉米、花生等效益较好的经济作物。农业耕作方式主要是具有代表性的间、套种：水田，一季小麦加一季水稻；旱地，小麦套种经济作物，如大豆、玉米、花生等。由于土地较为贫瘠，李庄村没有种植油菜、蔬菜等农作物的习惯，农民一般在院子里种植少量蔬菜供自家吃。

养殖业主要以家禽、生猪、牛、水产品为主。2005 年，李庄村家禽饲养量达到 15000 羽，生猪 4200 头，大牲畜饲养量 120 头（主要是黄牛），羊饲养量 200 只，兔及其他动物的养殖量为 500只。家庭养殖规模较小且养殖方式较为粗放。以养牛为例，全村养牛大户有 2—3 家，规模最大的也不到 20 头，养殖方式是把牛放在自家院子里用青草、秸秆等饲料喂养，人畜共处一地不卫生且易传染疾病；牛粪要么堆放在自家院子门口要么堆放在村里的道路旁，极大地影响了村里的环境卫生。由于临近洪泽湖，养殖资源较为丰富，不少农户开始搞水产养殖，养殖品种以螃蟹为主。2005 年全村水产养殖面积达到 2100 亩，占可养殖水面资源的 100%，当年水产品产量为 200 吨；养殖方式为在洪泽湖中网围围栏养殖。养殖规模不大且养殖效益不高。据养殖户介绍，每亩水面每年的净收入在

500 元左右,且遇到自然灾害如发大水把养殖的螃蟹冲走,则会血本无归。所以,有些养殖户认为养殖收益太低且风险大,把水面给自家亲戚养,自己外出打工。

(三)土地资源及其承包情况

李庄村土地面积 7320 亩,其中,耕地面积 6420 亩,全部为承包地;畜禽集中饲养地 30 亩,居民点用地 900 亩,居住区空闲地 97.5 亩,工矿工地 86 亩,交通用地 2590 亩,乡村公共设施用地 30 亩。

表 1.1 农户户均土地承包面积情况 (单位:亩/%)

	户数	比重	总面积	比重
5 亩以下	272	42.43	997.8	27.87
6—10 亩	336	52.42	2018.4	56.37
11—20 亩	29	4.52	349.8	9.77
21—40 亩	2	0.31	59.5	1.66
41 亩以上	2	0.31	155.3	4.34
合计	641	100.00	3580.8	100.00

数据来源:此次调查数据。由于此次调查为抽样调查,因而合计一栏中的数据(户数、总面积)不是全村总数据。

在第一轮土地承包期内共调整土地三次,调整面积为 6420 亩,第二轮承包期内土地调整了一次,调整面积为 351 亩,调整的主要原因是高速公路征地后,小组内农户之间人均土地面积差别较大,把被征地涉及村组的土地调平。由表 1.1 可以看出,承包面积在 6—10 亩的农户占大多数(56.37%),承包面积在 20 亩以下的农户占 96%,承包面积相对较小。与较为丰富的劳动力资源相比,土地资源较为贫乏,即使对于儿女外出打工、自己在家务农的老年农民来讲,在农业机械化程度不断提高的情况下,他们仍处于隐性失业状态。在被问及"您认为自己种多少地比较合适"时,很多人的回答均在 20 亩以上,还有人回答说"现在机械化水平高,自己家

100 亩地也能种"；还有农户回答"自己家种植面积如果有 40 亩，儿子就可以不用外出打工挣钱了"。这充分说明，尽管农村劳动力大量转移到非农产业，但随着农业机械化程度的不断提高，单个劳动力可种植面积大幅提高，因而劳动力仍然相对土地过剩，农户经营的小规模成为制约其收入增加的主要因素。

（四）非农产业发展情况

李庄村非农产业发展滞后。2007 年非农产业产值为 200 万元，全部为第二产业产值，占全村总产值的 12.3%。有一个砖瓦厂，是村办企业，2005 年企业总产值 100 万元，从业人员 75 人，大部分是外地人。由于经营不善，2006 年村里把砖瓦厂承包给浙商经营，承包期前三年每年向村里上交 5.5 万元，之后每年向村里上交 6 万元。另外，村里有个体工商户 11 家，大部分为代销点，2007 年实现产值 25 万元。

二 社会事业和基础设施建设

由于经济发展水平较为落后，李庄村社会事业和基础设施建设水平不高，其中村内道路建设问题突出。

（一）村内道路建设

道路基础设施建设滞后。村内共有 12 条道路，其中水泥路 1 条，沙石路 4 条，两者总长 6 公里；其余均为泥土路。村里铺装道路 2 公里，路宽 3.5 米，机动车道路 345.6 公里，路宽 5 米。村内主要道路没有装路灯。进村柏油公路宽 3.5 米，出村道路共长 0.5 公里、路宽 3.5 米，进出村比较方便。李庄村由四个自然村组成，除了项岗村主干道为水泥路和杨庄为沙石路外，其他几个自然村内部和村与村之间的道路都是泥土路，遇到下雨天泥泞难走，出行极为不便，群众意见较大。而现行的"村村通"工程，只是把公路通到行政村，加上农户自身资金有限，修路难度较大。

（二）生产、生活设施情况

农田水利已基本满足农业生产的需要。李庄村农业生产用水主要是地表水，在正常年景水源有保障，不会出现严重干旱的情况。全村共有机井2个，排灌站1个，主干渠总长度为4000米。

全村641户全部为砖瓦房，每户宅基地面积在0.3亩左右。近年来，随着全家外出务工经商数的增加，空置宅院数目不断增加。其中，空置半年以上的宅院有50个，空置一年以上的宅院有10个。全村电力的覆盖率达到100%，生活用电的价格为0.528元/度；2007年全年停电7天，电力供应较为稳定。村里有两口机井供应全村人的饮水，每天定时开1个小时，经过净化处理后供应给农户，每吨1.6元。目前自来水用户457户，覆盖率达71.3%。村内有一个公共厕所和几个垃圾箱，沼气池有38个，但利用率极低，目前还没有公共污水排放管道、有线广播和有线电视。彩电用户达到500户，黑白电视50户，还有64户没有电视。由于有线电视费用较高，很多农户装上了卫星电视，每个成本在100多元，用户量达到150户。电话覆盖率达到80%。

（三）文化、医疗、科教情况

李庄距离最近的初中、高中分别为2公里、30公里。本村有1所小学，共有5名教师，均为大专文化程度，且为公办教师。在校学生18人，其中男生10人，女生8人。村里有图书室和篮球场各1个，但利用率均不高，很多农民根本不知道有图书室，更不要说去借书了，篮球场上长满了杂草，基本处于荒废状态。村里没有秧歌队、老年协会等娱乐团体，放电影的次数也较少。精神文化生活的贫乏，导致大量农民信仰基督教。村里有一个简易的教堂，村民们每周过来做礼拜，教堂的建设与维修费用主要来自基督教徒的集资。在167个被调查农户中，52.1%的家庭有人信教，信教人数占抽样调查总人数的19.08%，信仰基督成为村民生产、生活之余精神生活的主要内容之一。

村民看病较为方便。村里有一个卫生室，4名医生，全部具有行医资格证。最近的医院在双沟镇，距离李庄有5公里路程。还有

1 所敬老院。从调查结果来看，村民头疼脑热的小病都是在村卫生室看，特别是老年农民由于行动不便，基本都是到村卫生室治疗。因此，加强村卫生室医生的医疗水平和对药品质量及其价格的监督非常重要。

为鼓励农民科技种田，李庄自 2005 年起开始进行对农民的科技培训。2007 年 2 月、7 月分别两次邀请县农林局植保站农技员来讲授李庄村主要粮食作物——水稻和小麦的病虫害防治知识，每次有四五十人参加。

（四）社会稳定及农村社会保障情况

李庄村的主要治安问题是赌博和邻里纠纷。2006、2007 年接受治安处罚分别为 40 人次、45 人次，违反计划生育分别为 10 户、16 户，欠缴税费 100 户、150 户。由于劳动力大量外出打工，村里留下的老人较多，且很多老人独居，别的村曾出现偷窃老人的事件，这加大了社会治安的不稳定性。

社会保障水平较差。从农业生产保险来看，由于李庄村秋季农作物经常被淹，2007 年国家发放了 2.88 万元的水稻保险赔付款。参加社会养老保险和商业养老保险的户数也屈指可数，社会保障水平较低。享受最低生活保障的有 35 户、37 人，保障标准为每人每年 1080 块钱；五保户 7 户，补助标准为 1200 元/年；享受计划生育养老补助的有 1 户、2 人，补助标准为 800 元/年。2007 年，参加农村新型合作医疗的为 500 户、2000 人，覆盖率达到 78%，每年交费金额为 10 元/人。但在具体实施的过程中，新型合作医疗暴露出了不少问题。突出体现在必须在指定的医院看病才能报销，而同样的一种药品，指定能报销医院的价格要比药店高出许多（一位被调查者说他治疗心脏病的一种药，指定医院的价格为 30 多块钱，而在药店只要 15 块钱就能买到），因此很多农民并不会到指定的医院看病，即使看了病也不会在那里拿药，而是自己到外面买药，这使得农民新型合作医疗的保障作用极为有限。另一方面，到医院接受检查的费用不在报销范围之列，而检查费是医疗开支的一大部分，这使得新型合作医疗名不副实，降低了农户参与的积极性。

三　村庄治理基本状况

村委会是国家落实各项对农政策的重要基础，承担着多项职能。村级治理的关键在于村级组织的运转状况，即村级组织是否有能力为村民提供所需的公共服务，维护和促进村民的福利。税费改革后，村级组织力量普遍弱化。

（一）村委会基本情况

党组成员年龄大、文化程度低、大部分为男性成员。全村共有党员 57 名，其中 50 岁以上的党员 30 名，小学文化程度 27 人，初中 20 人，高中仅有 10 人；从性别来看，男性 53 人，占绝大多数，女性 4 人。党支部分别有书记、副书记各 1 名、支委 3 人，年龄均在 55 岁左右，文化程度相对较高，均为高中毕业。

村委会成员共有 5 人，其中主任、副主任、会计各 1 名，妇女主任 2 名，文化程度均在初中以上，高中文化程度 1 人。其中，村委会主任由党支部书记兼任。对于书记和村委会主任交叉任职一事，不少村民认为村里事情不多，一人任两职可以减少工资开支，减轻本村居民的负担，因此是合理的。但也有村民认为一人任两职缺乏相互之间的监督，不利于村庄治理。从村委会的性别分布来看，除了两名妇女主任是女性外，其他全部是男性。

（二）村委会民主选举情况

村民自治的首要条件是由村民直选村委会。李庄村 2007 年进行了村委会换届选举，有选举权的村民共有 1800 人，实际参选人数 1700 人。选举时没有设立秘密画票间，但搞了唱票选举大会，采用了流动投票的方式。从选举结果来看，村主任得了 1220 票。但在调查过程中，很多村民反映自己家里并没有人参加选举，没有参加的理由是"没有人通知"。据参加选举的村民反映，之所以有的农户没有参加，主要是村里民主选举时采用从每个小组选出几个党员和文化程度稍高一点的村民，采用每人多填几份选举表的方法进行选举。另一方面，参加选举的候选人大多数是由镇领导、村党支部以及村民小组长或村民代表推荐产生的。

（三）村公共事务管理情况

李庄村公共事务管理除了 2006 年省挂钩扶贫机关捐建的村活动室建设和沼气池、猪圈等的建设外，平时的主要内容是财务管理和"一事一议"等项目的收费。

表 1.2　　　　　　　　李庄村财务收支表　　　　（单位：元）

	2006	2007		2006	2007
村财务收入	169000	368000	村财务支出	116900	121120
上级补助	60000	80000	村干部工资	23900	23900
村集体企业	55000	55500	组干部工资	6000	6000
发包林地收入	—	100000	水电等办公费	—	720
积累工、义务工折价款	71000	71000	订报刊费	2000	2000
计划生育罚款	—	8000	五保户生活费	6000	6000
一事一议	54000	54000	军烈属优抚	21000	21000
—	—	—	垫缴税费	34000	35000
—	—	—	困难户补助	—	500
—	—	—	上级部门检查环境整洁用地支出	12000	13000
—	—	—	栽林网、护理用工支出	12000	13000

从表 1.2 可以看出，2006 年李庄村收支平衡，2007 年有节余。这主要是由于 2007 年新增了村级补助 2 万元，林地承包和计划生育罚款两项 10.8 万元，增加了村级可支配财力。从收入项目来看，上级补助和村集体企业上交费用是李庄村稳定的收入来源。其中，上级

补助、计划生育罚款和一事一议收取的资金，大部分要上缴双沟镇财政，只有较小部分留在村里使用。从一事一议开展的情况来看，2006年收费标准是20元/人，全村所有农户均出资，合计54000元；同时还有酬劳，每个劳动力40块钱的标准，共筹集71000元。2007年筹资的标准与2006年一样，筹资金额相同。筹得的资金全部上缴乡镇财政。从支出来看，村干部工资、军烈属优抚、垫缴税费和上级检查费用是主要开支。但村干部工资和军烈属优抚由双沟镇财政支付，因此垫缴税费和上级检查费是村财政的主要开支。

作为党和政府密切联系农民群众的桥梁和纽带，村委会承担了发展农业生产、土地管理、计划生育、维护社会治安及公共事务管理等多项职能。然而，集体经济十分薄弱的李庄村，在农村税费改革后，由于取消各种面向农民的收费等政策因素，在减少农民负担的同时，村级自筹收入大幅度减少，完全靠上级财政转移补助资金维持基本运转，使得村级经济自身造血功能进一步弱化，导致村级各项工作开展艰难，更无法偿还债务和进行公共工程及公益事业的投入。

李庄村在财务管理上实行"村财乡管"制度，这种制度比较适合于村集体经济总量很小的行政村。农村财务"村财乡管"制度是坚持村组集体资产所有权，资金使用权、财务审批权、民主监督权不变的前提下，按照村民自愿，依法委托的原则。在全县各行政村（含居民组）实行钱、账分离的农村财账"双代"制度，即在各乡镇会计核算中心设立村级财务核算组和村组资金管理组，村级财务和资金，分别由村级财务核算组和村组资金管理组代理。村级财务核算及审核等业务由乡镇农经管理员代理，将村民委员会、村民小组的资金、账目交由乡镇农村服务中心管理，各村民委员会、村民小组不再设立会计机构，只设一名报账员，负责本村民委员会、村民小组的资金、资产、单据等财务管理工作。村级资金由乡镇核算中心会计代理。村财乡管制度的实施，一方面减轻了干部负担，提高了工作效率，规范了财务制度，节制了村组织的谋私行为；另一方面也节制了村组织这个自治体的自治权，也在某种程度上减少了村级可支配的财力。从李庄村的实际情况看，村级财务实现"村财乡管"的双代理制度，不仅起到了"让群众明白，还干部清白"的作用，还实现了村级财管公开制度，从而进一步增强了群众对村干部的信任，有利于密切党群、干群关系。

第三节 经济与社会发展水平的区域比较

与苏南苏北地区相比，李庄村农业生产条件和生产水平较高，传统农业在该村占主导地位。然而，由于传统农业弱质性和较低的收益，加上非农产业发展的严重滞后，李庄村农民收入水平相对较低，生活水平也低于苏南苏北的平均水平。

表1.3　　　李庄村农村经济社会指标在全省的总体情况

		李庄	全省	苏北	苏南
农业生产条件	人均耕地面积（亩）	2.40	0.95	1.53	0.88
	农林牧渔业产值比重（%）	87.70	6.78	15.38	2.66
	人均粮食产量（公斤）	1105.38	752.42	942.75	345.06
	人均油料产量（公斤）	294.77	26.29	23.89	36.62
农民收入	农民人均纯收入（元）	3400.00	5713.17	4735.34	8224.08
	农村工业产值比重（%）	12.30	79.34	64.95	81.37
农民生活水平	人均住房面积（平方米）	33.72	38.59	28.34	54.28
	每百户拥有洗衣机（台）	54.76	67.88	62.06	89.41
	每百户拥有电冰箱（台）	22.02	36.03	20.76	76.74
	每百户拥有空调机（台）	3.57	22.24	7.54	89.07
	每百户拥有彩电（台）	94.64	104.71	85.17	145.22

　　注：李庄村数据来自于此次调研，其他数据来源于《江苏省农村统计年鉴2006》。

一 农业生产条件比较

2007 年李庄村人均耕地面积达到 2.4 亩，是全省平均水平（0.95 亩）的两倍多，也高于土地资源较为丰富的苏北地区（1.53 亩）。丰富的土地资源和悠久的种植传统，使得李庄村农林牧渔业较为发达，农业是该村的主导产业。2007 年农林牧渔业总产值占农村社会总产值的比重达到 87.70%，大大高于苏南的 2.66%，也高于苏北 15.38% 的平均水平。从种植结构来看，李庄村以传统的小麦、玉米、水稻等粮食作物为主。2005 年人均粮食产量达到 1105.38 公斤，高出全省 46.9 个百分点；人均油料产量 294.77 公斤，是全省平均水平的 10 倍还多。

二 农民收入水平比较

丰富的土地资源和较高的人均粮食、油料产量，并没有带来相应的农民纯收入的提高。2007 年李庄村农民人均纯收入为 3400 元，远低于全省平均水平（5713 元），也低于经济欠发达的苏北地区（4735 元）。造成这种现象的主要原因在于两个方面：一方面，传统农业的低效益及农业生产的市场与自然双重风险。李庄村地处洪泽湖边，每年秋天洪泽湖涨水时都会导致旁边的良田水灾，秋季作物收成很少，能保本实属不易，增加收入更是奢望。加上近年来农用物资大幅涨价，农产品价格在国家控制下上涨幅度有限，造成农民毛收入多纯收入少的局面。用调查中一个农户的话讲就是："化肥种子农药价格是兔子跑步，小麦水稻玉米价格是蚂蚁走路。"另一方面，非农产业发展严重滞后是造成李庄村农民收入较低的另一重要原因。苏北地区农村工业整体发展水平不及全省及苏南地区，分别比全省和苏南地区农村工业产值比重低 14.39% 和 16.42%。与苏北相比，李庄村农村工业发展更是落后。2007 年，该村农村工业产值占农村总产值比重仅为 12.30%，低于苏北 52.65%，更低于 2006 年全省 79.34% 的平均水平。

三 农民生活水平比较

较低的收入水平，使得李庄村农民生活水平不高。从居住条件来看，李庄村人均住房面积 33.72 平方，高于苏北平均水平（28.34 平方），但低于全省（38.59 平方）和苏南（54.28 平方）平均水平。从实地调查来看，很多农户的房屋具有生产用房和生活用房的双重功能，有些居住的房子里放着拖拉机等生产资料，还有的农户囤粮食的房间里住着人，因而人均实际住房面积要低于 33.72 平方。

在温饱问题基本解决之后，以空调、冰箱、洗衣机等耐用消费品的拥有量是衡量农户生活质量的重要指标。从调查结果来看（见表 1.3），李庄村电冰箱、彩电的百户拥有量分别高出苏北地区 6.07 和 11.12 个百分点，但均低于全省和苏南地区同一指标。与此同时，该村洗衣机、空调机每百户拥有量均低于苏南、苏北和全省平均。因此可以说，李庄村农民生活水平仍然不高。

综上所述，李庄村属于经济欠发达地区的落后村庄，非农产业发展严重滞后，传统农业的低效益使得农民人均纯收入较低。与经济发展相对应，村庄的社会建设还不能满足村民的需要，发展水平仍然较低。如何充分发挥本地比较优势，提高农民收入，改善农民的生产和生活水平，是今后一段时期李庄村新农村建设的主要任务。

第二章

李庄村的农业生产

农村是以农业生产方式为基础的社会区域共同体。这是关于农村的最抽象、最一般的定义。它概括了所有农村的共性，揭示了它最本质的特征。① 农村的各种关系和各种群体，大都与农业生产有关，并直接或间接地受农业生产方式的影响。比如农村社区的最主要的社会组织是农业生产组织，农村社会群体的最基本的功能是农业生产或为农业生产服务的功能，农村居民的最主要的社会活动是农业生产活动，他们谈论最多的莫过于农业方面的事情。这说明，农村社区是在农业生产方式的基础上产生和存在的。所以说，农业生产方式是农村的基础，是我们认识农村的前提，是研究和理解传统农村社区的基本起点。正如马克思所说："任何一个民族，如果停止劳动，不用说一年，就是几个星期也要灭亡。"② 这是一个简单的事实，也是一个起码的真理。然而，在不同类型的社区，人们为了生存而必须获得自身所需的物质资料的方式是不同的。

本章着重从农业生产条件、农业生产水平与结构、农业生产的组织方式与社会化服务三个层面对李庄村的农业生产方式进行叙

---

① 唐忠新:《农村社会学》，天津人民出版社 1988 年版，第 69 页。
② 《马克思恩格斯选集》第 4 卷，人民出版社 1972 年版，第 368 页。

述。我们发现，李庄村土地贫瘠，农业生产以粮食为主，农村基础设施陈旧，农民思想保守、文化素质较低。在全国上下加快市场体系建设的背景下，李庄村广大农民的生产行为已部分地受到市场经济的影响，他们选择比较优势项目，优化配置资源，以图实现收益的最大化。然而，传统的经营意识和经营方式，并没有使上述规律充分发挥作用，李庄村的农户仍处于传统的经济状态下，农业生产的粗放经营方式一直未有大的改变。

第一节　农业生产条件

农业生产条件，即人们从事农业生产所必需的物质条件，除了自然条件外，还包括生产工具、水利设施、肥料、加工机械、贮藏设备及运输工具等。近年来，江苏省综合利用各种扶贫政策，在李庄村兴建了一些水利工程，但大多没有得到充分利用，李庄村的农业生产条件还相当落后，抗灾能力很弱，对农业的智力、物力和财力投入不足，农业生产力与农业发展的要求不相适应。李庄村农业经济发展的关键是改变农业生产条件，科学地利用自然资源，挖掘农业潜力，促进农业发展。

一　土壤特性、耕作方式与生产规模

（一）土壤特性

李庄村的土地多为黄褐土和砂礓黑土，土质黏性重、易板结，岗坡地区水土流失严重，保肥保湿性差，属中低产土壤，可谓是"长草草无力，种谷谷不壮"，所属的西南岗地区也被称为宿迁市的"青藏高原"。

（二）耕作方式

李庄村的农业生产方式自农业生产实行联产承包责任制后改两年三熟为一年两熟耕作制度，水田实行稻、麦两熟（部分水田因在

洪泽湖边，沟渠水系不配套，每年夏季就会被水灾淹没，故只能实行种植一季小麦），旱田实行小麦、玉米、大豆、花生轮作换茬，有的推广了玉米、花生间种，麦田套种西瓜。

（三）生产规模

李庄村有耕地面积 6420 亩，其中：灌溉水田 4800 亩，旱地 1620 亩，户均拥有耕地 10 亩，人均耕地 2—3 亩，劳均面积 3.62 亩。根据李庄村耕地承包数据看，承包 5 亩以下 272 户，共 997.8 亩；6—10 亩 336 户，共 2018.4 亩；11—20 亩 29 户，合计 349.8 亩；21—40 亩 2 户，合计 59.5 亩；41 亩以上 2 户，合计 155.3 亩。根据李庄村 167 户有效调查样本实际经营数据看，2006 年这些农户实际经营耕地面积共 1756 亩，户均耕地 10.5 亩。5 亩以下的农户 32 户（其中 7 户无地），占有效样本的 19.16%；6—10 亩的 74 户，占有效样本的 44.31%，11—20 亩的 47 户，占 28.14%；21—40 亩的 14 户，占有效样本的 8.38%；没有农户经营耕地面积超过 41 亩的（详见表 2.1）。

表 2.1　　　　　　李庄村农地生产规模情况　　　（单位：户/%）

	5 亩以下		6—10 亩		11—20 亩		21—40 亩		41 亩以上	
	户数	占比	户数	占比	户数	占比	户数	占比	户数	占比
全村农地承包情况	272	42.43	336	52.42	29	4.52	2	0.31	2	0.31
样本实际经营情况	32	19.16	74	44.31	47	28.14	14	8.38	0	0.00

从上面两组数据可以判断，李庄村农业生产正逐步向大户集中。仅从调查的 167 户农户数据看，实际经营 11—20 亩的农户就比全村实际承包 11—20 亩的农户多 18 户，占样本数据的比例也相应地高了 23.62%；实际经营 21—40 亩的农户比全村实际承包 21—40 亩的农户多 12 户，占比高 8.05%。

二　农业生产基础设施供给

农田水利基础设施对于处于岗坡地带的李庄村农业综合生产能力的发挥非常关键。李庄村有水渠 4000 米,却大多杂草丛生、渠道垮塌淤塞、排灌机埠年久失修……省里曾资助 10 万元建设的一个水泥防渗渠,一直闲置没能派上用场;李庄村涵洞较少,而且流量小,加剧了沟渠排水的压力,加上李庄村处于南北气候过渡区,地形岗洼相间,在雨水多时流量跟不上需求,只能"望雨兴叹",大雨哗哗流成灾,造成附近农田大量积水,从而给农户带来损失;李庄村的道路很差,除有一条通往村部的长 0.5 公里,宽 3.5 米的水泥路,通往各组的都是坑洼、颠簸不平的泥土路,有七八条之多,遇上下雨天,使得里面的人出不去,外面的人进不来;李庄村有机井 2 个,排灌站 1 个,农田灌溉用水主要是地表水,水资源属淮河水系和新汴河水系,引用淮河水源和洪泽湖溧西河洼水源及新汴河水源,利用库、塘调蓄,补充水源,正常年景下是有保障的。

20 世纪 90 年代中期以前,李庄村农村公共产品多是由村集体统一管理(如农机站等),其供给方式单一,管理绩效不高。此后,在以农村小型农田水利工程为代表的产权制度改革的推动下,农村公共产品的供给机制更加灵活、多样化。李庄村于 2002 年 4 月将七圩机站拍卖给专人经营,以这种产权激励机制来提高农田水利工程的管理绩效。但由于这种改革还在探索中,许多政策还不完善,仍存在许多需要解决的问题。为分析的明了起见,将七圩机站拍卖协议摘抄如下。

拍卖协议

出卖方：泗洪县双沟镇李庄村委会

买受方：李＊＊

根据宿迁市委、市政府关于产权制度改革方案的实施意见及《拍卖法》、《合同法》有关规定，为明确出卖方与买受方的权利和义务关系，经双方协商签订协议如下：

第一条：买受方在村委会领导下执行排灌任务。

第二条：将七圩机站进行拍卖。

第三条：出售金额2万元，于2002年4月30日一次性交清。

第四条：买受自主经营权25年，如若去世，子女有继承权，买受方因工作需要可将财产转让给第三方使用，必须先征求出卖方同意。

第五条：稻田每亩收费25元，含维修、排涝、行管经费等，旱田谁受益谁负担，由买受方根据用水量酌情收费。

第六条：特殊干旱年份需翻水，由出卖方组织资金进行翻水，其他均由买受方负责。

第七条：本合同未尽事宜，一律按《中华人民共和国合同法》有关规定，经合同双方共同协商作补充规定，与本合同协议有同等效力。

第八条：如上级拨给维修费归买受方更新设备，支出经费由买受方负责。

第九条：合同协议签订后生效，双方进行移交，买受方负责维修使用，如因欠费造成损失，由买受方负责，与出卖方无关。

本合同一式四份，合同双方各执一份，法律公证一份，镇政府备案一份。

出卖方：李庄村民委员会

法定代表人：李＊＊

买受方：＊＊＊

签证意见：泗洪县双沟镇司法所

经办人：＊＊＊

2002 年 4 月 29 日

由于政府配套的管理和监督措施不到位，水价的核定与执行较为困难。对于第五条：稻田每亩收费 25 元，含维修、排涝、行管经费等，旱田谁受益谁负担，由买受方根据用水量酌情收费，在具体操作过程中，是按组受益程度不同收取不同的费用，1、2、3、4组 30 元/亩（也有收取 40 元/亩的），5、6 组为 35 元/亩。对于水电灌溉的收费标准，样本农户有 21% 认为是合理的，53.3% 农户认为偏高，19.8% 认为太高。而认为高的理由是该村大多年份雨水较充足，灌溉成本达不到那么高，他们认为："应当根据气候因素调节，干旱年份打水次数多，用电量相应增加，水电费可以多一点；反之，雨水充足的年份则应相对少交些。"

三 农业劳动力资源构成及其利用状况

李庄村农业劳动力以男性、中年为主，文化程度相对较低。样本资料显示，从事过农业生产的人中，男性劳动力 213 人，占54.8%；女性劳动力 176 人，占 45.2%。从年龄结构看，小于 20岁的 17 人，占 4.4%；20—30 岁之间的 47 人，占 12.1%；30—55岁的 245 人，占 63%，55 岁以上的 80 人，占 20.6%。进一步分析发现，小于 20 岁的农业劳动力中从事 3 个月以下农业生产的有 13人（调查中我们了解到，这部分劳动力主要是打工或放假之余帮家里干干农活）。从教育结构看，由于李庄村地处偏僻、经济贫困等因素，文化教育长期处于落后状态，调查数据显示，未上过学的有113 人，占 20%；未上学可读写的有 14 人，占 3.6%；小学文化的111 人，占 28.5%；初中文化的 125 人，占 32.1%，高中文化的 23人，占 5.9%（有 3 人数据缺省）。

随着农业机械化程度的不断提高，李庄村劳动力可有大量时间从事非农业生产，仅需很短的时间兼营农业，从事的行业也主要是种植业。调查的 167 户家庭中，共有人口 739 人，其中当年从事过农业生产的 389 人，占 52.6%，从事的农业行业主要是种植、畜牧业、渔业，分别占 50.3%、1.9%、0.4%。就从事农业的时间看，从事 1 个月以下农业的 379 人，占 51.3%，1—3 个月的 91 人，占 12.3%，从事 3 个月以上农业的 269 人，占 36.4%。有过本户外农业从业经历的 15 人，仅占 2%，时间大多不超过 1 个月，主要是临时到附近农场打打短工，如治虫、施肥等，只有农户马某在外从事农业时间最长，从事 8 个月，在村外乡内从事渔业养殖。样本户中，当年从事过非农产业工作的有 263 人，占 35.6%，从事的行业主要是制造业和建筑业，分别为 80 人和 70 人，占样本人口的10.8%、10.3%。

四　农业机械化水平与科技应用

李庄村农业生产在耕作、收割、运输等方面基本上实现了机械化。农用拖拉机、旋耕机、农车、双轮摩托车在农业中的使用已经基本普及（详见表 2.2）。仅从李庄村 167 户的调查统计数据看，有大中型拖拉机 1 台，为村民李某家拥有，购于 1996 年，价值为10060 元，主要是自家使用；有小型拖拉机 153 台（131 户拥有 1台，11 户拥有 2 台，仅有 25 户没有小型拖拉机，占 15%），价格平均在 5600 元左右，购置年份较早的是 1978 年农业实行联产承包责任制之初，集中购置于 1987 年以后，1987—1992 年购置 40 台，占 24%，1993—1998 年购置 38 台，占 22.8%，1999 年以后购置46 台，占 27.54%。由于李庄村农户常常是将小型拖拉机与旋耕机成套购进，所以旋耕机的变化趋势与小型拖拉机基本吻合（见图2.1），样本户共有旋耕机 77 台（统计时，一部分农户并没有把小型拖拉机与旋耕机分开填写，故而实际数应当更多）。统计样本户还有收割机 4 台，脱粒机 8 台，播种插秧机 1 台。

表 2.2　　　李庄村 167 个样本户农用固定资产拥有情况

（单位：台/户/元）

品名	数量	户数	平均价值	最高价	最低价
大中型拖拉机	1	1	10060	10060	10060
小型拖拉机	153	142	5600	25000	1500
排灌机	5	5	386	480	300
播种插秧机	1	1	3000	3000	3000
收割机	4	4	15200	57000	800
脱粒机	8	8	1100	1900	400
旋耕机	77	74	1045	4000	80

其中，水利排灌和机收一般是由专业人员统一提供服务，而其他机械如小型拖拉机、旋耕机等的拥有和使用则是农户的私人行为，绝大多数农业生产设备投入浪费 80%，闲置期限在 10 个月以上。究其原因，主要是李庄村的土地过于细化和分散，不能有效合理地使用大型农业机械，迫使农户独立购置小型农业机械，导致农业机械的重复投资非常严重。调查数据显示，样本农户总田块数为 869 块，平均每户 5.2 块，平均每块面积 2.02 亩，调查户中最大的田块为 10 亩，最小的田块仅 2 分田。2 块以下的农户 14 户，占 8.4%；3—6 块的 100 户，占 59.9%；7—9 块的 35 户，占 21%；10 块以上的有 15 户，占 9%。田块最多的农户是陈某家，其经营耕地 20 亩，共有 15 块之多，平均每块 1.33 亩。而且，李庄村农户农业生产最近的主要集中在 0.5—1 公里之间，远的集中在 3—4 公里之间。

在农业新品种、新技术应用方面，李庄的水稻主要采用淮稻 5 号、9 号（2006 年初，李庄村曾获得江苏省扶贫种子，据当地农民反映：虽然价格相对便宜，但因单产较低，农户购买使用率也较

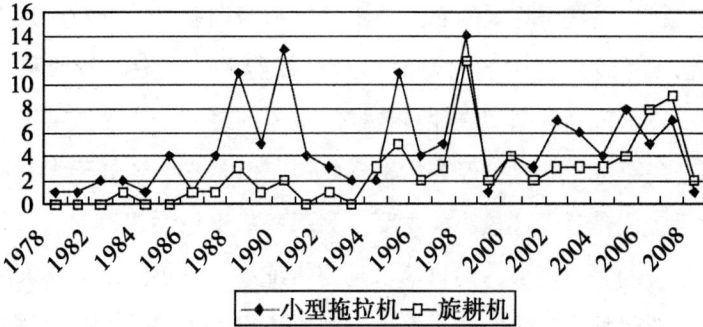

图 2.1 历年李庄村样本户小型拖拉机、

旋耕机购置情况（单位：年/台）

低)，小麦采用品种为皖麦 19 号、烟农 19，大豆为洪引 1 号、花生为海花 5 号、玉米品种为苏玉 1 号和掖单 4 号。李庄村的水稻种植目前采用的是直播技术（该技术是水稻种植机械化的一种形式，它具有省工节本、节约水资源、节省土地和降低水稻栽植的劳动强度、经济效益显著等特点），采取手扶拖拉机旋耕种麦，施化肥主要采用抛撒方法，化肥有效成分的一部分在空中挥发，农作物吸收利用率一般只有 40% 左右。由于缺乏技术指导，肥料、农药和农机有效利用率低，损失严重，不少农民大剂量大面积施用农药，既增大了生产成本，又影响了农产品的质量。

李庄村农业科技力量较薄弱，缺乏依靠科技进步促进农业发展的优势条件。一是李庄村没有具有正式资质的农业技术人员，农业新技术或品种主要是通过市场途径（向农技推广站和农资经营单位购买）来获得的。调查结果表明，59.3% 的农户在农业生产过程中采用了农业新技术或品种，34.7% 的农户回答没有采用过，没有作答的占 6%。这个结果显示了农户对农业科技服务有了积极的反应，在不断更新传统耕作技术。但不容忽视的是，当我们问及新品种或新技术的获得渠道时，采用新技术或品种的 99 户农户有 86.9% 回答来源于"种子公司（零售商）"，9% 回答来源于县乡农技推广部门，可见农户对农业生产资料的品种选择受到销售市场的导向和限制。二是难以获得有效的农业技术推广和培训服务。在农业技术推广方面，尽管农村中的农业大户和科技能人、大专院校或科研院所、科技示范园等新型农业科技推广主体围绕某个产品或某项农业技术开展服务，并且已经开始发挥作用，但是它们还处于发展的初级阶段，覆盖范围还较小，主要是为那些从事较大规模的、商品化农业生产的农户服务，而自给自足的传统小农户仍然游离在那些非政府农业科技推广组织体系之外，需要依靠政府公共农业科技推广提供基本的服务。调查样本户 2006 年很少得到外来的技术服务，有 139 户回答从未有过外来技术服务，占 83.2%，仅有 15 户回答有过 1—2 次，这种极少的服务主要来源于县、乡、村各级农技部门。在农业科技培训方面，村里虽然也搞过 1—2 次农业技术讲座，但不少农民认为"培训的内容太过理论化，与实际相背离，对农业生产的帮助不大"。这也进一步反映出农业科技服务供给与需求的矛盾；同时也反映了农业技术培训的内容有待进一步充实，方法和技巧还有待提高；更重要的是农业技术培训评估的缺失，即使有评估，也是缺乏培训对象参与的内部评估。这种缺乏农业科技服务受体表达机制的培训只能以虚状存在。

第二节　农业生产水平与结构

落后的农业生产条件所对应的必然是低下的农业生产水平。据《泗洪县志》，1949 年全县三麦平均亩产仅 40 公斤，1968 年 55 公斤，1978 年亩产 118.64 公斤，1982 年上升至 198.67 公斤，1987 年，三麦单产提高至 264 公斤，1989 年因局部受灾，亩产减为 233.41 公斤。新中国成立以来泗洪县委县政府就按照发展农村社会主义市场经济的要求，坚持以市场为导向，以提高经济效益为中心，充分利用农村人力、土地和各种资源，因地制宜，扬长避短，发挥优势，合理调整粮食与经济作物的布局，然而，时至今日，该县农村产业基本上是农业，农业中基本上是种植业，种植业之中又基本上是粮食生产的格局并没有从根本上改变。

一 农业生产水平

李庄村土壤肥力偏低，加之输水骨干工程与田间工程不配套，故生产水平也偏低（见表 2.3）。从调查样本户的产量水平看，2006 年，小麦平均亩产 450.2 公斤，全省平均亩产 314.27 公斤，比全省平均水平高；稻谷平均亩产 357.20 公斤，比全省 534.87 公斤低 177.67 公斤；玉米亩产 246.59 公斤，比全省 347.13 公斤低 100.54 公斤；大豆亩产 84.97 公斤，比全省 167.07 公斤低 82.1 公斤；花生亩产 127.36 公斤，比全省 232.33 公斤低 104.97 公斤；薯类亩产 275 公斤，比全省 395.13 公斤低 120 公斤；瓜果类、蔬菜的单产差距更大。

表 2.3　　　　　李庄主要农作物单产与全省平均比较　　（单位：公斤）

	小麦	稻谷	玉米	大豆	花生	瓜果类	薯类	蔬菜
全省	314.27	534.87	347.13	167.07	232.33	2196.87	395.13	2100.00
李庄	450.20	357.20	246.59	84.97	127.36	166.67	275.00	461.11
差	-135.93	177.67	100.54	82.10	104.97	2030.20	120.13	1638.89

资料来源：《2006 江苏省农村统计年鉴》。

农产品的成本收益情况：[1]

（一）水稻

成本：每亩耕地（每亩机耕需 1—1.5 小时）需要 3 斤柴油，2.7 元/斤，合 8.1 元；需种子 15 斤（采用淮稻 9 号品种，从双沟种子站购得），以 3 元/斤计，合 45 元；复合肥 1 袋（100 斤），每

---

[1] 根据李庄村马支书家的农田成本收益整理，由于劳动力成本计算相对复杂，这里未计算在内。

袋 105 元，合 105 元；尿素 1 袋（100 斤），88 元/袋，合 88 元；农药需 40 元/亩；灌溉费 35 元；机收费 35 元；合计需成本 356.1 元。

收益：正常年份单产 420 公斤，以每公斤 1.7 元计，亩毛收入 714 元。

（二）小麦

成本：柴油费 8.1 元；种子 35 斤，1.4 元/斤，合 49 元（自留种子需 40 斤/亩）；复合肥 70 斤，计 73.5 元；尿素 50 斤，计 44 元；农药 3 元/亩；机收费 35 元；合计需成本 212.6 元。

收益：正常年份单产 400 公斤，以每公斤 1.72 元计，亩毛收入 688 元。

（三）大豆

成本：大豆需种子 25 斤，2.5 元/斤，计 62.5 元（小豆需种子 18 斤，2 元/斤，计 36 元）；农药打 2 次，8 元/亩；收割主要是人工，1 人 1 天可割 3 亩地。合计需成本 70.5 元。

收益：正常年份单产 100 公斤，以每公斤 3.4 元计，亩毛收入 340 元。

（四）花生

成本：需海花 5 号种子 20 斤，2.5—3 元/斤，合 55 元；复合肥 50 斤，计 52.5 元；尿素 20 斤，计 19.6 元；农药每亩需 3 元；合计需成本 130.1 元。

收益：正常年份单产 110 公斤/亩，以每公斤 3 元计，亩毛收入 330 元。

（五）玉米

成本：需种子 5 斤，3—8 元/斤，计 30 元；复合肥 70 斤，计 73.5 元；尿素 40 斤，计 35.2 元；农药 10 元；合计需成本 148.7 元。

收益：正常年份单产 500 公斤/亩，以每公斤 1.3 元计，亩毛收入 650 元。

……

二　农业生产结构

从李庄村农户收入构成看：李庄村是一个典型的农业地区，从结构上可以大体分为种植业和养殖业。种植业是李庄村的主要产业，是农民的主要收入来源。养殖业是农民收入的补充，可以分为家畜养殖与水产养殖。全村年生产总值一产 1300 万元，二产 200万元。

在李庄村 167 户农户中，家庭经营收入中一产收入平均贡献份额为 50.7%，二、三产业平均贡献份额占 6.22%。从各户的情况看，一产收入贡献家庭总收入 30% 以下的为 32 户，占 19.2%；贡献 30%—50% 的有 41 户，占 24.6%；贡献 50%—80% 的有 54 户，占 32.3%；贡献 80% 以上的有 40 户，占 24%。可见，李庄村农业仍具有非常重要的地位。

在农业收入中，种植业收入占绝对主要的地位，调查户中种植业收入占一产的收入比平均为 75.14%。种植业收入占一产 30% 以下的 5 户，占样本户的 3%；占 30%—50% 的 9 户，占样本户的 5.4%；占 50%—80% 的 33 户，占样本户的 19.8%；占 80% 以上的 120 户，占样本户的 71.9%。

种植业以粮食为主。167 户样本调查资料显示（详见表 2.4），2006 年 167 户农民，实际耕作面积为 1756.12 亩，水田面积 811.40 亩，旱地面积 935.42 亩。实际生产结构如下：水稻生产面积 785.20 亩，小麦面积 1614.42 亩，花生面积 110.85 亩，大豆面积 472.82 亩，玉米面积 236.60 亩。小麦、稻谷等粮食作物占据绝对重要地位，占全部耕种面积的 76% 之多，大豆其次，占 19.38%。李庄村没有专门种植蔬菜的农户，只是个别农户在门前地角种植一些蔬菜供自己食用，绝大多数农户的蔬菜来源于购买。

表 2.4　　　　　　**167 户样本农户农业生产面积构成**　　　（单位：亩）

	实营地	水田	旱地	稻谷	小麦	玉米	大豆	薯类	花生	蔬菜
平均	10.52	5.14	6.32	5.07	9.97	2.49	3.88	0.88	1.79	0.22
总数	1756.12	811.40	935.42	785.20	1614.42	236.60	472.82	3.50	110.85	2.00

　　李庄村以粮食作物为主的农业生产特征决定了其经营方式的粗放性。[①] 粮食生产不具有技术密集型产业的属性。粮食属于粗放型的大田作物，生产管理和生产技能还是以传统农业生产技术为主。现代科学技术尽管在育种、肥料、农药、农机等方面得到体现，但上述含有现代科技的产品只是作为现成的生产投入来运用（更不用说李庄农民在这方面的投入也很少），从我们的调查看，李庄村农民的农业生产有很大一部分是靠自己的经验来决定的，农民所直接使用的生产技术还是传统技术。经验成为农民获取生产粮食技能的主要方式（当问及决定自家农业生产项目的依据时，80.2%的农民是根据往年的经验或经营习惯，10.8%是根据前一年的市场行情，4.8%是仿照周围邻居或亲朋，1.2%是根据村组干部或农技部门提供的信息和建议），现代农业科技在李庄村农业生产中应用很少，农户的科技水平对其产出贡献并不明显，所直接使用的生产技术还是传统技术。

---

　　① 作为非粮的其他农业产业，包括蔬菜、果品、养殖、水产业以及特色农产品栽培业则完全不同。从事这些产业的专业农户迫切渴望现代技术，并能用现代技术装备起来；他们的收入水平和积累水平都很高，能够在不多占用或稍微占用耕地的情况下就能不断扩大经营规模；能够依靠不断增加的技术进步和递增投入，大大提高集约化水平和劳动生产率；这些产品的高商品率可快速地推动农村的社会主义市场经济和深化农村经济改革。

第三节　农业生产组织方式与社会化服务

随着农业生产专业化和商业化程度的提高，必然导致农业生产的社会化，出现专门为农业生产的产前、产中、产后进行服务的社会组织。全国不少地方自1984年农业生产全面实行家庭联产承包责任制之后，针对农村劳动力大量向第二、三产业转移，许多农民视农业为兼业，因而疏于日常农田管理的情况，就开始积极发展农业生产的各项专业化、社会化服务。在这样的大背景下，李庄村农业生产社会化有了一定程度的发展，但发展步伐较为缓慢。

一　产前——农资购置、资金的筹集、田块翻耕

李庄村农业生产所需的农资一般从可靠渠道购得，品质也较好。从调查的样本户数据看，广大农户种田所需种子、化肥、农药的大部分是自己从可靠渠道购进，占94%，主要购自泗洪县以及双沟镇农资经营个体①，也有一部分农户种子是家庭自备，黄豆种子由家庭自备的居多，据当地农民讲，这种自备种子可反复使用七八年。对于购进农资的评价，有67.7%的农民反映种子品质很好，原因是他们一般都到相对比较熟一点的门市购买，如果一次不好，以后就不会再去买了。也有17.4%的农户反映品质不理想，7.8%的农户反映有好有坏。而对于农药、化肥、饲料等农资，农民们普遍反映价格偏高或太高。

近半成农户农业再生产资金不足，主要从亲友处筹借。调查户中有50%的农户在农业生产中需要借钱，农户借贷的途径主要从亲

---

① 事实上，农资公司改制后，供销社下属职工自立门户经营农资，已成为农药、化肥零批的主力军，供销社、农技站等集体经营已寥寥无几；乡镇农技部门建立的农业服务站已名存实亡，把农资经营牌子交给私人经营。许多农资店张挂的仍是"某某供销社门市部"、"某某农技站农资店"等牌子。

戚朋友和银行贷款两方面取得。而对于农户而言，由于银行信贷贷款额度小，农户非法人实体，在我国现行银行系统中，农户很难获得银行贷款。因此，农户投资资金往往依赖于从亲戚朋友处取得。近45%的农户在上项目过程中得到过其亲属的资金帮助，从这一点可以看出，民间借贷活动还是李庄村资金拆借的主要渠道。但是这一渠道随着农户生产经营方式的变迁，将发生运行规则的变化。调查中发现，在李庄村所有农户的民间借贷行为都不用支付货币形式的利息，而是采取送礼、串门等的形式对借款人给予回报。

种植业的第一件事就是耕田，李庄村农田耕翻的社会化程度很低，绝大多数是由各户自己完成。根据167户调查资料，2006年李庄村85.6%的农户自己耕田，选择私人机械提供服务的只有8户，占4.8%。

二 产中——病虫防治、施肥、收割

李庄村农户的播种、施肥、治虫主要是农民自己承担。调查样本户中有161户是自己解决，占96.4%，没有雇工或者外包现象（以前插秧有过换工①的现象，采用直播技术后已不复存在）。少数因农业劳动力不足或没有配套器械的家庭通过亲友互助来满足农业生产所需，作为酬谢的方式是吃饭或者送烟酒等。这种分工程度低有其内在的原因：首先是技术上可能，或者说技术推动的结果。从农活的辛苦程度看，播种、治虫、施肥都是劳动程度比较低的农活，按照李庄村农民的说法，属于"细工慢活"，农民个人能够按照自己的安排慢慢完成。其次，从时间上看，在播种、施肥、治虫之季，农民普遍比较轻闲，没有其他农活可做，与其在家闲着，不

---

① 在费孝通的《云南三村》一书中作以下解释：若有甲乙两家，甲家先放水，在惊蛰播种，而乙家水放得迟，在清明播种，则甲家插秧时，乙家正无工可做，可以去甲家帮忙；等乙家要插秧时，甲家在自己田上也已没有工作，可以帮回来。这就是所谓换工。

如自己治虫。这是农民在工作与闲暇、资金与劳动之间的理性选择。

收割，这个曾经是农业生产中劳动强度最大的环节，如今却尤为轻松。1996 年以前李庄村数千亩小麦一直是人工收割，壮劳力一天只能割麦 0.6—0.7 亩，劳动强度大，收割进度慢，麦收季节天气多变，经常造成损失。半机械化收割工效可提高 1 倍以上，联合收割机每台一昼夜可收割 50—60 亩，快的可达百亩。调查时，李庄村小麦和水稻已基本上实现了机收①，在收割季节，农户只需将收割好的麦子（水稻）搬回自家院子就可以了。而提供收割服务的：一种是本村村民拥有的农业机械。2007 年李庄村全村拥有的大型收割机 4—5 台，村民李某家 2007 年购置了一台价值 57000 元的大型收割机，专门用于为村民提供收割服务，每亩水稻收费 40元，每亩小麦收费 35 元；另一种是外村（地）的个体农机服务，主要也是小麦联合收割机，其收割价格相比本村要低 2 元左右，所以本村村民也乐意将自家的田地承包给外地农户收割，由于田多机少，对本地机手并没有形成明显的竞争。

三　产后——销售、加工

李庄村农业生产的商品化程度不高，很多农户销售农产品的目的仅是维持简单的农业再生产。不少农户从事农业生产的目的是为了满足自己及家人的生活需要以及维持再生产所需要的投入，他们生产的产品，一部分用于直接的生活消费，包括生产的粮食、油料、蔬菜和秸秆等，一般不经过现代工业加工而直接用于自己家庭的生活消费。另一部分用于第二年再生产的生产性消费，包括预留

---

① 2000 年，该村所在的宿迁市委号召，在全市辖区内道路两旁50—100 米的范围内栽树，包括土路，乡间小道，侵占了很大范围的耕地，当时的政策是：树的产权归所在地块的农户所有，但个人不得随意砍伐。所以，路两旁近 200 米的范围联合收割机是难以收割的，只能靠人工收割。

下一年生产所需要的种子，牲畜的粪便用作下一年的肥料，谷草和其他秸秆用于牲畜的饲料。该村农民的农产品在自家院子里晒干后，对于家庭收入来源不多的农户必须抓紧时间将多余的粮食卖出去（由于这些农民过于拮据，手中几乎没有任何积蓄，刚收来的新粮就要卖，受市场供求关系等影响，没有多少讨价还价的余地，通常价格较低），以还清当年的欠款和购买下一季农用物资；而有一定周转资金的农户，则不必马上出售，堆放起来直至价格高时再卖。

李庄村农户生产的产品，绝大多数由商人或中间商来收购，而通过自由市场，或者同专业组织签有购销合同、建立固定客户关系的很少。调查户中有90.4%是通过粮贩子上门出售的，其他农户则是直接销售给市场或企业。这说明了李庄村农产品的市场实现形式还很单一，农户还具有很强的生产单位的性质，这样很容易受市场供需关系和价格波动的影响。

李庄村没有稻米加工企业，农民需要时要通过拖拉机把家里的稻子运到邻村或镇里加工，很是不便。

第三章

李庄村土地承包经营

中国的农村、农民问题最根本的还是土地问题,这不仅在中国新民主主义革命时期的实践中得到证明,改革开放以来农村实行家庭联产承包责任制的实践也证明,对大多数中国农民来说,土地是他们的最基本的生活保障。在我们充分肯定30年来农村改革成果的同时,不能不看到当前农村发展、农业稳定、农民致富中存在的问题。从总体上看,我国农村在整个经济发展中还处于"第三世界",农民收入增加的难度增加,农业的现代化进展缓慢,农村经济社会的内在动力机制和持续发展机制尚未建立。"三农"成为我国全面实现小康和现代化进程的"瓶颈"。而导致这一切的根本问题仍然是土地问题。虽然30年的家庭联产承包责任制使农民有了经营土地的自主权,调动了广大农民从事农业生产的积极性,有了拓展家庭经营、增加收入的时间和空间。但是,由于农村土地产权的模糊化,更由于现实中缺乏有效的农民利益保护机制和科学、有效的执法监督机制,随着我国工业化和城市化进程的加快,全国各地在农村土地征用、租赁过程中较为普遍存在损害农民利益现象,此现象在位于典型传统农区的李庄村也同样明显地反映出来。

第一节　土地承包与流转

家庭联产承包责任制是指农户以家庭为单位向集体组织承包土地等生产资料和生产任务的农业生产责任制形式。其基本特点是在保留集体经济必要的统一经营的同时，集体将土地和其他生产资料承包给农户，承包户根据承包合同规定的权限，独立作出经营决策，并在完成国家和集体任务的前提下分享经营成果。一般做法是将土地等按人口或劳动力比例根据责、权、利相结合的原则分给农户经营，承包户和集体经济组织签订承包合同。

一　土地承包

以组为单位、按人口平均分配、户均承包地面积小是李庄村土地承包经营的主要特点。

（一）土地承包关系及其演变

李庄村所在的泗洪县与安徽省相邻，受小岗村包干到户的影响，李庄村在1980年就实行了家庭联产承包责任制。李庄村的土地承包到户是以村民小组为单位。1980年李庄村第一轮承包按社会人口计，凡本组农户，按人口平均分配承包地，承包期为15年。期间，由各村民小组根据情况每五年进行一次小调整。第一轮土地承包到1995年为止。1995年李庄村进行第二轮土地联产承包。与第一轮承包不同的是，这一轮土地承包不再按照社会人口平均分配。为贯彻落实计划生育政策，规定分配承包地的条件为：凡1984年前出生的都给承包地，1985年后符合计划生育条件的出生人员才会有承包地，超生人员不给地，承包期30年。

1995年的土地承包手续比较健全规范，农户都拿到由中共江苏省委农村工作部印制的集体土地承包经营权证书。下面是我们看到的农户土地承包经营权证书：

> 汤宜年集体土地承包经营权证书
>
> （中共江苏省委农村工作部）
>
> 1995 年 12 月 31 日　泗洪县人民政府签发
>
> 有效期 30 年
>
> 承包耕地 5.9 亩
>
> 编号 01120618

（二）土地承包规模

李庄村是个土地资源相对丰富的农业村，全村 6420 亩土地，2754 人，人均 2.33 亩。二轮承包时 7 个组中，人均承包地最高者 1.9 亩，最低 1 亩（二组）。被调查的 167 户，承包土地总面积 1475.22 亩，平均每户承包地面积为 8.89 亩，最大者 25 亩，最小者 1.5 亩。按农户承包地面积的多少分组，大都在 10 亩以下，占 74.3%。其中 5.1—10 亩占 53.9%。20 亩以上的只占 1.8%。

表 3.1　　　　　　　　李庄村农户土地承包情况　　（单位：亩/户/%）

承包面积	农户数	比重
5 亩以下	34	20.4
5.1—10.0 亩	90	53.9
10.1—15.0 亩	26	15.6
15.1—20.0 亩	14	8.4
20.1—25.0 亩	2	1.2
25 亩以上	1	0.6
合计	167	100.0

二　农户承包地流转

由于李庄村是典型的农业村，土地经营仍然是农民的基本生活保障，因而农户之间的承包地流转并不普遍。但随着农业劳动力异地转移的逐渐加快，承包地流转的速度出现加快趋势。在调查的167个样本农户中，有56户存在承包土地流转，占33.5%。而由于农户之间的土地流转在亲戚朋友之间进行，带有帮忙性质，因而大多没有正式的书面协议。在应答的53户土地流转农户中，只有七户有书面协议，占13.2%。

表3.2　　　　　　　　李庄村农户承包地流转情况　　　（单位：户/%）

是否土地流转	农户数	比重
是	56	33.5
否	111	66.5
合计	167	100.0

（一）农户流入土地

1. 流入土地分组

在调查的167户中，有44户流入土地，总面积292.5亩，平均每户流入6.65亩，最小为1亩，最大为19.6亩。超过半数的流入户流入面积在5亩以下，流入面积在10亩以上的流入户只占22.8%。

表3.3　　　　　　　　李庄村农户流入土地规模　　　（单位：亩/户/%）

流转面积	农户数	比重
5亩以下	23	52.3
5.1—10.0亩	11	25.0
10.1—15.0亩	9	20.5
15.1—20.0亩	1	2.3
合计	44	100.0

2. 流入土地时间

从流入土地的时间看，大部分是在2004年以后，2004—2007

年流入土地的农户有 32 户，占流入土地农户总数的 72.7%。

表 3.4　　　　　　　李庄村农户流入土地时间　　　（单位：户/%）

流入土地年份	农户数	比重
1995	1	2.3
1998	4	9.1
2000	2	4.5
2002	2	4.5
2003	3	6.8
2004	6	13.6
2005	6	13.6
2006	7	15.9
2007	13	29.5
合计	44	100.0

3. 流入来源

农户流入土地的来源主要是本村亲友或本村农户，来自本村亲友的有 31 户，占 70.5%，来自本村农户的有 8 户，占 18.2%，两者合计占 88.7%。其余是从村集体流入 2 户，异地亲友流入 2 户，异地农户流入 1 户。

表 3.5　　　　　　　李庄村农户流入土地时间　　　（单位：户/%）

农户流入土地来源	农户数	比重
本村农户	8	18.2
本村亲友	31	70.5
村集体	2	4.5
异地亲友	2	4.5
异地农户	1	2.3
合计	44	100.0

4. 流入土地原因

农户流入土地的原因,按应答频数的多少,依次为:亲友委托耕种 18 户,占 40.9%;父母转让 11 户,占 25%;扩大生产规模 8 户,占 18.2%,劳动力多 6 户,占 13.6%。说明李庄村农户目前流入土地的动因主要来自于外部,是被动型接受流入土地。而为了扩大生产规模、增加土地经营收入的主动型接受流入土地的农户并不多。

表 3.6　　　　　　李庄村农户流入土地原因分析　　　（单位:户/%）

流入土地的原因	农户数	比重
劳动力多	6	13.6
扩大生产规模	8	18.2
亲友委托耕种	18	40.9
父母转让	11	25.0
其他	1	2.3
合计	44	100.0

5. 流入土地租金

与上述流入土地主要来源于亲友及流入原因主要为父母转让和亲友委托耕种相联系,流入土地基本上是以无租金和低租金为主。按当地社会一般性土地租金,起码在每亩 300 元以上,李庄村由村组织租给外地养鸭户的土地租金为每亩每年 300 元。但被调查农户流入土地,没有租金的 14 户,占 31.8%;亩年租金在 200 元以下的有 22 户,占 50%。亩年租金 300 元及 300 元以上的流入土地农户只有 5 户,占 11.4%。最高的一户为 320 元。

(二) 农户流出土地

1. 流出土地面积

在调查的 167 户中,有 16 户流出土地,总面积 82.4 亩,平均每户流出 5.15 亩,最小为 0.8 亩,最大为 20 亩(140 号农户因劳动力少，2007 年流出土地 20 亩，亩年租金 200 元）。有 68.8% 的土地流出户流出面积在 5 亩以下，流出面积在 10 亩以上的流出户只有 1 家，占 6.3%。

2. 流出土地时间

从流出土地的时间看，大部分是在 2001 年以后，2001—2007 年流出土地的农户有 13 户，占流出土地农户总数的 81.2%。

表3.7　　　　　　　　流出土地的时间　　　　（单位：户/%）

年份	农户数	比重
1984	1	6.3
1993	1	6.3
2000	1	6.3
2001	2	12.5
2002	2	12.5
2003	1	6.3
2004	2	12.5
2005	1	6.3
2006	2	12.5
2007	3	18.8
合计	16	100.0

3. 流出土地原因

农户流出土地的原因，按应答频数的多少，依次为：父母年龄大了，转让给子女种的有 7 户，占 43.8%；家中劳动力少种不过来的有 5 户，占 31.3%；因外出打工流出土地的有 3 户，占 18.8%；还有 1 户是服从村统一规划而流出土地。说明外出打工并非目前李庄村农户流出土地的主要原因。

表3.8　　　　　　　　农户流出土地原因　　　　（单位：户/%）

流出土地原因	农户数	比重
劳力少，种不过来	5	31.3
外出打工	3	18.8
服从乡村统一规划	1	6.3
年龄大了，转给子女种	7	43.8
合计	16	100.0

4. 流出土地租金

与上述流出土地主要源于父母转让和劳动力少、外出打工等原因一致，流出土地基本上是以无租金和低租金为主。被调查农户流出土地，没有租金的6户，占37.5%；亩年租金在200元以下的有6户，占37.6%。亩年租金300元及300元以上的流出土地农户只有4户，占24.9%。

表3.9　　　　　　　　农户流出土地租金　　　　（单位：元/户/%）

流出土地租金	农户数	比重
没有租金	6	37.5
100	2	12.5
150	1	6.3
200	3	18.8
300	2	12.3
400	1	6.3
800	1	6.3
合计	16	100.0

（三）土地流转纠纷

1995年二轮承包以来，李庄村的土地流转纠纷发生频率不高，共计发生8起土地纠纷，占被调查农户的4.8%。发生纠纷的时间主要在 2005—2007 年，其间共发生 6 起，占总纠纷数的 76%。其中 2006 年发生 3 起，2007 年发生 2 起。

8 户有土地纠纷的农户，其中 3 户发生在与其他农户之间；分别与村委会和村民小组发生土地纠纷的各有 2 户。

土地纠纷的类型主要有：由土地流转和由相邻农户边界不清产生的纠纷各 2 户。村级组织强制流转成为产生土地流转纠纷的重要原因，随着粮食直补等一系列惠农政策的落实，部分外出劳动力返乡重新务农要求收回流出土地也是产生土地纠纷的一个原因。

表 3.10　　　　　　农户土地流转纠纷情况　　　（单位：户/%）

类别		农户数	比重
纠纷类型	土地流转纠纷	2	25.0
	相邻农户边界不清纠纷	2	25.0
	其他	4	50.0
	合计	8	100.0
纠纷原因	村级组织强制流转	3	37.5
	返乡务农劳力要田种	1	12.5
	其他	4	50.0
	合计	8	100.0

三　土地非农流转

李庄村所处的泗洪县西南岗是江苏省最贫困的地区，非农产业的发展明显落后于其他地区，因而土地的非农流转也相对较少。近五年李庄村土地非农流转数量很少。被调查的 167 户中存在耕地非农流转的总共只有 9 户 12 亩。非农流转面积最小的 2 分地，最大的 2 亩。耕地的非农流转主要流向交通用地，共有 6 户 9.2 亩转变为交通用地；转变为居住地的 2 户 2 亩，转变为工矿企业用地的 1 户 0.8 亩。

在被调查的 167 户中，近五年农业园地、林地、牧草地、渔业

养殖水面用地转为非农园地的有 3 户，面积计 13.3 亩，最小的 1.7
亩，最大的 7 亩。

调查了解到，近五年李庄村农业用地转为非农用地涉及的主要
有如下两个项目：

1. 窑厂占地。1984 年创办村窑厂，2007 年村办窑厂占地 86
亩，土地来源为没有承包到农户的村民小组公用地（一、二、三
组），承包给浙江人，有职工 200 多人，本村占 60%。2006—2008
年每年交村委会 5.5 万元，2009—2011 年每年交 6.5 万元。同时还
向村民小组给予每亩 500—600 元的土地租金。制砖用土到周边地
区购买。1984 年建窑厂时，村以预付砖款向全村农户集资（以每
户 2 万块砖、每块 6 分，每户 1200 元）70 多万元。这笔村欠农户
款至今未还。

2. 养鸭场占地。2007 年 8 月外乡本县人租用本村四组 50 亩土
地建立养鸭场，期限为 5 年，除土地的工程、水费等由承租人负担
外，按每亩每年 300 元给农户租金。

第二节 农户土地经营与宅基地

李庄村的土地经营主要是以种植粮食为主的耕地经营，只有少
部分农户从事林牧渔的经营。由于本地工业化水平低，农业剩余劳
动力大多外出打工，工作不固定，收入不稳定，土地经营仍然是农
民的稳定生活来源。所以绝大多数农户不愿意放弃土地。导致农户
土地经营规模小。

农户的宅基地面积是有标准的。李庄村农户是庭院式住宅，实
际使用宅基地面积比填发的农户集体土地建设用地使用证标明的
要多。

一 农户耕地经营

农户经营耕地数量少，地块零散，土地基础设施投入严重不

足，是现阶段李庄村土地经营的主要特点。

（一）耕地经营规模

被调查农户实际经营耕地 1756.12 亩，平均每户 10.52 亩，经营面积最多的为 34.5 亩。其中经营的水田 811.1 亩，户均 5.14 亩，最多的 21 亩；经营的旱地面积 935.42 亩，最多的 24 亩。

表 3.11　　　　　　　　实际经营耕地情况　　　　　（单位：亩/户）

	农户数	最小	最大	总数	户均
实际经营耕地面积	167	0.00	34.50	1756.12	10.5157
水田面积	158	0.90	21.00	811.40	5.1354
旱地面积	148	0.50	24.00	935.42	6.3204

按农户经营耕地的多少分组，农户经营面积在 5.1—10 亩的居多，有 78 户，占 46.7%；其次为 10.1—15 亩，有 33 户，占 19.8%，再次是 5 亩以下，有 25 户，占 15%。经营面积在 15 亩以下的农户数占了 81.4%，而经营面积超过 20 亩的农户只占 8.4%。

表 3.12　　　　　　　农户经营土地面积分组　　　（单位：亩/户/%）

	农户数	比重
5 亩以下	25	15.0
5.1—10.0 亩	78	46.7
10.1—15.0 亩	33	19.8
15.1—20 亩	17	10.2
20.1—25.0 亩	9	5.4
25 亩以上	5	3.0
合计	167	100.0

李庄村农户经营土地的面积本就不多，但就是这有限的耕地也分散在不同的地块。2007 年，被调查农户中应答的 164 户共有 881

块经营土地,户均5.37块,最多的一户有15块地。一块地的面积最小只有2分,最大也只有10亩。经营耕地田块在4块以下的占48.8%,在5—9块的占42.1%,在10块以上的只占了9%。

(二)农户经营耕地的投资

农户经营土地规模小,经营地块小而分散,加上农业经营效益低等原因,农户对于经营的土地很少投资。在应答的163户中,自1995年第二轮土地承包以来,有131户没有对经营土地进行任何基本设施建设投资,占应答农户数的80.4%。在有投资的32户中,建塑料大棚的16户,建引水渠的9户,挖排水沟的6户,平整土地的1户。

表3.13　　　二轮承包以来农户经营土地的基础设施投资

（单位：户/%）

基础设施	农户数	比重
建引水渠	9	5.5
挖排水沟	6	3.7
平整土地	1	0.6
建塑料大棚	16	9.8
没有	131	80.4
合计	163	100.0

二　农户经营园地、林地等情况

李庄村是典型的以农业、种植业为主的村。种植业以外的林牧副渔业的发展十分薄弱。在被调查的农户中,只有21户从事耕地经营以外的产业,占被调查农户的12.57%。

(一)渔业养殖

李庄村紧靠江苏省第二大湖——洪泽湖,一些农户在湖边荒滩开挖鱼塘。被调查农户中,有16户从事渔业养殖,渔业养殖总面积300亩,农户最少的经营6亩,最多的经营46亩。而仅有4户是承包户籍所在村的 61 亩集体鱼塘。

（二）林地经营

李庄村只有 3 户经营林地，总面积 11.5 亩。最少的一户经营 1.5 亩，最多的一户经营 5 亩。其中有一户承包村集体林地 5 亩。

（三）园地经营

在被调查农户中，有 2 户经营园地，总面积 25 亩，少的一户经营 10 亩，多的一户经营 15 亩。

表 3.14　　　　　　　李庄村园地经营情况　　　（单位：亩/户）

	农户数	最少	最多	总数	户均
1. 实际经营园地面积	2	10.00	15.00	25.00	12.50
其中：从户籍地承包	2	10.00	15.00	25.00	12.50
2. 实际经营林地面积	3	1.50	5.00	11.50	3.83
其中：从户籍地承包	1	5.00	5.00	5.00	5.00
3. 实际渔业养殖面积	16	6.00	46.00	300.00	18.75
其中：从户籍地承包	4	10.00	21.00	61.00	15.25

三　农民宅基地

农民宅基地面积是有标准的，一般根据人口的多少而定。但在李庄村，干部群众都认为是没有面积标准的。在调查中，我们看到了农户的房屋所有权证和集体土地建设用地使用证。明明白白地标明了农户住宅建筑面积和宅基地面积。1996 年 7 月 10 日由泗洪县双沟镇人民政府填发农户汤宜年的集体土地建设用地使用证（洪土集建［双土］字 04201 号），盖有泗洪县人民政府土地登记专用章，其上载明：三组，住宅，用地面积：190 平方米，其中建筑占地 47 平方米，本宗地 1994 年标准面积 190 平方米，1996 年 3 月翻建砖瓦房三间长 9.7 米，宽 7.5 米。

汤宜年集体土地建设用地使用证

洪土集建［双土］字 04201 号

地点：三组

用途：住宅

用地面积：190m², 其中建筑占地 47m², 本宗地标准面积 190m²（1994 年）

本宗地 1996 年 3 月翻建砖瓦房屋三间，长 9.7 米，宽 7.5 米

泗洪县人民政府土地登记专用章

1996 年 7 月 10 日

我们也看到某县国土部门关于农民宅基地集体土地使用权设定登记一次性告知书，其中要求申请人（农户）应提交的土地权属证明文件包括：（一）一九八二年二月国务院发布《村镇建房用地管理条例》之后农民建住宅使用宅基地：（1）农民宅基用地批准书（原件×1）；（2）土地登记申请书（申请人签字盖章，原件×1）；（3）申请人居民身份证（复印件×1）；（4）申请人全家户口簿（复印件×1）。（二）一九八二年二月之前农民建住宅使用宅基地：（1）村委会出具的户主户籍、用地时间证明（原件×1）；（2）土地登记申请书（申请人签字盖章，原件×1）；（3）申请人居民身份证（复印件×1）；（4）申请人全家户口簿（复印件×1）。说明农户的宅基地使用是有严格要求的。

在问卷调查中，农户估算的实际使用宅基地面积比填发的农户集体土地建设用地使用证标明的要多。被调查的 166 户应答农户宅基地总面积 58135 平方米，户均 350.21 平方米。最小的 25 平方米，最大的 1334 平方米。

表 3.15   农户宅基地使用面积

	户数	最小面积	最大面积	总面积	户均
宅基地	166	25	1334	58135	350.21

按宅基地面积分组，300.1—400 平方米居多，有 42 户，占 25.3%；200.1—300 平方米次之，有 38 户，占 22.9%，然后是 100.1—200 平方米，有 32 户，占 19.3%。400.1—500 平方米者有 24 户，占 14.5%。宅基地面积在 100.1—500 平方米的农户合计 136 户，占了 81.9%。500 平方米以上只有 23 户，占 13.8%。

第三节 土地的非农征用

土地征用是李庄村农民反映最为强烈的问题。宁宿徐高速公路是江苏省的省级高速公路，在其征用农民承包地过程中，完全漠视了农民的土地权利，征地补偿费过低、侵害农民土地权益过分的情况在李庄村得到了集中体现。

一 土地征用概况

李庄村农户的承包地主要被地方政府征用为公路交通用地。1998 年 2 月宿迁市有关部门征用李庄村 351 亩农民承包地，涉及 430 户农户。整个征地过程既没有征求村组织意见，更没有听取承包地农户的意见。当时只赔偿 600 元/亩的青苗费。其余没有任何形式的书面协议。只通过镇政府工作人员之口，口头承诺征地土地补偿费每亩 6000 元。据村委会同志回忆，当初宿迁市高速公路股份公司有给股份的说法。但直至 2007 年宿迁市政府才正式下文每亩补偿 4000 元。不仅原本就不高的补偿标准又减少了 25%，而且补偿时间整整延后了 10 年。三组一村民反映，1995 年全家 5 口人承包集体土地 8.3 亩，1998 年因修建高速公路被征用 4.3 亩，直至

2008 年 1 月才给予每亩 4000 元的补偿。而平常还按 8.3 亩地交各种费用。

宿迁市还要求境内公路两边建设绿化带。高速公路两边各 200 米，省道各 100 米，栽种距离 10 米。目前栽种的意杨已经初步长成。但绿化带林木的产权不明，严重影响到农民承包地的农作物产量也没有个说法。

（一）被征用农户数和征用面积

被调查农户中，96 户应答有承包地被征用，占 56.9%。有统计的 88 户被征用承包地 124.05 亩，平均每户 1.4 亩。最小征用面积为 1 分地，最多征用面积达 7 亩。按征用面积分组，主要集中在 1 亩以下和 1.01—2.0 亩，分别有 44 户和 30 户，分别占被征地农户总数的 50% 和 34.1%。农户承包地被征用面积较少的原因，主要是有的组承包地被征用后，在组内进行承包地的调整，分摊了征用地面积，这样，被征地涉及的农户数多了，分摊到每个农户的征用地少了。如 1998 年各组被征用土地处理办法不一样，有的在组内调剂，有的则征谁补谁。李庄三组将 1998 年修建宁宿徐高速公路征用的 100 亩地按全组 183 人平摊，每人 0.55 亩。

表 3.16　　　　　　　　农户承包地征用情况　　　（单位：亩/户/%）

征地规模分组	农户数	比重
1 亩以下	44	50.0
1.01—2.00 亩	30	34.1
2.01—3.00 亩	6	6.8
3.01—4.00 亩	4	4.5
4.01—5.00 亩	3	3.4
5 亩以上	1	1.1
合计	88	100.0

（二）承包地征用时间

承包地被征用时间集中在 1998 年，这一年有 72 户被征用了承包地，占被征用地农户的 75.8%。1998 年的征用农户承包地主要是修建宁徐高速公路。其余征用地较多的是 1999 年和 2001 年，分别有 9 户和 8 户农户的承包地被征用。

表 3.17　　　　　　　　农户承包地征用时间　　　　（单位：户/%）

年份	农户数	比重
1995	1	1.1
1998	72	75.8
1999	9	9.5
2000	1	1.1
2001	8	8.4
2007	4	4.2
合计	95	100.0

（三）征地实施过程

在大多数情况下，地方政府征用农民承包地，采取强制性征用方式，承包地农户是没有话语权的。在问到征地实施过程中是否开会征求农民意见，95 户被征地农户中有 84 户回答是否定的，占了 88.4%。

二　征地补偿

征地补偿方式单一、补偿标准低、征地过程缺乏民主、补偿方案不透明，农民的态度只能是消极、无奈与无助。

（一）征地补偿方式

农户承包地被征用后的主要补偿方式是完全发放补偿费，有 60 户对此作答，占 63.2%。回答另外安置部分承包地和发放部分补偿费的 16 户，占 16.8%；有 2 户另外安置承包地，还有 10 户回答不知道，1 户回答不补偿。

表 3.18　　　　农户承包地被征用后的补偿方式　　（单位：户/%）

类型	农户数	比重
另外安置承包地	2	2.1
另外安置部分承包地，发放部分补偿费	16	16.8
完全发放补偿费	60	63.2
不补偿	1	1.1
不知道	10	10.5
其他	6	6.3
合计	95	100.0

（二）补偿方案的产生

征地补偿方案的制定过程缺乏民主性，没有被征地农户的参与，以及补偿方案的不公开不透明，是导致上述被征地农户在回答征用地补偿方案时模棱两可和不确定的原因。在回答征用地补偿方案是如何产生的，应答的 93 户中，有多达 75 户选择了不知道，占应答农户的 80.6%。

表 3.19　　　　　　征地补偿方案的产生　　　　（单位：户/%）

征地补偿方案	农户数	比重
征地计划部门制定	8	8.6
乡镇（县）政府制定	2	2.2
村委会讨论决定	7	7.5
不知道	75	80.6
其他	1	1.1
合计	93	100.0

对于由地方政府一手包办、严重损害被征地农民土地权益的征用地补偿方案，李庄村 91.5% 的被征地农户理所当然地选择了否定

的态度。

（三）征地对农民收入的影响

在种植业收入仍然是农户家庭经营收入主要来源之一的李庄村，承包地被征用，必然减少农民收入。按照目前李庄村的种植业生产水平，以"麦—稻"或"麦—玉米"的种植方式，一年的亩经营收入大致在 1000—1200 元，扣除每亩 400—500 元的物质投入，每亩纯收入 500—700 元。而且随着国家惠农政策的进一步增加，以及农产品价格上涨的必然趋势，经营农地的效益会越来越好。以一亩耕地 4000 元的代价永久地夺走农民的土地，无论是从当前，还是从长远看，都会对农民收入造成很大影响，对以农业经营收入为主的李庄村民尤其如此。因此，在回答征地对农民收入的影响时，95 户被征地农户中有 83 户回答征地减少了家庭收入，占 87.4%；回答基本没影响的有 11 户，占 11.6%；只有 1 户回答征地使家庭收入增加。

表 3.20　　　　　　　　征地对农民收入的影响　　　（单位：户/%）

类别	农户数	比重
基本没影响	11	11.6
家庭收入减少了	83	87.4
收入增加了	1	1.1
合计	95	100.0

（四）农民对承包地被征用的态度

强制性征用农民承包地，补偿方式不科学，补偿方案不民主，补偿标准过低，其结果，必然遭到农民的强烈反对。在回答是否同意征用承包地时，只有 16 户表示同意，占 16.8%。83.2% 的农户选择不同意或者不同意但没办法。

表3.21　　　　　　农民对承包地被征用的态度　　　（单位：户/%）

类别	户数	比重
同意	16	16.8
不同意	72	75.8
不同意也没办法	7	7.4
合计	95	100.0

第四节　农村土地所有权与土地制度创新

农村土地产权的模糊化并由此造成对农民土地权益的巨大损害是一个不争的事实，也是"三农"问题难以取得实质性进展的根源所在。土地制度的改革创新成为维护农民权益的首要问题。

一　农村土地所有权归属

尽管我国有关法律法规都明确规定农村土地归农民集体所有，但在农民是否拥有集体土地的所有权问题上各方面意见不一，即使农民自身也不很清楚。

（一）农民对土地权属问题的认识

1. 农地归属问题

虽然我国法律明确规定农村土地归农民集体所有，且在我国宪法、土地管理法等相关法律中均将农村土地的所有权主体界定为"农民集体"，但"土地是国家所有"的观念在接受调查和访谈的农民头脑中根深蒂固。在接受调查的167户农户中，竟有114户认为他们承包的土地属于国家所有，占被调查农户数的68.3%。认为是农民所有的只有30户，占18%，认为是村或组集体所有的只有17户，占10.2%。

表 3.22   农民对土地的权属问题的认识 （单位：户/%）

	农户数	比重
国家所有	114	68.3
村集体所有	7	4.2
组集体所有	10	6.0
农民所有	30	18.0
不清楚	6	3.6
合计	167	100.0

2. 宅基地归属问题

对于宅基地的归属，多数农民认为是自己的私有财产。在 167 户被调查农户中，认为宅基地是私有财产的有 101 户，占 60.5%；认为不是的有 57 户，占 34.1%；不清楚的 9 户，占 5.4%。

表 3.23   农民的宅基地归属的认识 （单位：户/%）

私有财产	农户数	比重
是	101	60.5
不是	57	34.1
不清楚	9	5.4
合计	167	100.0

在回答宅基地可否转让时，超过 50% 的农户选择可以转让。认为宅基地可以转让的有 91 户，占 54.5%；认为不可以转让的 70 户，占 41.9%。

表 3.24   宅基地可否转让 （单位：户/%）

可否转让	农户数	比重
可以	91	54.5
不可以	70	41.9

续表

可否转让	农户数	比重
不知道	6	3.6
合计	167	100.0

3. 农民"土地集体所有权"观念缺失原因

农民误认为自己承包的土地是属于国家而不是自己所在村组集体所有，其原因有二：一是土地的家庭承包弱化了农户作为集体成员的归属感。20世纪80年代初实行的"统分结合、双层经营"家庭联产承包责任制，在实践中，大多数地方没有集体的统一经营，家庭联产承包责任制已经演变为农户单一的家庭经营，农户只是土地的租用者。土地属于谁所有，对农户来说已经不重要。二是自20世纪80年代初人民公社体制解体后，多数地区农村就没有法定的社区性集体经济组织。导致乡村行政机构（乡政府、村民委员会）以土地所有者代表自居，代行所有权，任意使用、支配和经营农民集体土地。同时国家在征地过程中，政府将村组集体农民疏散，化整为零，削弱了农民在权益受到侵害时的集体应对力量。

（二）社会对农民土地集体所有的认知

对于农村集体土地的所有权主体究竟应该是谁，许多人不清楚。不少人认为农村土地产权从根本上讲属于国家所有，不属于农民。还有的认为农民集体所有与农民所有不是同一概念，农民个体并不拥有按份分割农地所有权的权利。[①] 此外，人们把土地承包经营权等同于其他各种形式的承包制，农民只是作为承包人的身份享有承包合同确定的权利和义务。农民土地承包经营权的这一定位，为各方面利益集团侵害农民的土地财产权利提供了便利。

---

① 周诚：《现阶段我国农地征用中的是是非非》，《中国经济时报》，学者在线。

二　改革创新土地制度，还完整产权给农民

当前，保护农民土地权益的根本在于农村土地制度的创新。创新的目标是建立起以农民利益为核心的、"多赢"的土地权益分配机制。

（一）强化细化农村集体土地所有权

一是进一步确立农民是农村集体土地所有权主体的观念；二是把集体土地明晰到社区全体成员，从体制上理顺集体经济组织与农民的土地财产关系，这是最终解决保护农民正当土地权益的必由之路；三是建立体现农民所有权的土地股份合作社，即将全部集体土地量化到农户，建立以组（少数为村）为基本框架的农民土地股份合作社，制订农民土地股份合作社章程，从制度上保障农民对集体土地的所有权。在建立农民集中居住区和撤村并村过程中，严格实行"并村不并社"，确立起农民对集体土地的永久所有权。

（二）建立宅基地流转的农民权益保障机制

一是对农民宅基地进行确权登记和发证；二是推进农民集中居住必须征得农民同意，不能定指标，搞行政命令；三是对于由于农民集中居住而节约出来的非农土地，可以农民集体参股方式，参与地方经济开发，保证动迁农民能够获得相应的收入。

第四章

李庄村多种经营与非农产业

　　中国广大农村多种经营与非农产业，常以乡村工业、家庭副业和庭院经济形式出现，并逐步向多部门、多层次、深加工的商品性生产方向发展，它们是连接农村与城市的桥梁和纽带，是农产品和农村劳动力进入市场的跳板和通道。改革开放以来的农村发展实践证明，农村的发展是离不开多种经营与非农产业的。

　　江苏作为全国经济比较发达的省份，经济社会各个方面的指标都高于全国平均水平。尤其是苏南农村，多种经营与非农产业发展水平很高。但是位于苏北贫困地区的李庄村，多种经营与非农产业的发展水平相当落后，与全省的平均水平还有相当大的差距。

第一节　传统家庭副业

　　根据泗洪县志记载和李庄老一辈的村民回忆，新中国成立前，双沟镇包括李庄村多数农民利用农闲时间和剩余劳力、半劳力在田边、隙地从事种植和养殖（猪、鸡等）。有的根据各自的有利条件，从事编织、捕捞、狩猎、采集等副业生产。新中国成立后，政府对农民的家庭副业生产比较重视，积极倡导，专门指示要搞好冬季副业生产，改变过去秋收后"猫冬"①的现象，变冬闲为冬忙。家庭副业逐年发展，门类增多，收入逐年上升。从事的养殖种类突破了传统猪、鸡为主的格局，扩展到养殖兔、蜜蜂、鹌鹑等，尤其由界集知青农场、县土产公司兔场、县畜牧场繁殖推广的养兔业在李庄村及其周边一带村庄盛行。1974 年末，全县兔子的存栏量达到 1.85 万只。以前，蔬菜、瓜果基本上是自给自足的，所以村民基本上都会种植最常食用的几种蔬菜，还有西瓜和甜瓜等。李庄村位于洪泽湖西北角，不但可以进行自给自足的渔业养殖，而且还盛产芦苇，当地居民以苇编作为一项主要的传统副业，编织的产品最远销售到东北等地。

第二节 多种经营与非农产业

李庄村目前还是以种植业为主，大部分农户兼营养殖业，但养殖规模普遍较小。家庭经营非农产业的占极少数，能称得上"企业"的只有一家砖窑厂。李庄村常见的非农产业形式主要是小作坊、小店铺、跑运输、私人承包小规模建筑工程等。从李庄村的调查情况可以得出：

一是多种经营与非农产业发展较慢。调查资料显示，2007 年李庄村农民家庭经营纯收入中，源于第一、二、三产业的经营收入之比为 89.70 : 5.48 : 4.82，其中，第一产业中来自种植业的就占到 80.54%。全部调查户农林牧渔业与非农产业总产值为 139.47 万元，人均达到 1882.34 元，与 2007 年全省人均 2552.40②元相比，李庄村农林牧渔业与非农产业人均产值远低于全省平均水平。

---

① "猫冬"指从秋收后直至春耕生产前这段时间不再外出或下地干活。——笔者注

② 根据《江苏统计年鉴2008》相关资料整理。

二是多种经营与非农产业门类比较单一。李庄村目前还是以传统的种植业生产为主、大部分家庭兼营养殖业的格局。2007 年，李庄村有 66 户兼营畜牧业，23 户兼营渔业养殖，从事非农产业的17 户中，经营的行业只有零售商业、建筑业和运输业。

三是多种经营与非农产业仍以个体家庭经营为主。目前李庄村的多种经营与非农产业全部是家庭个体经营，全村唯一的村办砖窑厂也已经承包给私人经营。

四是农户间多种经营与非农产业发展不平衡。从调查情况看，李庄村有的家庭既从事比较大面积的水产养殖，又从事私人运输业，挣钱的门路比较多，而大部分家庭只是守着自己的几亩耕地过日子。

一 多种经营与非农产业发展情况

李庄村因临近洪泽湖，所以有从事水产养殖的便利条件，整个村庄的多种经营收入主要来自渔业养殖。2007 年全村仅有一个本村村民私营的服装来料加工厂，但是因为面临材料成本的急剧上涨，不到年底就以倒闭而告终。厂子的负责人今年已经到泗洪县城去打工，因此在本次调研中，未能了解到厂子 2007 年的生产收益情况。另外，像砖窑加工厂算是上规模的厂子，却已转让给外省人承包经营，属于村里的收益只是土地的租金和一些村民在砖窑厂的打工收入。

（一）养殖业生产结构及其特点

李庄村的养殖业分为：家庭畜牧养殖和水产养殖，畜牧养殖主要是牛、猪、鸡鸭鹅等；水产养殖以池塘养蟹为主。养殖业是李庄农业生产和经济发展的重要组成部分，成本投入相对较低，但见效快，收益较种植业高，并且从李庄村家庭养殖业现状看，家庭养殖业不会消耗农民太多的生产时间。下面就李庄村主要养殖品种情况分别进行介绍。

1. 鸭：唯一实行规模化养殖的品种

李庄村养鸭分为专业养鸭和家庭分散养鸭两种，专业养鸭是圈养，家庭三五只的散养是其主要方式。全村有一个规模化大棚养鸭场，养鸭场的承包人是本县外乡人，于 2007 年 9 月 1 号才承包该养殖场。大棚养鸭场共占地 50 亩，协议租用期为 5 年，每年每亩地租金 300 元。附着于转包土地上的国家政策性补贴和应上交负担仍由原土地承包者负责。鸭场承包者共投入资金 40 万元，其中用于购置基础设施 25 万元，流动资金 15 万元，以家庭劳动力经营，未雇用其他村民。

生产投入主要是购买以下生产资料：15 个养殖大棚，每个大棚大约 4500—4600 元之间；防寒用的毛草席，每个 1 元左右；每周进行一次消毒，每斤含碘消毒液 0.1 元左右；购买鸭饲料，主要有玉米、豆类、米糠、麦麸等。鸭苗购进时每只 4.5 元左右，一般每批购进 5000—6000 只，养殖 45 天左右出售。2007 年市场价每公斤可卖到 7.9 元左右。

2. 牛：由生产工具走向肉用养殖

以往家庭养牛主要是把牛当作耕地、拉车的生产工具，如今养牛主要是以肉用商品出售为目的。李庄村唯一的养牛大户，从事养牛已有十多年。他的养殖经验是一般每年 1—3 月购进一批小牛，每头重 200 斤左右，喂养到年末 11 月份头重达 500 斤左右时再出售，售前的育肥期每只需投入 300 元左右的饲料。正常情况下，每年购进加上自繁的小牛，每批大概养殖 20 头左右。平时白天主要是牧草放养，每天放养时间为：上午 7：00—10：00，下午 4：00—7：00 两个时段。晚上圈饲秸秆为主。销售渠道以镇上的屠宰户上门收购为主。养牛产生的粪便一般是下地，自家用 50%—60%，剩余的分给亲朋好友下地。在调查中，我们还向当事者了解到，本地风俗是酒席牛肉必备，所以他对市场的判断是牛肉价格是不会跌下来的，进而生牛价格也是不会降下来的。他还向我们具体提供了前面一些年份的每头生牛的买进和卖出价格序列（见表4.1）。由表4.1我们可以看出在2006年前的几年，根据买入和卖出价格，每头牛的卖出价格都在买入价格的两倍或以上一点。而在2007年初因物价只有小幅上涨，所以买入的小牛还维持前几年的价格水平，到年底卖出的时候价格却已经是买入价格的2.3倍之多。2008年新买进的一批小牛均价为2600元，比2007年同期翻了一番，该户主预期年底每头的价格将会卖到4800元左右，这样计算的话，扣除饲料等价格上涨因素的影响，每头牛获得的纯利润预计与前几年持平。

表4.1　　　　　　　生牛买进和卖出价格序列　　（单位：元/只）

年份	买进价格	卖出价格
2008	2600	4800
2007	1300	3000
2006	1300	2600
2005	1300	2700
2004	1300	2700
1995	300	850

3. 猪：最普通而又难以产业化经营

几乎所有的农户都习惯养、会养猪，但是要使其形成产业化的养殖行业，却是目前李庄村面临的难题。随着2007年猪肉价格飙升以来，村民们大部分又都开始养猪，多是一年只养两三头的散户。全村养猪大户有十多户，大户常年生猪存栏量一般维持在20头以上。正常情况下每头从进栏到出栏5—6个月，养至75公斤左右出栏，平均每头销售收入1200元左右，通常每年养两茬。每头猪的饲料成本需要500元左右。也有村民专门养殖母猪繁育仔猪出售。仔猪生长2个月左右时出售给生猪养殖户，每头仔猪的饲料成本在100元左右，每头仔猪售价在200—250元之间。

猪饲料主要是麦麸或玉米麸，根据 2007 年的市场价格，麦麸或玉米麸每公斤售价在 1.2 元左右。除此之外，农户还会同时买一些专用猪饲料，每袋 50 公斤装。专用猪饲料品牌主要有：（1）南京正兴牌，仔猪专用饲料，喂养小猪长至 30 斤左右。（2）天参五星牌，最高每袋卖 230 元，最低时候每袋 210 元，均价 220 元。（3）淮北天蓬牌，最高每袋 220 元，最低每袋 200 元，均价 210 元。农户通常将麦麸（或玉米麸）与专用猪饲料搭配使用，比例一般是 8∶2。

喂养阶段大致可以分为：刚出生的小猪 20 天以后就开始吃饲料。20—35 天每只每天吃 100 克左右；35—50 天，每只每天吃 175 克左右；50—65 天，每只每天吃 275 克左右；65—80 天，每只每天吃 450 克左右；80—95 天，每只每天吃 600 克左右。

正常情况下饲养每只猪的防疫成本 20 元。根据以上投入和产出计算，在 2007 年的行情下，不计算人力资本的价格，每头猪纯收入 450—500 元左右。对于养 20 头以上的养猪大户，每年按两季来计算的话，2007 年光养猪这一项的纯收入至少在 20000 元以上。

4. 水产品：家庭现金收入与改善饮食结构的重要产品

水产养殖的收入相对较高，但是经营户数较少，在我们的调查户中，从事水产养殖业的共有 23 户，其中 22 户养螃蟹，只有 1 户养殖四大家鱼。从事水产养殖的农户每年需上交县水利局和洪泽湖管理局一定数额的水面承包租金，但租金金额不高，2007 年上交承包水面租金最多的户才 400 元。具体开始从事水产养殖的时间及其养殖技术获得的渠道统计情况详见表 4.2 和表 4.3。

表 4.2 养殖时间情况统计表 （单位：户/%）

养殖时间分组	农户数	比例
1998 年前	6	26.09
1999—2001 年	12	52.17
2002—2004 年	4	17.39
2005 年至今	1	4.35
总计	23	100.00

表 4.3 养殖技术来源统计表 （单位：户/%）

养殖技术来源	农户数	比例
家传	2	8.70
本村相邻传授	15	65.22
地方政府机构培训	2	8.70
本乡打工学的	1	4.35
其他	3	13.04
总计	23	100.00

笔者重点调查的是编号 105 号的家庭。该农户为较早从事养蟹的大户。1996 年他在洪泽湖西北角围地 300 亩左右（目前自己只有 60 亩了，其余的分给了子女），泗洪县水利局和洪泽湖管理局规定每年每亩上交租金 70 元，但是这些年来，实际上最多的一年合计也只交了 3000 元。这一大片池塘边上种的 600 多棵杨树已经生长了三年，也是一笔可观的收入。

该农户水产养殖起步时的投入资金 4 万元，养蟹技术是自己在摸索中掌握的，直到 1998 年才有收获。据他回忆，当时螃蟹的市场销售价很高，每公斤最高达到 270 元。所以当时是投放饲料精养。现在由于螃蟹市场价格低，故粗放经营，不再投喂饲料，螃蟹靠吃水草、小鱼和螺丝为生。养殖用蟹苗须购买，主要来源是辽宁、河北、赣榆等地。每 500 克蟹苗可以出 30000 只左右的成蟹。通常每年清明后投苗。辽蟹一般是每年中秋左右收获。来自河北和赣榆的品种在每年霜降前收获。除了主养螃蟹之外，野生混养鱼主要品种有草鱼（2007 年每公斤卖 5.6 元）、黑鱼（每公斤 13—14 元）、鲤鱼（每公斤 6 元）、昂刺鱼（每公斤 20—22 元）等。

据该农户讲述和我们亲眼所观察到的情况（图 4.1），水产养殖最主要的投入是人力资源，除此以外，就是蟹苗费、围栏、地垄（质量好的每个 130—140 元，中档的 80—90 元，差的 50—60 元）费用的投入，好的地垄一般 3—4 年更换一次。2007 年该户的 300 亩池塘，总共投入资金是 30000 元，其中交通费 800 多元，蟹苗是从辽宁买来的。螃蟹的均价卖到每公斤 32 元，总共毛收入 85000 多元，其中螃蟹 65000 多元，鱼 20000 多元。

图 4.1 李庄养蟹池塘图

总体来看，李庄村养殖业有以下几个特点：

一是组织化程度低。李庄村各类养殖业都是以家庭为主，包括牛羊等都是一家一户独自经营，既没有生产组织，也没有社会化服务体系的支撑，产前、产中、产后的一切经营活动都是由一家一户独自完成的。

二是养殖规模小。该村最大的养猪户，全年出栏生猪也就 40 头左右。唯一的养牛大户，每年最多也就是养 20 头。

三是传统副业型。除个别养殖大户外，养殖业仍然只是农户的传统家庭副业生产，并未成为就业或家庭收入的主要来源，具有自给自足的传统小农生产的典型特征，与稻、麦生产等主导产业相比，养殖业在家庭生产结构中仍处于附属地位。尽管如此，近几年李庄村农户养殖业商品化倾向还是日趋明显，畜禽产品除满足家庭食用需求外，商品化程度也在逐步提高。

（二）砖窑加工厂：发包出去的村办企业

砖窑厂是村里唯一的村办企业，占用该村一、二、三村民小组土地面积共 86 亩，其中 50 亩是农户的承包地，其余为集体拥有。砖窑厂几年前就已承包给私人经营。砖窑厂承包合同规定，2006—2008 年间，承包者每年上交村集体租金 5.5 万元，2009 年开始每年上交村集体租金 6.5 万元。此外，承包者还需支付转让承包土地的农户每年每亩 500 元。

自从村办砖窑厂承包给私人以来，已经换了好几任老板，目前这个浙江宁波的老板是 2007 年 7 月才承包的，他共投入了 150 万元的启动资金，主要是用来维修厂房和买机器设备，砖窑厂的生产每天几乎是 24 小时运转，每天出窑 3 万多块砖。以每块砖售价 0.34 元、生产期 11.5 个月计，砖窑厂一年的销售总收入可达 345 万元。

砖窑厂除了固定资产这一大投入之外，还有许多其他生产性投入，如：（1）50 个左右工人（50% 是本村劳力）的工资支出，最高者月薪 1500 元，最少者每月 600—700 元，每月工资总支出 6 万—7 万元；（2）运费和取土费每月 10 万元左右；（3）电费每月 3 万元左右；（4）用煤每月大概 80—90 吨，每吨 420—560 元；（5）推土机每天支出 450 元；（6）草毡分摊到每月成本 1000 元左右。

（三）零售小卖部：镇区超市的发展给其带来冲击

全村共有十多个小卖部，都不成规模，卖一些最普通的村民生活必需品，如油盐酱醋、饮料、酒，简单的几种蔬菜，生活用品如洗衣粉等。每个小卖部每年的营业收入在 5000 元左右。据我们观察，他们进来的货品好多都是从批发市场批来的，品牌都是一些打"擦边球"的牌子，比如小卖部的果粒橙饮料包装和一般正规超市卖的美汁源果粒橙的包装极其相似，但是仔细看上面的品牌商标却不同。

从表 4.4 李庄村五组小卖部所售烟酒的价格不难看出，村里小卖部所售商品的档次较低，这与当地村民的收入和消费水平相一致。但调查中又发现，李庄村的几家零售小卖部，生意都不太好。原因之一，随着农户收入的增加和生活水平的提高，村民们对商品质量的要求也在普遍提高，农村小商店的货物逐渐不能满足需求。原因之二，销售价格偏高。据部分村民反映，村里小卖部所售商品价格，通常比镇上超市同类商品高，而且一般在货架上摆放时间较长，质量没有保证。目前一些农户主要的生活用品已经在外面购买，一般只是在急需的时候才会考虑光顾村里杂货店。

表 4.4　　　　　　李庄村五组小卖部销售的烟酒零售价格

香烟	酒
红杉树：1.5 元/包；3 元/包；7 元/包	天岛雪海啤酒：1.5 元/瓶
红旗渠：2.5 元/包	古河醉（500 克装白酒）：2.5 元/瓶
大丰收：2.5 元/包	双沟大曲（500 克装白酒）：4 元/瓶
一品梅：5 元/包	
红金龙：5 元/包	

二　多种经营与非农产业发展对农民收入的贡献

从李庄村村委会得到的该村 2007 年人均纯收入统计上报数为 3400 元。而我们抽样调查户人均纯收入为 4422.4 元。这不仅令我们感到意外，同时也对我们长期以来一直持有的直觉判断——贫困地区农民收入水平统计数据被高估——产生了动摇和修正。

根据抽样调查结果显示，2007 年李庄村人均纯收入约为当年全省农村人均收入水平的 67.4%。从家庭各项收入的绝对额来看，李庄村除种植业人均收入水平高于全省平均水平的 25% 以上、牧业人均收入接近于全省农村人均收入水平外，其他各项收入均远低于全省农村的平均水平（详见表 4.5）。表 4.5 数据还给我们提供了以下重要信息：

其一，对经济欠发达地区农户来说，工资性收入在其家庭经济收入中的重要性不亚于其他任何农村地区，某种程度上更显重要。在农村人均纯收入中，李庄村农户的工资性收入占比为 54.12%，超过全省农村 52.19% 的平均水平。

其二，种植业收入在农户家庭经营收入中的重要性，经济欠发达地区要远高于其他地区。李庄村农户种植业收入占家庭经营总收入的比例高达 30.75%，而全省农户平均该比例仅为 16.53%。这充分显示了种植业收入在李庄村农户家庭经营收入中的重要程度。李庄村农户（林牧渔业）多种经营收入对家庭经营总收入的贡献度，则与全省平均水平大体相当。李庄村调查户多种经营收入平均占家庭经营总收入的 7.43%，全省农户平均比例为 7.24%。

其三，李庄村农户家庭经营收入中来自第二、三产业的收入贡献度，显著低于其他农村地区。调查结果显示，李庄村家庭经营总收入中，来自第二、三产业的收入合计仅占 4.38% 的比重，而全省农户该比例的平均水平为 15.12%。李庄村农户比全省农户的平均水平低了 10.74 个百分点。其中，工业收入低 1.69 个百分点，建筑业收入低 1.15 个百分点，交通运输邮电业收入低 1.82 个百分点，批零贸易餐饮业收入低 4.01 个百分点。

其四，财产性收入和转移性收入对李庄村农户人均纯收入的贡献度，也明显低于全省农户的平均水平。

表 4.5　　　　　**李庄村农户家庭收入及其构成与全省比较**

指　标	2007 年全省平均		2007 年李庄村被调查户平均		李庄村收入占全省比重%
	元	%	元	%	
农村人均纯收入	6561.3	100.00	4422.4	100	67.40
工资性收入	3476.3	52.98	2393.6	54.12	68.85
家庭经营收入	2552.4	38.90	1882.3	42.56	73.75
种植业收入	1084.8	16.53	1359.9	30.75	125.36
林业收入	44.2	0.67	0.0	0.00	0.00
牧业收入	249.3	3.80	240.8	5.45	96.59
渔业收入	181.6	2.77	87.8	1.99	48.35
工业收入	233.0	3.55	82.3	1.86	35.32
建筑业收入	106.4	1.62	20.9	0.47	19.64
交通运输邮电业收入	202.1	3.08	55.6	1.26	27.51
批零贸易餐饮业收入	315.2	4.80	35.0	0.79	11.10
其他家庭经营收入	135.8	2.07	0.0	0.00	0.00
财产性收入	216.8	3.30	52.4	1.18	24.17
转移性收入	315.9	4.81	94.1	2.13	29.79

资料来源：全省平均数引自《江苏统计年鉴 2008》。

第三节　多种经营与非农产业发展落后原因

一是思想观念相对滞后。在推进农业产业化经营过程中，李庄村基层领导和农民就农业抓农业，对于多种经营和第二、三产业的发展在思想上认识不够，许多农民在观念上很难真正作出离开农业转产、离开故土进城的选择。这种思想观念导致的行为效果，必然会延缓产业结构的非农化进程。

二是经济基础相对薄弱。产业结构调整迫切需要有一定的资金投入为基础，但从目前情况看，李庄村经济基础和环境条件仍相对落后，自身进行固定资产投资的能力较弱，无力进行较大规模的基础设施投资。因此，资金的"瓶颈"制约，已成为其产业结构调整的最大障碍。

三是与苏南交通设施相比苏北仍有很大的差距。高速公路、铁路、航空等交通运输基础设施建设水平与苏南还有很大差距，构建全方位的大交通格局还未真正实现。区域内缺少经济实力强的大城市，广大农村缺少大城市经济辐射的带动作用。李庄村及周边地区的非农产业都是低端、零星而分散的，形不成产业集群，规模也上不去，竞争力较差。

四是镇区超市的发展给农村居民家庭经营非农产业带来了一定的冲击。在李庄村，一些个体户在激烈的竞争中生存较为困难，部分甚至放弃了经营。如调查户顾某的儿子近年来经营服装来料加工生意，由于规模小，竞争力差，收入逐年下降，最终放弃了经营。靠近双沟镇区的村民更愿意到大商场或超市购物，村里的杂货店经营效益普遍不好。

五是村民整体文化素质较低，增收手段较为缺乏。调查显示，调查户户主未上过学的占到 23.95%，小学文化程度占 28.74%，初中文化程度占 38.92%，高中文化程度占 8.39%，大中专及以上文化程度占比为 0，即文化程度普遍在初中以下。文化素质整体水平低下，一方面造成了农民难以有效接受一些适用的新技术、新方法；另一方面，缺乏教育导致劳动力非农就业的竞争力不强，或滞留在农业中，或从事低报酬的非农职业，难以获得稳定和较高的工薪收入。

第四节　多种经营与非农产业发展潜力

2007 年，李庄村农民人均纯收入中，来自林牧渔业等多种经营收入和家庭第二、三产业经营收入合计仅为 522.4 元，比全省农民平均水平少了809.4元和11.15个百分点，与苏南发达地区相比差距更大。这种差距是压力，但更是动力和潜力。李庄村作为苏北贫困农村地区，其土地资源和劳动力资源都较为丰富，要充分利用这些优势，加大多种经营与非农产业发展的力度，提高农村非农化发展程度，用非农产业发展来拓展农民增收的空间。

第一，李庄村耕地资源较为丰富，粮食增收的潜力较大，在粮食产业上开辟非农产业的发展是完全可能和可行的。截至2007年，李庄村共有土地面积7320亩，其中耕地面积6420亩，人均耕地面积2.4亩，是全省农村人均耕地面积的1倍以上。粮食是李庄村的主导产品，农民增收虽然不能完全依靠粮食，但必须立足于粮食。作为粮食主产区，放弃粮食这个产品，就等于放弃了自己的优势。事实上，粮食及粮食产业本身就蕴藏着可观的增收潜力。只要注意开发粮食的多样性功能，延长粮食的产业链，发展农副产品精深加工，通过加工增值以实现增收。作为初级产品，农副产品的附加值和增收能力都是有限的。但对农副产品进行加工尤其是精深加工，可以成倍地增加产品的附加值，拉长农副产品生产的产业链，提高其产业的创收能力。比如1吨玉米，在当前市场下，卖原粮不超过1600元，但是可以加工成淀粉、葡萄糖，进一步还可以加工成抗生素、维生素C等增值更多的产品。随着人们收入和生活水平的提高，加工食品的需求越来越多，市场空间越来越大。因此，发展农副产品加工和精深加工，实现农业集约化经营，可吸纳更多的农村劳动力，是李庄农民增收的一条重要途径，也是强化其产业优势的有效措施。

第二，养殖业发展潜力较大。首先，通过发展养殖业转化粮食，通过转化增值实现增收。把粮食变为饲料，把粮食作物变为饲料作物，或者把种粮食的土地用作种饲草，发展养殖业，使粮食或粮食资源转化为附加值和竞争力都更高的畜产品，实现粮食转化增值，可以有效推动粮食主产区的农民增收。所以当地政府应该大力支持当地农民多发展几个养殖大户，由众多专业大户共同发起，按照"民办、民营、民受益"的原则成立养殖专业合作社。合作社应该再为广大养殖户提供一流的"养加销"服务，更好地满足广大养殖户的需求。比如可以考虑正式形成养殖、屠宰、加工、冷藏一条龙的产业链，增强农产品的市场竞争力，农业经营效益和农民经济收入将会得到大幅度提高。其次，从李庄的消费需求市场来看，2007年李庄村农民人均消费肉类及其制品9.1公斤，而2007年江苏农村人均消费水平为21.6公斤，李庄村农户肉类及其制品的消费水平仅及全省平均水平的42%，还有很大的消费增长潜力。最后，李庄目前牧业生产以农户零星养殖为主，户均养殖规模小，养殖成本高，发展规模养殖既能有效降低生产成本，获取集约化经营效益，又能降低市场营销成本，增强市场竞争力。

第三，李庄村有丰富的劳动力资源优势。据调查，在现有生产条件下，一个农户一年有一个劳动力就可以轻松地干完所有农活，也就是说李庄的剩余劳动力较多，有待于转入非农产业。因此，李庄村应该充分利用其土地和劳动力资源丰富的优势，向苏中和苏南农村学习蚕业养殖和编织技术。苏北地区的生态条件和社会经济条件都完全能满足建设优质茧丝生产基地的要求，政府要鼓励苏南、苏中的优势龙头企业到苏北发展原料茧基地和蚕茧收购加工企业，实现互利共赢，促进形成一批产业集聚群和优势产业带。在李庄，粮食作物种植的比较效益较低，发展劳动密集型的养蚕业是再合适不过的，可以把丰富的耕地资源和人力资源用来种植桑树，每年养春秋两季的蚕。每季养蚕的时间一般前后就一个月时间，其他剩余的时间农村妇女可以学习手工编织业。桑蚕业和手工编织业，是实现非农转移、增加收入的一条好途径，也是解决留守儿童和老人有人照顾的治本之策。

第四，李庄村要依托靠近洪湖泽的水面优势，以洪泽湖螃蟹节为发展契机，坚持"以养殖为主，养殖、捕捞并举"的方针，进一步优化渔业结构。村里的水产养殖大户要进一步优化布局、扩大规模，做活水产品大文章。加快发展水产养殖业。大力推广普及健康养殖方式，重点发展高效生态型水产养殖业。有条件的话，要积极发展技术、资金密集型的工厂化养殖，发展休闲渔业。

总之，李庄村要集中力量扶持有发展潜力的农副产品加工业、养殖业，引导和规范批零贸易等服务业发展。围绕资源优势，扶持或引进以草畜和区域特色作物为原料的农副产品加工企业，培育一批种植、养殖、运输大户，经过几年的努力，基本实现农村经济结构由以农业、畜牧业为主向农业、畜牧业和农副产品加工业"三结合"转变。积极扶持发展各种专业协会，充分发挥专业协会的桥梁纽带作用。依托人力资源优势，积极开拓本村非农产业发展的潜力，用发展非农产业来拓展农民增收的空间。

第五章

李庄村农业剩余劳力转移

作为重要的生产要素，农村劳动力从农业向非农产业的流动，是经济增长的重要推动力量，也是一国工业化和现代化实现过程中的必然现象。本章以刘庄村劳动力为研究对象，在分析其数量与质量的基础上，对转移劳动力的人口学特征、从业特点及其对农村经济社会的影响进行了较为深入的分析。研究发现，农村劳动力转移促进了农民收入的提高，但由于其就业层次较低，收入普遍不高，使得他们"移而不迁"的现象较为明显，这不利于我国城市化进程的推进。

第一节　农村劳动力资源状况

本次调查获得的 167 个有效农户样本中，涉及的被调查人口共 739 人。本文界定的农村劳动力是指其所属的地域空间为农村、年龄在 16—60 岁、具有劳动能力的所有人口，不包括正在上学或者已经考入大学在调查地县域以外工作的人。去除掉年龄大于 60 岁和小于 16 岁的人，此次调查共获得农村劳动力有效样本 488 个，其中女性 238 个，男性 250 个。以下分析均是基于

488 个劳动力样本。

一 青壮劳力占主体，整体受教育程度较低

从年龄的分布来看，青壮年劳动力占主导地位，这部分人口正处于体力、精力最旺盛的时期，是经济建设的中坚力量。女性劳动力年龄相对男性较轻。农村女性中，36—45 岁劳动力比重最高，其次是 16—25 岁；男性中，16—25 岁劳动力比重最高，其次为 36—45 岁。

表5.1　　　　农村劳动力年龄与受教育程度的性别分布情况　（单位:%）

	农村女性劳动力					农村男性劳动力				
	小学及以下	初中	高中	大学	合计	小学及以下	初中	高中	大学	合计
16—25 岁	7.56	15.97	0.84	0.42	24.79	4.42	18.07	3.61	0.40	26.50
26—35 岁	11.34	3.78	1.68	1.26	18.06	3.21	13.65	1.20	0.40	18.46
36—45 岁	23.53	5.04	0.42	0.00	28.99	8.43	14.46	2.01	0.00	24.90
46—55 岁	18.91	0.00	0.42	0.00	19.33	8.43	10.04	4.42	0.00	22.89
56—60 岁	8.40	0.42	0.00	0.00	8.82	6.83	0.40	0.40	0.00	7.63
总计	69.74	25.21	3.36	1.68	100	31.32	56.62	11.64	0.80	100

舒尔茨认为，增加农村人力资本投资是传统农业向现代农业转变的根本出路，而教育是人力资本投资最主要的方式。可见，教育对于农业和农村发展具有重要作用。然而，从调查结果来看，农村劳动力受教育程度普遍较低，同时存在性别差异。如表 5.1 所示，农村劳动力受教育水平以小学和初中为主，低于城镇经济活动人口的水平（9.67 年）①，更低于发达国家。据统计，法国 7% 以上的

---

① 江苏省统计局:《生存与发展——江苏农民工现状与出路分析》，2007 年 3 月 16 日。

农民具有大学文凭，60%的青年农民具有中专水平；德国7%的农民具有大学文凭，日本农民中大学毕业的占5.9%，高中毕业的占74.8%，初中毕业的占19.4%。[①] 从性别角度来看，农村女性劳动力受教育程度低于农村男性劳动力，小学及以下人口比重达到69.75%，是男性的一倍多，初中文化程度人口比重为25.21%，是男性的一半。同时，农村女性受教育程度也低于2000年城镇女性劳动力的平均上学年数（8.7年）。[②]

表 5.2　　　农村劳动力年龄与受教育程度的相关分析

变量		年龄	受教育程度
年龄	相关系数	1.00	-0.44[***]
	双尾检验	.	0.00
受教育程度	相关系数	-0.44[***]	1.00
	双尾检验	0.00	.

注：[***] 表示变量在1%的水平上通过显著性检验。

农村劳动力年龄与受教育程度呈负相关，且年龄较轻劳动力受教育水平的性别差距较小。如表5.2所示，年龄较大的农村劳动力受教育程度较低。同时16—25岁农村女性受教育程度最高，初中文化程度比重最高（15.97%），低于男性同类指标2.1个百分点。造成男女劳动力文化程度差别的原因在于家庭人力资本投资的性别差异。调查样本中，男女劳动力的平均年龄均在35岁以上，在这些劳动力的求学期，农村教育落后，家庭收入较低且家中兄弟姐妹较多，在家庭教育资源有限的情况下，父母更倾向于让男孩上学，从而造成男女两性教育水平的差异。改革开放以来，随着非农化进程的不断推进、农村教育的快速发展和计划生育政策的实施，农户

---

① 江苏省统计局：《江苏农村劳动力资源现状及利用策略》，江苏省统计信息网，2005年6月2日。
② 根据《江苏统计年鉴2008》相关资料整理。

家庭孩子数不断减少、家庭收入不断提高，父母对孩子教育的重视程度也在不断提高，导致人力资本投资的性别差异逐渐缩小。

二　职业培训比例低、培训时间短

培训主要是通过提高劳动者技能来增加劳动者的生产率。随着非农产业的资本密集度不断提高，是否拥有技能成为农村劳动力就业竞争力的决定性因素。然而，农村劳动力接受培训比例远低于发达国家；同时与农村男性相比，女性参培比例低，培训时间短。

调查结果显示，农村劳动力整体参加培训比例为 8.83%，仍低于部分发达国家十几年前的水平。根据江苏省统计局资料，调查前一年内参加过培训的比例，芬兰为 46%（1990 年），美国为 38%（1991 年），瑞士为 38%（1993 年），挪威为 37%（1991 年），瑞典为 36%（1993 年），加拿大为 30%（1991 年），法国为 27%（1992 年），德国为 27%（1991 年）①。农村女性参培比例更低，仅为 6.31%。培训内容以非农培训为主，但男性参加农业培训的比例是女性的 3 倍多。同时，农村劳动力接受培训时间较短。调查显示，农村劳动力平均接受培训时间为 40.25 天，而德国 53% 的农民受过 2—3 年的职业培训。从性别角度来看，女性接受培训时间（35.6 天）少于男性培训时间（44.9 天）。

表 5.3　　　　　　**农村劳动力参加培训状况及性别差异**　（单位：人/%）

		农村女性劳动力		农村男性劳动力	
		人数	比重	人数	比重
培训状况	参培比例	15	6.31	28	11.24
培训内容	农业培训	1	7.14	8	28.57
	非农培训	14	92.86	20	71.43

---

① 江苏省统计局：《生存与发展——江苏农民工现状与出路分析》，2007 年 3 月 16 日。

续表

		农村女性劳动力		农村男性劳动力	
		人数	比重	人数	比重
培训时间	15 天以内	3	20.00	9	32.14
	16—30 天	4	26.67	5	17.86
	31—60 天	1	6.67	3	10.71
	61—90 天	0	0.00	2	7.14
	91 天以上	1	6.67	3	10.71
	未填写	6	40.00	6	21.43
	平均时间（天）	35.6		44.9	

  较低的参培率、较短的培训时间，导致农村劳动力尤其是女性劳动力普遍缺乏职业技能。据江苏省人口变动情况抽样调查，2004年江苏省农村就业人口中，专业技术人员仅占2.10%，其中绝大多数为男性。

表5.4　　　　　　　　受教育程度与参加培训的相关分析

变量		受教育程度	是否培训
受教育程度	相关系数	1.00	0.15***
	双尾检验	.	0.001
是否培训	相关系数	0.150***	1.00
	双尾检验	0.001	.

注：*** 表示变量在1%的水平上通过显著性检验。

  理论和实践均表明，良好的培训效果是建立在较高的受教育程度基础上的。由表5.4可知，受教育程度较高的农村劳动力参加培训的可能性更大。较低的文化程度，导致农村劳动力对培训内容的接受能力有限，从而降低了培训的质量；加上现阶段培训中存在"重形式、轻效果"的问题，使得农村劳动力参加培训的愿望大大降低。

三 身体素质较好，男性优于女性

劳动力的身体素质是参加经济活动的物质基础，尤其在农村地区，劳动者的健康状况是谋取收入的重要因素。

表 5.5 农村劳动力身体健康状况及其性别差异 （单位：人/％）

	农村女性劳动力		农村男性劳动力	
	人数	比重	人数	比重
健康	181	76.05	203	81.12
患病有劳动能力	46	19.33	39	15.66
患病无劳动能力	11	4.62	8	3.21
总 计	238	100.00	250	100.00

总体来讲，农村劳动力身体素质相对较好，但健康与年龄呈现负相关关系。由于大量年轻劳动力外出务工，繁重的农活落在了年长劳动者的身上，饮食结构的不合理和对保健知识的缺乏，使得年长劳动力患病的风险增加。据统计，农民平均寿命比城市居民少3岁左右，农民有病无钱医治，"因病致贫"现象比比皆是。①

表 5.6 受教育程度与参加培训的相关分析

变量		年龄	健康状况
年龄	相关系数	1.00	-0.287***
	双尾检验	.	0.000
健康状况	相关系数	-0.287***	1.00
	双尾检验	0.000	.

注：*** 表示变量在1%的水平上通过显著性检验。

---

① 陈霞：《谈农村劳动力开发与就业》，《合作经济与科技》2004 年第 17 期。

与男性劳动力相比，农村女性身体健康状况较差。其中，身体健康劳动力比重（76.05%）比男性（81.12%）低5.07个百分点，患病有劳动能力和患病无劳动能力比重分别比男性高3.67个百分点和1.41个百分点（详见表5.5）。造成农村女性身体健康较差的原因众多，一方面农村妇女承担了大量的生产负担、生育负担、教育负担以及尚未社会化的家务负担，沉重的负担容易使她们积劳成疾；另一方面农村妇女对饮食营养知识、卫生保健知识认识有限，加上农村妇女保健工作相对落后，医疗卫生事业发展不足，造成大多数妇女无病不检查，有病得不到及时治疗。

第二节　非农就业转移群体特征

受到城乡巨大收入差距的影响，农村劳动力大量转移到城镇和非农产业。从外出劳动力主体特征来看，年轻未婚男性成为外出的主要群体，且人力资本较高的劳动力外出的比例较大。

一　年轻未婚男性为转移主体

调查样本中，从事农业生产的有237人，占样本总数48.7%；从事非农产业的有251人，占样本总数的51.3%。从性别角度来看，女性非农就业的比例较低，为34.66%，低于男性劳动力非农就业比例（65.34%）。这是家庭分工的必然结果。贝克尔家庭时间分配理论认为，各家庭成员按照比较优势分配时间。与男性相比，女性在生养孩子及家务劳动等活动中形成了比较优势，因而形成了"女主内、男主外"的家庭分工模式。非农化进程中，这种家庭分工方式表现为"男工女耕"。

表5.7 农村转移劳动力的人口学特征 （单位:%）

		总体		女性劳动力		男性劳动力	
		农业	非农就业	农业	非农就业	农业	非农就业
年龄	16—25 岁	15.19	35.46	13.91	43.68	17.44	31.10
	26—35 岁	13.50	22.71	13.25	26.44	13.95	20.73
	36—45 岁	29.96	23.90	33.77	20.69	23.26	25.61
	46—55 岁	28.27	14.34	26.49	6.90	31.40	18.29
	55 岁以上	13.08	3.59	12.58	2.30	13.95	4.27
	平均值	41.48	32.96	41.52	29.78	41.40	34.66
婚姻状况	已婚	52.07	47.93	68.88	31.12	34.74	65.26
	未婚	24.42	75.58	21.21	78.79	26.42	73.58
	丧偶	100.00	0.00	100	0	100	0
	分居	100.00	0.00	0	0	100	0
	离婚	0.00	100.00	0	0	0	100
性别	男性	36.29	65.34	—	—	—	—
	女性	63.71	34.66	—	—	—	—

由表5.7可知，从事非农业劳动力的年龄明显小于从事农业的劳动力。就整个样本来讲，非农就业劳动力平均年龄为32.96岁，比农业从业者低8.52岁。这与年纪较轻者接受新知识和融入新环境的能力较强有关，特别是现阶段农村外出劳动力仍以体力劳动为主，年轻者体能较好，因而很多企业在招工时对年龄有明确的限制。女性非农就业者年龄最小，平均年龄在29.78岁，明显低于男性非农就业者年龄（34.66岁），说明年龄对农村女性非农就业的约束更为明显。从调查情况来看，年轻女性外出非农就业，耕地、家务和孩子由公婆或父母照顾的现象较为普遍。而年长女性的公婆或父母年纪已大、身体状况不如从前，已承担不了繁重的农活和照顾孙子女的责任，加上此时子女到了初、高中的关键阶段，赡养老

人和照顾子女的重任使年长女性不能顺利实现非农就业。

调查显示，已婚劳动力中非农就业者的比例为47.93%，明显低于未婚劳动者（75.58%）。这说明，未婚者更倾向于非农就业。从性别角度来看，婚姻对女性非农就业的影响大于男性。已婚的农村妇女中，只有31.12%的劳动力从事非农产业，而已婚男性非农就业的比重达到65.26%。传统的性别分工赋予男性"主外"——养家糊口的重担和女性"主内"——照顾家庭的责任。尽管近些年女性劳动力外出就业有增加的趋势，但女性天生"相夫教子"的优势，在公婆或父母年龄过大不能照顾家庭时，"男外女内"或"男工女耕"的分工模式可使家庭效用（收益）最大化。从这个意义上讲，正是由于妇女承担了社会和家庭责任，才使得男性取得了非农就业的优势。

二 外出劳力受教育程度明显较高

表5.8　　　　　　农村劳动力文化素质与参加培训情况　　　（单位:%）

		总体		女性劳动力		男性劳动力	
		农业	非农就业	农业	非农就业	农业	非农就业
文化程度	小学及以下	66.67	34.26	121	45	37	41
	初中	26.58	54.98	24	36	39	102
	高中	5.91	9.16	4	4	10	19
	大专及以上	0.84	1.59	2	2	0	2
	平均值	4.26	6.74	3.11	5.69	6.30	7.30
培训情况	参培比率	6.75	10.36	3.97	10.34	11.63	10.37
	农业培训	19.5	6.67	26.92			
	非农培训	80.5	93.33	73.08			

由表5.8可知，非农就业的农村劳动力受教育水平均高于从事农业的劳动力，两者相差2.48年。其中，女性劳动力非农就业与

农业间平均受教育水平的差距达到 2.58 年。这说明，受教育程度较高的农村女性更倾向于选择非农就业。

　　教育程度较高的农民，不仅具有较高的获得有价值的信息和新知识的能力以及较强的改变传统观念的能力，而且较容易与他人交往和沟通（林毅夫，2003），他们不仅能够更主动地对潜在的及不确定的流动机会作出反应（周其仁，1997），而且能够在较广阔的空间范围（Schwartz, Aba, 1973；Denise Hare, 2002）和较广泛的产业范围（Kenneth D. Roberts, 2001；朱农，2003）配置资源，因而更容易获得较多的就业机会和知识含量较高的工作。但由表 5.8 可知，农村非农就业者的平均文化程度为 6.74 年，平均文化程度最高的外出男性也仅有 7.30 年，相当于初中一、二年级水平，低于城镇经济活动人口的水平（9.67 年）。目前，农村教育资源的稀缺、职业技术教育发展缓慢，在这种情况下，农村青少年初、高中升学率普遍较低，青少年放弃求学选择外出务工经商的较多，这是造成外出劳动力文化程度低于城市从业者的主要原因。

　　以提升劳动者技能为目的的培训是人力资本投资的重要内容，培训主要通过提高劳动者的技能水平从而提高其劳动生产率，进而提高农村劳动力非农就业的可能性。如表 5.8 所示，与农业从业者（6.75%）相比，非农就业者参加培训的比例（10.36%）相对较高。从性别角度来看，女性非农就业者与农业从业者参加培训比例相差 6.38 个百分点；而男性非农就业者参加培训的比例低于农业从业者。进一步分析可知，男性非农就业者参加农业培训的比例较高，为 26.92%，高于农村女性（6.67%），这是造成男性农业从业者培训比例较高的主要原因。但外出劳动力整体参加培训的比例仍然不高，这与外出前参加培训比例低有一定关系，但也与大多进城后难以得到专业职能培训、无法用城市的教育资源提升自身技能有很大的关系。

三 外出就业者身体素质相对较好

与农业从业者相比，外出非农就业劳动力身体素质相对较好。由于现阶段我国农村转移劳动力大多数从事以体力型为主的工作，较好的身体素质是其获得收入的重要保障。

表5.9　　　　农村劳动力身体素质与非农就业的情况　　（单位:%）

	总体		女性劳动力		男性劳动力	
	农业	非农就业	农业	非农就业	农业	非农就业
健康	65.82	90.84	64.90	95.40	66.67	88.96
患病有劳动能力	26.58	8.76	27.81	4.60	24.14	11.04
患病无劳动能力	8.02	0.00	7.28	0.00	9.20	0.00

如表5.9所示，无论是农村男性还是女性，外出就业劳动力身体健康的比重分别为88.96%、95.40%，分别高出男性、女性农业从业者同类指标的22.29%、30.5%。同时，女性外出者的健康状况明显好于男性，这与男性外出劳动力平均年龄较大且年长者占比重较高有关。

第三节　外出劳力就业现状及存在的问题

农村劳动力获得非农就业是其非农化的第一步，而能否拥有一份稳定且收入颇丰的工作则是其实现非农化的关键。从对李庄村调查结果来看，从业层次低、工作条件差、社会保障水平和组织化程度低是农村劳动力就业的主要特点。

一　以制造业和服务业就业为主，工作时间长且工资水平低

表 5.10　　　　　　　　外出劳动力就业情况　　　　　（单位：人/%）

		总体		男性劳动力		女性劳动力	
		人数	比例	人数	比例	人数	比例
工作类型	农业林牧渔业	6	2.44	1	0.62	5	5.95
	制造业	81	32.93	41	25.31	40	47.62
	水电气生产供应业	1	0.41	1	0.62	0	0.00
	建筑业	67	27.24	62	38.27	5	5.95
	交通运输、仓储和邮政业	15	6.10	11	6.79	4	4.76
	批发零售业	12	4.88	6	3.70	6	7.14
	住宿餐饮业	21	8.54	9	5.56	12	14.29
	其他服务业	26	10.57	20	12.35	6	7.14
	其他行业	14	5.69	11	6.79	6	7.14
	合 计	243	100	162	100	84	100
每天工作时间	8 小时及以下	67	29.00	47	30.92	20	25.32
	8—10 小时	110	47.62	74	48.68	36	45.57
	10—12 小时	47	20.35	27	17.76	20	25.32
	12 小时以上	7	3.03	4	2.63	3	3.80
	平均值	9.70		9.61		9.87	
月平均工资收入	500 元及以下	24	10.04	14	9.03	10	11.90
	501—1000 元	128	53.56	85	54.84	43	51.19
	1001—1500 元	62	25.94	38	24.52	24	28.57
	1501—2000 元	15	6.28	9	5.81	6	7.14
	2000 元以上	10	4.18	9	5.81	1	1.19
	平均值	1183		1255		1050	

从行业分布来看，制造业、服务业和建筑业成为农村劳动力外出就业的首选。调查显示（详见表5.10），从事制造业、服务业和建筑业的农村劳动力分别占样本总数的32.93%、30.39%和27.24%。这主要是因为：一方面农村劳动力自身素质不高且缺乏劳动技能，制造业、建筑业和服务业以手工操作为主且技术含量不高，进入门槛较低；另一方面，这些行业普遍具有劳动时间长、劳动强度大、技术含量低等特点，因而城镇居民一般不愿从事这些行业。从性别差异来看，男性与女性劳动力在行业上的选择存在较大的差异。男性劳动力从事建筑业的比重高出女性32.32个百分点，女性劳动力从事制造业、服务业的比重分别比男性高出22.31和4.9个百分点，这是男女劳动力体能特点所导致的必然结果。总体来讲，大多数农村外出劳动力主要从事体力和技术程度较低的临时性工作。

工作时间长且待遇低是农村劳动力非农就业的另一特点。调查显示，非农就业的农村劳动力每天工作时间9.70小时，高于法定标准。如果以每周工作6天计算，每周要工作58.20小时，高于城镇就业人口的平均数（53.6小时）。[①] 若加上一些没有休息日的行业（如建筑、零售业等），则每周工作时间会更长。从性别差异来讲，女性每天平均工作时间比男性多0.26个小时，其中，女性每天工作时间10—12小时所占比例高出男性7.56个百分点。

相对于城镇居民来讲，农民工收入水平偏低。调查显示，非农就业的农村劳动力月平均收入为1183元，远低于2006年江苏省城镇在岗职工月平均工资（1982元）[②]，如果加上城镇职工所享受的各种福利和社会保障，两者间的差距更大。从收入分布来看，大部分集中在1500元以下的水平。从不同性别来看，女性劳动力平均工资水平（1050元），比男性低205元。月平均收入500元的女性占11.90%，高出男性2.87个百分点；而2000元以上的比重低于

---

① 根据《江苏统计年鉴2008》相关资料整理。
② 同上。

男性4.62个百分点。农村女性外出劳动力较长的工作时间和较低的收入，是其人力资本低于男性的必然结果，同时说明劳动力市场存在一定的性别歧视。

二　外出务工的组织化程度低，务工地点以本省为主

改革开放以来，随着社会主义市场经济体制的逐步建立，城乡联系显著增强，但由于长期实行城乡分离的制度安排，使得城乡差距一定程度上有所扩大。据统计，江苏省城市居民可支配收入与农民人均纯收入之比由1990年的1.66扩大到1995年的1.71，继而扩大到2000年的1.89，2007年已达2.50。城乡巨大的收入差距，成为苏北农村劳动力转移的主要动力。从李庄村外出劳动力从业地点来看，县外省内占了半数以上，乡外县内转移比例较低。众所周知，由于地理位置、资源条件、历史基础的不同，江苏从南到北经济发展水平依次减低，且有不断扩大的趋势。1990年苏南人均GDP是苏北的2.8倍，2000年这一比例扩大到3.5，2007年扩大至3.55。特别是90年代以来，苏南成为长三角区域性制造业中心。受到苏南地区较多就业机会和较高收入的影响，加上转移距离较短，转移的心理成本、信息成本和交通成本均较低，苏北地区大量的农村劳动力流入苏南，因而省内转移占比较大。

表5.11　　外出劳动力从业地点、就业渠道及就业方式　（单位：人/%）

		总体		男性劳动力		女性劳动力	
		人数	比例	人数	比例	人数	比例
从业地点	本乡内	51	20.73	34	21.12	17	20
	乡外县内	13	5.28	10	6.21	3	3.53
	县外省内	135	54.88	91	56.52	44	51.76
	省外国内	47	19.11	26	16.15	21	24.71
	合　计	246	100	161	100	85	100

续表

		总体		男性劳动力		女性劳动力	
		人数	比例	人数	比例	人数	比例
就业渠道	依靠自己	112	49.34	76	50.67	36	46.75
	亲友介绍	112	49.34	71	47.33	41	53.25
	中介机构	2	0.88	2	1.33	0	0.00
	政府社区	1	0.44	1	0.67	0	0.00
	合计	227	100	150	100	77	100
就业方式	自营	23	9.20	15	9.20	8	9.20
	打工	216	86.40	141	86.50	75	86.21
	雇主	2	0.80	2	1.23	0	0.00
	公职	9	3.60	5	3.07	4	4.60
	合计	250	100	163	100	87	100.01

农民外出就业的组织方式具有明显的自发性。在农民外出就业的 20 多年里，由于劳动力市场发育不完善，农民为了获得更多的预期收入，改善生活状况，不得不依靠自己寻找门路或依靠亲朋好友介绍外出就业，主要依靠自己或社会关系、血缘联系的广泛性和较强的亲和力寻求就业机会。如表 5.11 所示，有 49.34% 的农村劳动力自己找工作，通过亲戚朋友介绍的比例为 49.34%，中介机构介绍和政府社区组织的仅占 1.32%。说明个人的私人关系仍然是多数农民寻找工作的主要途径，而劳务市场和当地政府组织仅起了极小的辅助作用。这种依靠亲戚朋友、同乡传递甚至结伴而行的流动中，使得外出者在缺乏社会公开提供的信息和组织的情况下，大大降低了外出的风险和流动成本。

表5.12	不同就业方式的月工资水平分布	（单位：元）
就业方式	平均值	标准差
自营	2084.06	3137.46
打工	1078.25	786.75
雇主	2568.00	1510.38
公职	1735.00	1302.62

从就业方式来看，劳动力以外出打工为主，占总样本的86.4%；自营工商业的仅有23户，占总样本的9.2%；雇主仅有2个，占总样本的0.8%；公职以教师和当兵为主，占总样本的3.6%。从不同就业方式的月平均收入来看，雇主月收入平均值为2568元，是四种就业方式的最高值；其次为自营工商业，为2084.06元；公职月平均收入为1735元；打工月平均收入最低，仅为1078.25元，不到雇主的一半。由打工到创业是每个农村外出劳动力的追求，但由于农户自身资金有限，承担风险的能力较弱，加上落后地区创业环境较差，即使掌握了一定的技术且有创业意识，众多外出者仍然选择收入较低但风险较小的外出打工，创业的比例较低。

专栏1：技术、资金成为农村劳动力创业难题

案例1：技术成为创业难题

L是李庄村人，男，52周岁，1985年与几个朋友一起在安徽凤阳和苏南地区酿酒。生意失败后，回家务农。1998年到邻近的宿迁市泗阳县承包了100多亩水面养螃蟹，2003年发大水将即将上市的螃蟹全部冲走。这次生意失败把L前几年赚到的钱全部赔了进去，无奈之下回家种田。此时，家中父母年事已高且身体不好，爱人也患有肾结石不能干重活。2003年L的大儿子考上大学，高昂的学费使得家庭经济困难，迫不得已的情况下，小儿子被迫辍学当兵。目前，大儿子已经毕业并参加工作，小儿子也留在了部队。有一个亲戚在邻县种植无花果，近几年无花果价格不断提高，这位亲戚有扩大种植面积的计划，并准备搞无花果深加工。这位亲戚拉拢 L 也来种植无花果，并成立农民专业合作社，并许诺 L 可以出资成为该合作社的股东。然而，他们并不懂无花果加工技术，对于成立合作社的条件和要求也不十分了解。

案例 2：资金不足、融资渠道不畅，成为创业难题

S 女士没有上过学，38 岁，有一个儿子正在上初中。S 以前与丈夫一同在南京中央门、火车站一带做装修，主要是帮别人打家具，住在江宁区，每天坐公交车往返。前几年，S 因生病被迫回家，丈夫只身在外。夫妻两人早已掌握了做家具的技术。两地分居加上在外打工的种种艰辛，使他们产生了在镇上开家具店的想法。但一直苦于没有资金。S 说，自己家里有少部分积蓄，但开家具店还远远不够，如果能贷几万块钱，就能干起来。但农村贷款很难，拿到利息较低的小额贷款更难。

三 合同签订率低，社会保障水平差

根据调查结果，农村外出劳动力签订合同的比例较低，仅为15.42%。其中，55 岁以上签订合同比率（42.86%）最高，26—35 岁签订合同比率（11.63%）最低。这与农村外出劳动力大多就业于非正规部门有很大的关系，也说明农村外出劳动力的工作极不稳定。

表 5.13　　　外出劳动力合同签订及参加社会保障的情况　　（单位:%）

	16—25 岁	26—35 岁	36—45 岁	46—55 岁	55 岁以上	总体
合同签订比率	14.67	11.63	17.02	13.79	42.86	15.42
参加养老保险比例	5.19	7.69	5.13	0.00	0.00	5.02
参加医疗保险比例	55.84	35.90	32.50	45.00	25.00	44.44

	16—25 岁	26—35 岁	36—45 岁	46—55 岁	55 岁以上	总体
参加失业保险比例	2.60	0.00	0.00	0.00	0.00	1.11
参加工伤保险比例	3.95	0	5.00	0	0	2.79
参加生育保险比例	1.30	0	0	0	0	0.56
参加商业保险比例	1.30	0	0	0	0	0.56

　　较低的合同签订率是导致外出劳动力社会保障覆盖面窄的重要原因之一。从统计结果来看，外出劳动力参加医疗保险的比例较高，为44.44%，但大部分是在家乡参加的新型合作医疗，严格意义上讲的农民工医疗保险参加率极低。由于缺乏医疗保险，经济问题成为外出务工劳动力看病难的一个主要因素，也是造成劳动力回流的重要原因。在有过外出经历的178名农村劳动力中，相当部分是因为身体不好，承受不了在外高昂的医疗费用而回流的。

专栏2：回流原因——生病

> **案例3：城市高昂的医疗费用使人承担不起**
>
> 　　案例2中的S女士因承担不起城市高昂的医疗费用，不得不选择回家乡治疗。
>
> 　　S原与丈夫在南京打家具。几年前，因S脑子里长了一个异生物，经常头疼，在南京治疗了1个月，住了20天医院，花费了2万多块钱（几乎是半年的收入）。
>
> 　　在病情基本得到控制的情况下，选择回家继续治疗。如今，她身体大不如以前，无法干较重的体力活，帮不上丈夫的忙，且在外医疗费较高，无奈之下，只好留在家里。

案例4：因回家看病而暂时回流

P是云南嫁到李庄村的媳妇，今年31岁，丈夫34岁，育有一子，今年11岁。因家庭贫困，2006年与丈夫一起到无锡打工，进工厂做了流水线生产工人，2007年把儿子带到无锡求学。P本人患有胃病，个子很高但又黑又瘦。她说每天要工作12个小时，并且很难按时按点吃饭，工厂饭菜也没有营养。自己身体本来就不好，加上长期高强度劳动，使得胃病越来越严重，但又没时间也不舍得花钱去看病。目前，P和丈夫每月工资均在1100块钱左右，还要承担一家三口的住房、交通、儿子上学等各项开销，每个月剩不下来多少钱，根本没有能力承担城市高昂的医疗费用，于是一拖再拖。2008年初，公公和小叔子一起去无锡打工，看到她瘦得不成样，力劝她回家看病。于是她就回来了，但病好了后还会继续出去打工，挣了钱把自家房子盖好，儿子上了大学就不会再出去了。

农村外出劳动力参加养老保险的比例要高于其他几个险种，为5.02%，但仍然很低。从不同年龄段来看，26—35岁参加比例最高，为7.69%。目前，我国已经步入人口老龄化的发展阶段，农村由于大量年轻力壮的劳动力到城镇就业，退休的农民工大部分还会选择回乡养老，因而农村人口老龄化程度将要比城市严重得多。从这个意义上讲，养老保障的缺乏将使数以亿计失去劳动能力的老年农民"老无所依"。相比之下，农村外出劳动力工伤、生育、失业保险的参加比例更低，分别为2.79%、0.56%、1.11%。

四 在外打工时间长，"移而不迁"现象较普遍

农村劳动力向城镇转移的最终目的，是要实现由农民向市民的转变，最终达到减少农民、富裕农村的目的。在我国特定的制度下，要完成农民向市民的转变，首先要实现农民个人向

城镇转移，其次要完成农民工携带核心家庭成员向城镇的迁居。从这个意义上讲，居家迁移是农民工流动发展到新阶段而出现的必然现象，是农民在社会经济结构变革中实现职业转换后，对就业和生活空间提出进一步要求的结果（王培刚、庞荣，2003）。从长远发展趋势来看，农民工要实现长期迁居，必然要经历家庭迁移的过程。然而，从调查结果来看，外出劳动力在外打工时间较长，但职业转变并没有相应地带来农民身份的变化。

表 5.14　　　　　2007 年农村劳动力外出打工时间分布　（单位：个/%）

外出打工时间	样本数	比例	累计百分比
1—3 个月及以下	64	25.5	25.5
3—6 个月	51	20.3	45.8
6—9 个月	26	10.4	56.2
9—12 个月	110	43.8	100
平均值（月）	7.30		

从调查结果来看，外出劳动力每年平均在外时间较长，2007年平均在外时间超过半年，为7.3个月。其中外出9—12个月的比重接近样本总数的一半，达到43.8%；3—6个月的占20.3%。如果按照人口普查中外出半年即视为常住人口的话，那么54.2%的外出劳动力可以称为城镇常住人口。然而，长年外出的农村劳动力并没有实现由村民向市民的转变。

表5.15		农村劳动力外出类型	（单位：人/%）
	指标	人数	比重
外出类型	单独外出	70	55.12
	和家人一起外出	34	26.77
	其他	23	18.11
	合计	127	100
耕地处理方式	家人代种	189	97.42
	租给别人种	3	1.55
	其他	2	1.03
	合计	194	100

由表5.15可知，在回答了外出类型的127个劳动力中，单独外出占半数以上，为55.12%；与家人一起外出比重仅占总数的1/4。从外出打工后对自有土地的处理方式来看，97.42%的非农就业者选择了家人代种，租给别人耕种的只有3家，占回答该问题样本数的1.55%。在我们调查的有土地流入的农户中，多数认为一旦亲戚朋友打工回来，还会把土地还给他们耕种。这说明，多数外出的劳动力没有完全割断与乡村和土地的联系，迫于城市各方面的压力，基本上还是选择到城市赚钱、回农村消费的模式，向城市的转移仅是暂时的，最终不会在城市扎根。从外出劳动力对未来的打算也可看出，农村劳动力流动的这种暂时性。由表5.16可知，外出劳动力中，超过半数以上的人（58.59%）选择挣够钱后回到家乡，仅有14.14%的劳动力愿意迁居城镇；还有27.27%的劳动力认为是否迁居城镇，要视将来的工作和收入情况而定。这说明，农村劳动力转移仍处于第一个阶段，"移而不迁"的现象较为明显，这对于我国城市化进程的推进有很强的制约作用。

年龄	迁居城镇	挣够钱回家	不好说
16—25 岁	46.43	38.79	40.74
26—35 岁	39.29	26.72	14.81
36—45 岁	14.29	19.83	27.78
46—55 岁	0	13.79	11.11
55 岁以上	0	0.86	5.56
合　计	100	100	100
总样本	14.14	58.59	27.27

表5.16　　　　　　农村外出劳动力迁居城市的可能性　　　　（单位:%）

与年长者相比，年轻人迁居城市的愿望较强烈。选择迁居城镇的28人中，16—25岁有13人，占46.43%；26—36岁的有11人，占39.29%；而46岁及以上无人选择迁居城镇。这部分年轻人外出打工的动因与年长者有明显的不同，他们中很多人是从学校毕业后直接外出打工，不懂也不愿务农；很多人羡慕城市繁华的生活，因而把外出务工经商作为他们生活的选择，是他们追求美好生活的一种行动。如果有可能，他们留在城市的可能性较大。选择视情况而定的54人中，很多人认为是否迁居城镇要看将来的经济实力，如果条件允许还是会选择迁居城镇。

第四节　劳动力转移对当地经济社会影响

农村劳动力转移在促进我国经济发展、加速城市化、提高农民收入方面确实起到了积极的作用。然而，随着农村青壮年劳动力大规模流入城市，家庭"空巢化"和村庄"空穴化"成为普遍现象，引起了一系列的经济社会问题。其中，留守儿童和留守老人问题最为严重。

一 外出务工收入成为农民增收的主渠道

对于经济欠发达的苏北农村来讲，非农产业发展滞后，家庭副业不成规模且效益较低，在这种情况下，外出务工成为农民增收的主渠道。从调查结果来看，外出农户家庭人均毛收入高出未外出农户1000元，且工资性收入占全村家庭总收入的比重达到65.12%。由表5.17可知，工资性收入比重在60%以上的农户为39家，占样本总数的31.7%；工资性收入比重在30%—60%的农户49家，占样本总数的39.8%。可见，外出务工对农民增收起到了积极作用。

表5.17 　　　　　工资性收入占农户家庭总收入比重分布 （单位：个/%）

	样本数	比例	累计百分比
30%以下	35	28.50	28.50
30%—60%	49	39.80	68.30
60%以上	39	31.70	100.00
合计	123	18.40	—

二 "留守儿童"和"留守老人"成为农村弱势群体

随着农村劳动力大量流入城市，留守儿童和留守老人逐渐成为人们关注的焦点，成为务工经济下新的弱势群体。长期以来，我国的城乡二元结构造成了城乡之间教育设施享用的不公平，一些城市的中小学校拒绝接收在当地没有户籍的农民工子女入学，还有的学校则向这些农民工子女收取高额的赞助费。外出劳动力较低的收入除去自身的开支已所剩无几，如果加上子女在城市的生活费和高昂的学费，这对于经济收入本就不高的农民工来说是个沉重的负担。因而，大多数外出打工者选择把孩子留在家乡读书。

表 5.18 外出打工劳动力子女就学情况 （单位：人/%）

子女就学地	人数	比重
家乡	61	80.26
打工地	13	17.11
其他	2	2.63
合计	76	100

从调查结果看，在回答该问题的 76 个外出劳动力中，随父母在打工地读书的仅占 17.11%，多数外出打工家庭不得不把孩子留在家乡就学（80.26%），由父母中的一方或者隔代老人抚养。在父母全部外出打工的家庭中，隔代监护人的文化水平相对较低，并且还要做家务和承担繁重的农活，老人自身的生活尚无暇顾及，更不要说对孩子的监护和教育了。年龄偏大、身体有病、生活不能很好自理的老人，不但不能为留守儿童提供生活上的照料和关怀，相反还需要留守儿童照顾。在父母一方外出打工的家庭中，留在家中的父亲或母亲承担了全部的家务和农活，没有时间关注孩子的学习和成长。北京师范大学"农村外出劳动力在家子女受教育状况研究"课题组认为，父母外出务工对小学低年级学生的社交行为及社交技能的培养有较大的负面影响。因为缺乏与父母交流的机会，"留守儿童"遇到问题时，多半会自己解决，但因为缺乏家长的正确指导，他们更容易产生严重的心理问题。多数研究指出，增加农村地区人力资本投资是解决我国"三农"问题的长期策略，而"留守儿童"的身心健康和科技文化素质直接关系到我国未来人口素质的优劣；因此，"留守儿童"问题必须引起高度重视并下力气解决。

与"留守儿童"相对应的是"留守老人"问题。这些老人的子女外出打工，但大部分并没有放弃土地的使用权，也没有通过促进土地流转来减少家庭耕地面积，因而"留守老人"不得不承担起所有家务和繁重的农业生产劳动。加上部分外出劳动力把子女交给父母监护，更加重了农村"留守老人"的负担。另一方面，由于子女一般都是过节或农忙回家，情感寂寞也容易导致"留守老人"的健康恶化，而农村养老保障体系的不健全，使得"留守老人"老无所依。

专栏3："留守老人"老无所依

案例5：担心自己死去无人知道

我们在调查过程中遇到了不少"留守老人"，李开荣和周翠霞夫妇便是其中之一。李开荣今年80岁，患有心脏病，妻子周翠霞75岁，患有慢性胃炎。老人的两个儿子、儿媳妇、孙子全部在外打工，只有农忙或者过节时回来。一个孙女（二儿子的女儿）在县城上高中，每个月回来一天，两位老人负责烧饭给她吃。由于李开荣和妻子身体不好，经常吃药，谈话过程中老人总是担心自己病倒或者去世时家人不在身边。他们说，子女外出打工的老人在其去世几天后才被发现的现象在本村也发生过，这也是两位老人担心的主要问题。李开荣及其妻子是我国"留守老人"的一个缩影。

三 打工"孽债"层出不穷

进入21世纪，以80后、90后为主的新生代劳动力大量进入城镇，其中不少人是辍学后直接外出打工。由于心理发育成熟度较低，判别是非的能力和自制力均较弱，他们极易沾染社会不良风气。在进行农户问卷调查期间，我们发现外出打工的青年中，未婚生育的现象较为普遍。另据李庄村计划生育主任介绍，该村像此类特殊的未婚生育且后果难料的共有六七例。若以此推算全国，将是一个令人吃惊的数字。

专栏 4：打工"孽债"

案例 6：

农户倪某 58 周岁，妻 50 周岁，均在家务农。夫妇俩有两个儿子，现年龄分别为 25 周岁和 23 周岁，也均在外地打工。与上面例子相同的情况是，他家的大儿子在打工时交上一女友，也是未办理任何婚姻登记手续而怀孕，到男方家生一女婴后交由男方母亲用奶粉喂养。不同的是女友至今还将交男友并怀孕生孩子的事瞒着自己的父母等娘家人，两人现虽然仍在一处打工，但最终能否共组小家庭还是未知数。

案例 7：

农户孙某 46 周岁，妻 47 周岁，均在家务农。夫妇俩育有三子，现年龄分别为 25 周岁、23 周岁和 21 周岁。因家庭经济困难，初中均未毕业即辍学，然后都外出打工。老大在南通打工至今已有 4 个年头，并在打工期间结识来自山东菏泽的打工女子，2007 年突然将怀孕女友带回家，产一男婴。然而，两人虽已有孩子，但尚未办理任何的婚姻登记手续。更大的麻烦是，女方父母坚决不认这门婚事，男方到女方家求婚，被女方的家人打出门去。目前，婴儿交由奶奶在家用奶粉喂养，孙家老大仍回了南通打工，而其"女友"迫于家庭的压力，今年春节后已独自一人去苏州打工，小两口已分处两地。老两口现在非常担心"煮熟的鸭子飞了"——婴儿的母亲不会嫁给他家儿子了。

不难推论：这些孩子中的一部分将成为单亲家庭子女。多数作为监护人的父亲或母亲会重组家庭，这些"孽债"也将成为新组建家庭中"碍手碍脚"、"不受欢迎"的人，其未来成长道路的艰辛程度可想而知。相当大比例的"孽债"只能靠留守在农村的爷爷、奶奶或外公、外婆抚养，他们非但得不到父母的亲情和爱抚，也很难得到正常的家庭教育，还极易遭受同龄孩子和社会的歧视。因而，在这些"孽债"幼小的心灵中便容易埋下"仇恨"的种子。他们在成长过程中也极易误入歧途，成为未来社会中的"不安定"群体，引发未来严峻的社会问题。因此亟须引起各级政府和社会各界的高度重视，并未雨绸缪，采取相应的防范和化解对策。

四 大量劳力外出，社区管理难度加大

农民外出打工后将使农村的基础设施建设缺乏主体。随着大量劳动力向城镇的转移，农村留下来的大多是老人、妇女和儿童，这必然加大建设难度，增加建设费用，有的项目甚至会因为主体缺位而难以实施。如乡村公路的修建、农业生产的统防统治等，缺乏青壮年劳动力的参与，这些项目通常难以实施从而选择放弃，这与新农村建设的方向背道而驰。另一方面，劳动力大量外出打工，使得村民自治力弱，不法分子乘虚而入，偷盗等农村社会治安问题时有发生。物质财富增加的同时，不安全因素也在增多。人员的流动性大，计划生育工作、各项公益事业的发展等方面鞭长莫及，变化不定，管理难度增加。

综上所述，农村劳动力资源丰富，但人力资本水平较低且存在性别差异，即女性人力资本低于男性劳动力。尽管农村劳动力大量流入城市，但其从业层次较低，较多地集中在制造业、服务业和建筑业，工作时间长且收入低，加上没有任何社会保障，使得他们"移而不迁"的现象较为明显。这不利于我国城镇化进程的推进和"三农"问题的解决。劳动力大量外出在增加了农民收入的同时，也给农村经济社会带来了一定的负面影响，其中"留守儿童"和"留守老人"成为新的弱势群体，需要引起社会各界的关注并下大力气解决，以促进我国城乡社会经济的持续、快速、健康发展。

第六章

李庄村居民生活

居民生活质量的高低，是衡量一个国家或地区社会进步的主要标志。由于区域经济发展不平衡，苏北地区居民生活水平显著低于全省平均水平，李庄村又属苏北地区典型的欠发达村落，其居民的生活水平极具苏北贫困地区的代表性。

本章首先对李庄村居民的收入水平和消费水平进行总体描述；随后，利用实地调查资料对李庄村居民的食品消费、居住水平、耐用品消费、教育投资、医疗与社会保障等方面进行描述性分析；最后，在上述分析的基础上，指出了导致李庄村居民生活质量水平低下的主要原因，并就未来提高经济欠发达地区居民生活质量水平提出了相应的政策建议。

第一节 居民收入与消费水平概述

居民收入水平的高低是居民生活质量得以改善的基础，居民消费水平则是居民生活质量的外在表现。本节就李庄村居民的收入水平和消费水平进行了整体描述。

一 居民收入水平及其构成

农村家庭全年总收入主要包括，家庭经营性收入（包括第一、二和第三产业的收入）、工资性收入、财产性收入和转移性收入四个部分。李庄村由于所处地区非农产业发展较为落后，居民收入水平表现出以下特征：

（一）人均纯收入水平低于苏北平均水平

2007 年，李庄村被调查农户户均全年总收入为 28571.7 元，人均纯收入为 4474.2 元[①]。同年，全国农村家庭居民人均纯收入、江苏省农村家庭居民人均纯收入和苏北农村家庭居民人均纯收入分别为 4140 元、6561 元和 5352 元。李庄村家庭居民人均纯收入高出全国平均水平 8%，而分别低于江苏平均水平和苏北平均水平 31.8%和 16.4%。

依据全国农村家庭居民人均纯收入、苏北农村家庭居民人均纯收入、江苏省农村家庭居民人均纯收入三个标准，将被调查家庭居民人均纯收入水平分成四个区间，经统计得表 6.1。

表 6.1　　2007 年李庄村被调查户家庭人均纯收入分组统计情况

（单位：个、%）

分组	户数	比例	累计比例
在全国平均水平之下	89	53.3	53.3
全国平均与苏北平均水平之间	25	15.0	68.3
苏北平均与全省平均水平之间	17	10.2	78.4
江苏省平均水平之上	36	21.6	100.0
总计	167	100.0	

① 农村家庭人均纯收入＝（农村居民家庭总收入－家庭经营费用支出－生产性固定资产折旧－税金和上交承包费用）/农村居民家庭常住人口。

从表 6.1 可以看出，被调查户中有 53.3% 的家庭人均纯收入低于全国平均水平，低于江苏省人均收入水平的家庭累计高达 78.4%，这表明调查户家庭的居民收入水平在全省范围内处于欠发达地位。

（二）家庭收入来源结构单一

根据调研数据统计，对 167 户家庭收入来源进行细分，见表 6.2。

表 6.2　　　　　2007 年李庄村被调查户家庭收入来源统计（单位：个、%）

家庭收入来源	户数	比例
有家庭经营性收入（1）	167	100
有工资性收入（2）	122	73.1
有财产性收入（3）	21	12.6
有转移性收入（4）	163	97.6
仅有家庭经营性收入	0	0
有（1）、(2)、(3) 项收入	16	9.6
有（1）、(2)、(4) 项收入	118	70.6
有（1）、(3)、(4) 项收入	17	10.2
有（1）、(2)、(3)、(4) 项收入	15	8.9

从表 6.2 中可得，167 户全都有家庭经营性收入；有 122 户家庭有工资性收入，占总样本的 73.1%；有财产性收入的家庭为 21 户，占总样本的 12.6%；有转移性收入的家庭为 163 户，占总样本的 97.6%；兼有四种来源收入的家庭仅有 15 户，占总样本的 8.9%；有 118 户家庭有家庭经营性收入、工资性收入和转移性收入，这三种收入来源是被调查户家庭收入最主要的来源。

进一步考察被调查户家庭总收入的构成，如图 6.1 所示，可以发现，在被调查户家庭总收入中，家庭经营性收入和工资性收入占总收入的比重为 94.01%，而财产性收入和转移性收入占总收入比重的 5.90%，家庭经营性收入和工资性收入是被调查家庭收入的主要来源。

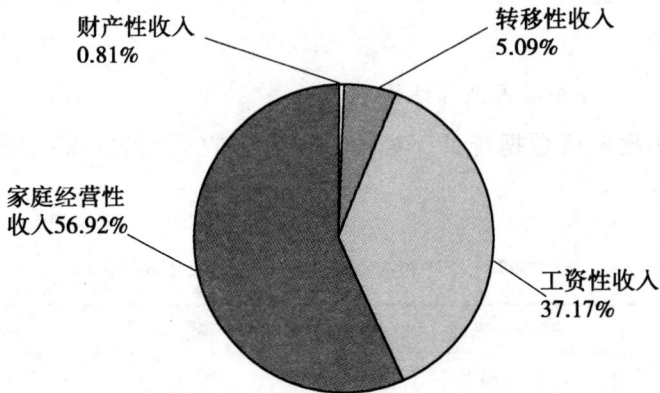

图 6.1　2007 年李庄村被调查户家庭总收入结构

结合表 6.2 和图 6.1 可以得出，李庄村居民家庭收入的来源主要有三个，但对家庭收入贡献最大的是家庭经营性收入和工资性收入。

根据调研数据我们还得知，167 户中仅有 5 户有第二产业的收入，占总样本的 3%；仅有 13 户有第三产业收入，占总样本的 7.8%；有 149 户仅有第一产业收入，占总样本的 89.2%。可见被调查户家庭经营性收入主要来源于第一产业。在 122 户有工资性收入的家庭中，有 62.8% 的家庭的工资性收入来源于外出从业收入。由此可见，李庄村居民家庭收入来源缺乏多样性，这严重制约了李庄村居民收入的提高。

（三）家庭负债严重

由于家庭人均纯收入水平较低，为了应对家庭各项开支，有 114 户家庭存在负债，占总样本的 68.3%。负债家庭的平均负债金额为 19959 元。表 6.3 为家庭负债金额分组统计情况。

表 6.3   2007 年李庄村被调查户家庭负债金额分组统计

（单位：个、%）

负债分组	户数	比例	累计比例
5000 元以下	36	31.6	31.6
5000—10000 元	21	18.4	50.0
10001—15000 元	8	7.0	57.0
15000 元以上	49	43.0	100.0
总数	114	100.0	

从表 6.3 中可以看出，家庭负债的金额主要集中在 5000 元以下和 15000 元以上两个区间内，所占比重分别为 31.6% 和 43%。居民借款的主要对象和借款用途分组统计情况如表 6.4 所示，居民借款最主要的对象是亲友，该种途径所占比例为 65.8%，其次是向银行、信用社借款，该种途径所占比例为 28.9%；居民借款的主要目的集中在看病、子女读书和生产设备购置三个方面，三者所占比例分别为 22.8%、21.9% 和 18.4%，三者占总样本的 63.1%。

表 6.4 2007 年李庄村被调查户家庭借款对象和借款目的分组统计

（单位：次、%）

借款主要对象	频次	比例	累计比例
集体	0	0	0
亲友	75	65.8	65.8
银行、信用社	33	28.9	94.7
高利贷	4	3.5	98.2
赊购欠款	2	1.8	100.0
总数	114	100.0	

借款主要目的	频次	比例	累计比例
日常生活开支	4	3.5	3.5
看病	26	22.8	26.3
子女上学	25	21.9	48.2
盖房	17	14.9	63.2
生产设施购置	21	18.4	81.6
婚嫁	10	8.8	90.4
丧葬	1	0.9	91.2
其他	10	8.8	100.0
总数	114	100.0	

二 居民消费水平及其构成

居民消费水平及其结构能充分显示出居民生活质量的高低以及发展方向。李庄村居民消费水平和消费结构受收入水平的影响，表现出以下特征。

（一）人均生活消费水平普遍偏低

根据调研数据统计，调查户家庭人均生活消费支出为3845.8元，低于2007年江苏省农村居民人均生活消费支出4792元的平均水平，其中有71.3%的家庭人均消费低于江苏省平均水平。将家庭居民人均纯收入和家庭人均消费支出进行交叉分析，如表6.5所示。

表 6.5　　　　　2007年李庄村被调查户不同收入组下的
家庭人均生活消费支出统计　　　　（单位：元）

收入分组	家庭人均生活消费支出平均值
全国平均水平之下	3187.7
全国平均与苏北平均水平之间	3741.9
苏北平均与全省平均水平之间	4784.8
江苏省平均水平之上	5101.2
总体	3845.8

从表 6.5 中可以看出，家庭人均纯收入是否能达到苏北平均水平是个分界点。低于苏北平均收入水平的家庭，其家庭人均生活消费显著低于江苏省人均生活消费支出平均值；达到和超过苏北平均收入水平的家庭，其家庭人均生活消费支出水平基本接近，甚至超过江苏省人均生活消费平均值。由此可见，家庭人均纯收入水平和家庭人均生活消费支出水平存在着很强的相关性。而李庄村居民生活消费支出水平大体表现为低收入、低消费的态势。

（二）人均消费结构失衡

进一步考察调查户家庭人均消费支出构成，如图 6.2 所示。

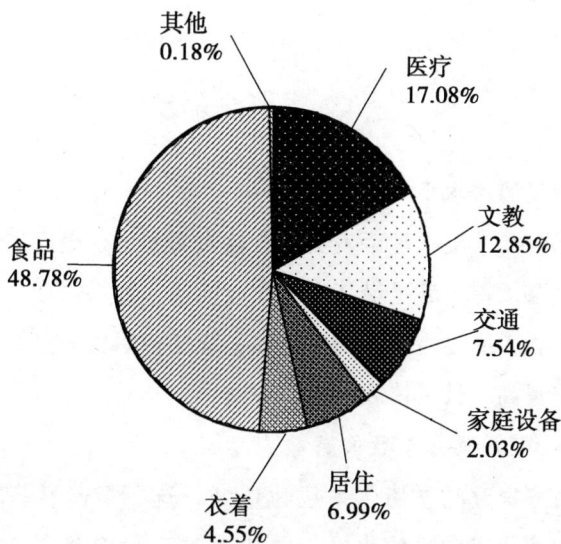

图 6.2　2007 年李庄村被调查户居民人均生活消费支出结构

从图 6.2 中可得，李庄村居民的恩格尔系数高达 0.48，远高于江苏省 2007 年全省恩格尔系数 0.39 的水平，食品消费支出仍旧是李庄村居民生活消费支出的主要方面；在反映居民耐用消费品支出方面，调查户家庭的居住、衣着和家庭设备的支出比重之和为 13.57%，低于 2006 年全省平均水平 12.16 个百分点；在反映居民服务性消费支出方面，家庭医疗保健、文教娱乐服务和交通通信三项消费支出比重分别为 17.08%、12.85% 和 7.54%，三者之和为 37.47%，高于 2006 年全省平均水平 7.44 个百分点。结合李庄村家庭低收入、低消费的情况来看，李庄村居民家庭消费中食品和服务性消费比重过高，已经造成了居民家庭消费结构的失衡。

第二节　居民生活质量现状分析

通过上一节的分析可知，李庄村居民生活质量总体处于低收入、低消费的水平。本节将对具体反映李庄村居民生活质量水平的居民食品消费、居住水平、耐用品消费、教育投资、医疗和社会保障、社会救助、文化生活七个方面进行更为详细的统计描述，以期能得到更为翔实的分析结果。

一　食品消费水平

马斯洛的需求层次理论表明，人首先需要满足最底层的生理需求，也即人必须首先满足最基本的吃饭问题，如果这项需求无法满足则直接威胁人的生命。从前文可知，李庄村居民食品消费占总消费支出比重最高，其具体表现为以下特点。

（一）家庭恩格尔系数偏高

被调查户家庭的恩格尔系数为 0.48，这一指标显著高于 2007 年江苏省家庭居民的平均水平，也显著高于 2007 年江苏省农村居民恩格尔系数 0.41 的平均水平。仅略低于 1997 年江苏省农村居民恩格尔系数 0.49 的水平，可见李庄村家庭居民的恩格尔系数明显偏高。

将被调查户家庭的恩格尔系数进行分组统计，见表 6.6。

表 6.6   2007 年李庄村被调查家庭恩格尔系数分组情况统计

（单位：个、%）

恩格尔系数分组	户数	比例	累计比例
0.8 以上	12	7.19	7.19
0.6—0.8	42	25.15	32.34
0.4—0.6	82	49.10	81.44
0.4 以下	31	18.56	100.00
总计	167	100.00	

从表 6.6 中可以看出，有 49.1% 的家庭恩格尔系数在 0.4—0.6 的区间内，基本属于温饱阶段。还有 32.34% 的家庭恩格尔系数高出 0.6，属于贫困阶段。将家庭恩格尔系数与家庭人均纯收入进行相关分析可知，两者的相关性高达 0.92，这表明李庄村居民恩格尔系数与家庭人均纯收入之间有着紧密的联系，李庄村家庭人均纯收入偏低直接导致了居民恩格尔系数的偏高。

（二）谷物类食品消费量高，动物性蛋白消费量和频率低

进一步考察调查户平均家庭年人均食品消费结构，从表 6.7 中可见，调查户 2007 年家庭人均主要食品消费量中，谷物类食品消费量低于 2000 年全省农村居民人均消费量的平均水平，但高于 2006 年的平均水平，谷物类食品消费仍是调查户家庭成员最主要的营养来源；蔬菜及其制品、蛋类及其制品和水产品及其制品的消费量基本与 2006 年全省平均水平相持平，这三类食品消费量能基本达到平均水平的主要原因在于，居民可以通过自产满足大部分消费需求，使用现金外购的较少，因此，更多的家庭倾向于消费这三类食品；肉类及其制品和水果消费量显著低于 2006 年全省平均水平，也均低于 2000 年全省平均水平，居民动物蛋白摄入量偏低；这两类食品消费量偏低的主要原因在于，居民消费这两类食品主要依赖于使用现金外购满足消费需求，据统计，有 92.8% 的家庭肉类

消费全部靠购买，有 82.6% 的家庭水果消费全部靠购买。在家庭收入较低的情况下，大部分家庭通过减少这两类食品的消费频率和消费量来减少食品消费支出；在调查户家庭主要食品消费中，动植物油的人均消费量高于全省平均水平，这是一个比较奇怪的现象。通过实地调查之后，调查组认为有如下原因，一是由于李庄村属于粮食主产区，油料作物（如油菜）也是当地农民的主要农产品之一，因此家庭使用的植物油很大一部分来至自产；二是从营养学的角度来看，在动物蛋白摄入不足的情况下，通过摄入动植物脂肪来满足能量需求也是一种有效替代，加之当地居民消费的动植物油大都为小作坊制造的，每斤动植物油的价格仅是肉类价格的 1/3 左右，因此也导致了家庭动植物油消费量较大，而动物蛋白的消费量偏低。

表 6.7　　2007 年李庄村被调查户家庭年人均食品消费统计情况

（单位：千克）

主要食品消费	调查户 2007 年人均消费量（平均值）	全省平均水平	
		2000 年	2006 年
粮食	239	288.1	218.9
蔬菜及其制品	112.6	115.7	113.3
动植物油	12.6	9.6	8.9
肉类及其制品	9.1	17.8	23.0
蛋类及其制品	7.1	8.2	6.9
水产品及其制品	10.9	7.7	10.5
水果	14.9	21.1	20.4

（三）烟酒消费支出与消费量偏高

烟酒消费一直是一个家庭重要的食品消费之一，农村居民由于长期从事体力劳动，烟酒的消费一般也高于城镇居民。被调查家庭烟酒消费支出占其食品消费支出的比重为 17.1%，远高于 2006 年江苏省城镇居民烟酒支出消费比重 8.9% 的水平，烟酒消费支出已经成为农村居民最主要的食品消费支出之一。在被调查家庭中，有 63.5% 的家庭其家庭成员有抽烟习惯，家庭成员每日平均香烟的消费量为 1.3 盒；有 68.9% 的家庭其家庭成员有饮酒习惯，家庭成员每日平均酒的消费量为 0.19 千克（折合 3.8 两/日）。这些居民的烟酒消费量都已偏高，严重影响了居民的身体健康。

二　居住水平

从实地调查的情况来看，李庄村居民基本实现了人人有房住的目标，但与城镇居民居住质量方面还有较大差距，具体表现在以下方面。

（一）居民人均居住面积低于全省平均水平

在被调查的农户中，除 1 户没有自己的房产之外（该户为外来户，没有宅基地），其他 166 户家庭均有自己的房产。其中拥有 1 处房产的家庭为 125 户，占总数的 74.9%；拥有两处房产的家庭数为 40 户，占总数的 24%；拥有 3 处房产的家庭仅有 1 户，占总样本的 0.6%，见表 6.8。

表 6.8　　　　　2007 年李庄村被调查户家庭房产拥有量（单位：个、%）

拥有数量	户数	比例	累计比例
0	1	0.6	0.6
1	125	74.9	75.4
2	40	24.0	99.4
3	1	0.6	100.0
总计	167	100.0	

有房产的农户，平均宅基地面积为 350 平方米，房屋平均建筑面积为 106.2 平方米，其中生活性建筑面积平均为 100.5 平方米，生产性建筑面积平均为 5.7 平方米；家庭人均居住面积为 24.8 平

方米，远低于 2006 年江苏省农民人均居住面积 40.8 平方米，仅相当于 1995 年江苏省农村家庭人均居住面积的水平，家庭人均居住水平亟待改善。

表 6.9　　　　　李庄村 2007 年房屋格局　　　（单位：户/%）

	房屋结构					房屋类型		
	钢筋混凝土	砖木	土坯	砖混	合计	平房	楼房	合计
户数（户）	12	97	2	55	166	146	20	166
比例（%）	7.2	58.4	1.2	33.1	100	88.0	12.0	100

注：该项调查有效应答均为 166 户。

（二）居民住房建筑类型和建筑结构落后

在拥有房产的农户中，有 146 户家庭居住的是平房，占总数的 88%；有 20 户家庭居住的是楼房，占总数的 12%，刚刚达到江苏省帮扶贫困村的平房居住率不低于 92% 和楼房居住率不低于 8% 的标准。被调查户家庭居住的房屋结构主要分为钢筋混凝土结构、砖（石）木结构、竹草土坯结构和砖混结构四种，所占比例分别为 7.2%、58.4%、1.2% 和 33.1%；砖（石）木结构和砖混结构是李庄村居民最为常见的建筑结构（见表 6.10）。整体来看李庄村居民的住房类型和结构在全省范围内处于较低水平。

表 6.10　　　　2007 年李庄村被调查户家庭居住房屋
建筑类型与建筑结构　　　（单位：户/%）

建筑类型与建筑结构	户数	比例	累计比例
建筑类型			
平房	146	88.0	88.0
楼房	20	12.0	100.0
总计	166	100.0	—

续表

建筑类型与建筑结构	户数	比例	累计比例
建筑结构			
钢筋混凝土结构	12	7.2	7.2
砖（石）木结构	97	58.4	65.7
竹草土坯结构	2	1.2	66.9
砖混结构	55	33.1	100.0
总计	166	100.0	—

据统计，有50.6%的家庭其所居住房屋的建造时间是1996年以前，49.4%的家庭在最近十年里进行了新房的建造，新房的平均建造费用为25520元。这些家庭在建造新房时，有75.6%的家庭进行了借贷，新房建造支出是家庭一次性大额支出的主要项目。

三　家庭耐用品消费和生活设施使用情况

家庭耐用品消费是居民实物性消费的重要组成部分，是评价居民物质生活水平的重要标志。与居民生活相关的配套设施，如自来水、民用电力、生活能源也是提高居民生活质量的重要设施。这些配套设施的不完善和落后将严重影响居民现代化生活质量的提高。李庄村居民在家庭耐用品消费和现代化生活设施使用方面与城镇居民相比还有较大差距，具体表现在以下方面。

（一）家庭耐用品拥有率较低

从表6.11可以看出，李庄村家庭耐用消费品中，除影碟机的每百户平均拥有量高于2006年江苏省平均水平，其他耐用消费品的每百户拥有量均显著低于2006年江苏省平均水平。其中部分耐用品，如电视机、空调等的拥有量甚至还达不到2000年全省平均水平，家庭耐用品的拥有率水平较

表 6.11　2007 年李庄村被调查户家庭耐用消费品拥有情况统计

耐用消费品类型	每百户平均拥有量	2000 年江苏省平均水平	2006 年江苏省平均水平
电视机（台）	95.8	115.9	139.7
影碟机（台）	35.9	11.2	34.9
收录机（台）	9.6	20.5	11.9
空调（台）	3.6	5.4	26.3
电冰箱（台）	22.3	19.9	39.1
洗衣机（台）	53.3	46.1	73.6
固定电话（部）	70.7	51.4	93.0
手机（部）	66.5	9.1	92.7
电脑（台）	1.2	—	—
自行车（辆）	57.5	162.1	159.7
摩托车（辆）	46.7	28.5	57.7
大件家具（件）	37.1	—	—

（二）现代化生活设施使用率较低

2006 年李庄村完成了村级自来水引用工程，并鼓励村民使用自来水作为家庭饮用水。95.8% 的农户表示 2007 年饮用水不存在困难，有 65.3% 的农户将自来水作为饮用水水源，而有 31.7% 的农户依然使用深井水作为饮用水水源。被调查家庭中，90.4% 的家庭依然使用柴草作为主要炊事用能源，7.2% 的家庭以煤或煤气作为主要炊事用能源，使用电作为主要炊事能源的家庭仅为 2.4%；在家庭调温设施使用方面，有 68.9% 的家庭不采取任何取暖设施，27.6% 的家庭采用炉子或火盆进行取暖，仅有 3.6% 的家庭采用空调或其他电加热设备进行取暖；在家庭粪便处理方面，81.4% 的家庭采用旱式厕所，采取水冲式厕所的仅为 4.8%；92.2% 的家庭将家庭粪便作为农家积肥用于农业生产，采取沼气池和化粪池处理粪便的家庭仅为 3.6%。现代化生活设施拥有率和使用率在李庄村居民日常生活中还相对较低。

四　教育投资水平

随着农村土地集约化和农业技术水平的提高，土地资源和技术进步对农业经济的发展贡献率将出现递减的趋势。相对于土地资源和技术进步，农村的人力资本投资还处于相对较低的水平，增加农村人力资本的投资，将是未来农业经济发展的重要推动力。经调查，李庄村居民在子女教育投资方面表现出较强的投资意愿，具体表现为：

（一）居民教育投资认知和意愿较高

在被调查家庭中，有98.8%的家庭认为读书对子女未来的发展有非常重要的影响，并有77.2%的家庭表示希望自己的子女能够获得大专及以上文凭；在问及如果子女学习不错，是否愿意让子女完成大学学习这一问题上，91.6%的家庭表示，即使借款也要让子女完成学业。由此可见，绝大部分居民对子女的教育重视程度表示出了极高地关注，同时在子女教育投资方面也表现出了很高的投资意愿。

（二）居民子女教育投资水平较高

被调查农户中，有77户家庭的子女在校学习，共有在校学生92名，其中幼儿园6名，小学生38名，初中生22名，高中生17名，中专生1名，职高生4名，大专及以上4名。38名小学生中在本村小学就读的仅占15.8%，到乡镇小学就读的占63.2%，到县和市区小学就读的占21%；被调查的22名初中生中，23%的在乡镇中学就读，77%的在县城就读。2007年各类学生人均教育支出为4705元。其中，幼儿园学生平均年教育支出为1867元；小学生平均年教育支出1801元；初中生平均年教育支出为5727元；高中生平均年教育支出为7835元；职高及中专生平均年教育支出为7000元，大专及以上学生平均年教育支出为14750元。

在有子女上学的家庭中，家庭教育投资平均年费用为 5434 元，占其年生活消费支出比重的 27.4%。教育投资已经成为此类家庭中仅次于食品消费支出的第二大支出。面对高昂的教育投资，有62.3% 的家庭在子女教育过程中进行了借贷，82.5% 的家庭主要向自己的亲戚朋友进行借贷。

五　医疗卫生保障水平

随着农村生活水平的提高以及老年化速度的加快，农村居民医疗保健支出呈逐年递增趋势。李庄村居民医疗保健支出在居民消费总支出的比例也越来越大，由于医疗卫生价格偏高，李庄村居民医疗保健支出已经呈现出过快发展的趋势，具体表现为以下特点。

（一）家庭成员患病加重了家庭医疗支出

2006 年江苏省农村居民的医疗保健支出已由 1995 年的 2.53% 增加到 5.62%。这表明了农村居民在充分满足基本生活需求后，正逐步把消费的重点放在提高生活质量的服务性消费领域。

从表 6.12 可以看出，被调查家庭中，有 61.1% 的家庭存在家庭成员患有慢性病的情况。在有患病成员的家庭中，有 94.1% 的家庭有 1—2 名患慢性病的成员，农村家庭成员的身体健康不容乐观。在有儿童的家庭中，儿童的疫苗和预防针的接种率为 92.9%，儿童生病后的接受治疗率为 100%，成年人生病后的接受治疗率为 71.4%，儿童的医疗保障率要显著高于成年人，这与家庭关注下一代有很大的关系。

表 6.12　　　　**家庭患慢性病的人数统计情况**　　（单位：户/%）

患病人数	户数	占总样本的比例	占患病家庭的比例	累计比例
0	65	38.9	—	—
1	61	36.5	59.8	59.8
2	35	21.0	34.3	94.1

续表

患病人数	户数	占总样本的比例	占患病家庭的比例	累计比例
3	5	3.0	4.9	99.0
4	1	0.6	1.0	100.0
总计	167	100.0	100.0	

根据调查数据统计，有患病成员的家庭，正常情况下年医疗费用支出的平均值为每年2578元，而没有患慢性病成员的家庭，正常情况下年医疗费用支出的平均值为每年892元。家庭成员是否有患慢性病已经成为影响家庭医疗费用支出的重要因素。

（二）居民医疗资源价格偏高

医疗资源价格的高低直接影响居民的医疗可得性。居民看病是否方便和看病费用是否合理的问题，能够较好地反映出居民医疗资源的可得性。

在看病是否方便和看病费用是否合理的问题上，有95.2%的家庭表示，所处地区看病诊所充裕，只要有钱就行，这表明在泗洪县医疗卫生服务供给是充足的。但同时有88%的家庭表示，当地医疗诊费处在较高的水平上，与其家庭收入水平不匹配。

表6.13　　　　　2007年李庄村被调查户家庭成员
患病后就诊选择情况统计　　（单位：次/%）

选择就诊方式	患普通头痛、感冒等小病		患需住院、开刀等大病	
	频次	比例	频次	比例
在家不进行治疗	8	4.8	3	1.8
自我买药治疗	24	14.4	14	8.4
去村级卫生室	120	71.9	17	10.2

选择就诊方式	患普通头痛、感冒等小病		患需住院、开刀等大病	
	频次	比例	频次	比例
去乡镇卫生院	15	9.0	48	28.7
去县医院	0	0	68	40.7
去地区医院	0	0	9	5.4
去省级医院	0	0	8	4.8
总计	167	100.00	167	100.00

在家庭成员患病后选择就诊方式方面，如表 6.13 所示。在家庭成员患普通小病后，71.9% 的居民选择去村卫生室进行治疗，另有 14.4% 和 9% 的居民选择自己买药治疗或去乡镇医院治疗，不接受治疗的居民仅为 4.8%。在家庭成员患需住院的大病时，40.7% 和 28.7% 的家庭会选择乡镇和县医院进行就诊，有 10.2% 的家庭会选择地区及省级医院就诊，有 8.4% 和 10.2% 的家庭会选择自我买药治疗或去村级卫生院治疗，但仍有 1.8% 的家庭会因为家庭经济困难选择不进行治疗。

六　社会保障水平和获得社会救助情况

社会保障制度是在政府的管理之下，按照一定的法律和规定，通过国民收入的再分配，以社会保障基金为依托，为保障人民生活而提供物质帮助和服务的社会安全制度。居民参加社会保障是降低居民生活风险，提高居民生活质量的有效途径之一。但李庄村居民由于收入水平偏低，居民社会保障水平不容乐观。

（一）居民参加社会保障率低

在被调查家庭中，49% 的家庭从没有听说过农村社会养老保险，只有 3% 的居民很了解农村养老保险，其余居民都属于听说过，但不知道具体内容。在这种情况下，97% 的农户没有参加过任何形式的农村社会养老保险。

在被调查户中，有四人参加了城镇基本养老保险，据调查这四人均在双沟镇国有企业或事业单位工作。在调查户中，100%的居民均参加了新型农村合作医疗，之所以有如此高的参保率，主要是因为当地政府为实现全省95%的参合率的硬性指标而进行了较强的行政干预。总体来看李庄村居民对有关社会保障制度的了解还很低，居民的社会保障参与度还处在较低的水平上。

（二）居民获社会救助范围窄

社会救助是指国家或其他社会组织、团体对于遭受灾害、失去劳动能力的公民以及低收入的公民给予特质救助，以维持其最低生活水平的一项社会保障制度。其目标是对社会的低收入人群和困难人群给予扶危济贫和社会救助，以使该部分脆弱群体达到最低生活保障水平。对于像李庄村这样长期处于欠发达地区的农村居民而言，理应获得更多的社会救助。但在实际调查后发现，被调查户中没有任何一户获得过集体养老金和计划生育养老补助。被调查户中有11户家庭属于低保户，领取过最低生活保障金。仅有6户家庭获得过其他救济救助，11户享受过政府扶贫资金及物资。全村居民获得社会救助的范围很小，获社会救助的程度也很低。

七　休闲与文化生活

居民休闲方式和文化生活是反映居民生活水平的一个重要方面，高雅的休闲方式和丰富的文化生活有助于居民生活质量的提高。目前，李庄村居民在休闲方式和文化生活方面尚处于较低层次。具体表现为：

（一）留守居民劳动强度适中，外出务工人员劳动强度偏大

被访者中有劳动能力的居民年平均工作日为167天。其中在外打工者不兼顾从事家里农活的居民其年平均工作日为300天，而不外出打工只从事农业的居民年平均工作日为198天。在外打工者的

日均工作长度为 9.70 小时，其中有 60% 的外出打工者日均工作长度超过 8 小时，外出打工者的工作强度相当大。

（二）留守居民休闲娱乐单一

经统计，被访者留守居民闲暇时最主要的休闲方式如表 6.14 所示。

表 6.14　　　　　留守居民休闲娱乐活动情况　　　（单位：次/%）

活动类型	频次	比例	累计比例
阅读书报	8	4.8	4.8
打牌或麻将	35	21.0	25.7
看电视	84	50.3	76.0
串门聊天	34	20.4	96.4
参加宗教活动	5	3.0	99.4
参加其他文体活动	1	0.6	100.0
总计	167	100.0	

从表 6.14 中可得，居民在闲暇时最主要的休闲方式集中在看电视、打牌和串门聊天三项上，三者所占比重高达 91.7%。而从事阅读书报、参加宗教活动和参加其他文艺活动的不足 9%。

第三节　居民生活中存在的主要问题

李庄村居民生活水平偏低已是不争的事实，导致李庄村居民生活质量低下的主要原因源于以下几个方面：

一　收入来源单一，水平偏低，稳定性差

从前文对调查户家庭的人均纯收入分析可知，超过一半的家庭居民人均收入水平低于全国人均收入水平，李庄村居民整体收入水平在江苏这个经济发达地区是不折不扣的落后地区。即便从

全国的角度来看，李庄村居民的整体收入水平也属中等偏下水平。当地居民收入来源单一是导致居民家庭整体收入水平低的主要原因。

通过对调查户家庭收入结构的分析可知，虽然李庄村居民的收入途径大致有三种，但对家庭居民收入贡献最大的仍是家庭经营性收入和工资性收入两块。而在这两种途径中，当地居民的家庭性经营收入又主要依赖于第一产业，拥有第二产业和第三产业收入的家庭少之又少。由于过分依赖于第一产业收入，不少家庭的收入稳定性很差，在正常年份家庭收入还有所保障，而一旦遇到自然条件恶劣或特殊情况，有些家庭往往入不敷出。在家庭工资性收入中，又主要依赖于外出务工收入，考虑到在外务工人员的实际花费，真正能实际带回家中的收入相当有限。特别是刚刚外出打工的年轻人，由于技术有限，加上阅历浅，有时还需要家里补贴才能在大城市生活，想依赖于年轻人外出务工来大幅增加家庭收入困难很大。

专栏 6.1："靠天吃饭"成问题

> **案例 1：碰到自然灾害和劣质农资只能举债维持生计**
>
> 　　T 老汉是地道的李庄村人，今年 70 周岁，与老伴和最小的儿子同住。家里有承包地 7 亩，家里的主要经济来源为粮食收入和儿子打工收入，收入结构为 1：1，正常年份仅能维持基本生活开支。2007 年，T 老汉所种的 2 亩水稻由于受洪涝灾害，颗粒无收；而所种的 5 亩小麦由于所购麦种有假，每亩小麦产量仅为 600 斤，除去自留的口粮，来自粮食的收入微乎其微。而儿子的打工收入又不能维持家庭正常开支，T 老汉只能举债维持生计。

案例2：碰到天灾能使小康家庭返贫

L某，今年42岁正值壮年，家里常住人口5人，家庭劳动力2人，其他三人为2名读书的小孩和一位老母亲。2002年以前，L某家主要经济收入主要有两块：一是13亩承包地的收入，另一块是L某承包的10亩螃蟹养殖收入。家庭年收入5万元左右，在李庄村属于中等偏上的收入水平，2005年底家有存款3万元。从2005年开始，L某所承包的10亩螃蟹连续2年遭受到水灾，螃蟹养殖不仅未能获得收入，还使原有的3万元存款用之一空，加之儿子和女儿正值上高中和初中，到2007年底家庭竟背负了4.5元的债务。2007年L某放弃了螃蟹养殖而专为扩大承包土地进行粮食种植，以期能缓解家庭债务。L某在访谈中表示，他还算是一个懂技术、肯实干的人，但碰到天灾他也无能为力。L某的经历是李庄村很多家庭面临的现实问题，靠天吃饭是不可能改变农村居民家庭生活质量的。

造成李庄村居民收入来源单一的一个主要原因在于李庄村村集体企业很少，仅有一座小型砖窑厂，且只能吸收20人左右的劳动力，加之现已承包给外地老板，当地居民想要进行非农就业转移相当困难。从李庄村所属的双沟镇来看，虽然双沟集团地处该镇，但由于双沟集团属国有大中型企业，普通农村居民难以进入集团进行非农就业。李庄村及其所属乡镇第二产业和第三产业发展落后，是导致李庄村居民劳动力转移途径缺乏的主要原因。

居民生活质量的提高关键在于增加居民收入，只有居民收入能够满足居民基本生活需要之后，居民才会逐步向追求高质量的生活方式转变。而增加居民收入的关键在于扩大居民收入来源，通过加快欠发达地区第二、三产业的发展，将有利于农村劳动力向第二、三产业转移，从而增加农村居民收入。同时，农村居民在劳动力转移过程中不断接受现代化生活方式，也将促进农村居民加快改变自身落后的生活方式，进而实现居民收入增加与生活质量改善的双重目标。

二 医疗和教育私有化改革,扭曲了居民的消费结构

从前文的分析可知,李庄村居民的恩格尔系数高达 0.48,远高于 2007 年江苏省居民恩格尔系数 0.39 的水平,这表明李庄村居民整体消费水平相当落后。从居民生活消费结构的角度来看,李庄村居民的居住、衣着和家庭设备的支出在其消费结构中所占比例之和,低于 2006 年全省平均水平 12.16 个百分点。每百户居民的耐用消费品的拥有量也远低于 2006 年江苏省农村居民的平均水平。而医疗保健、文教娱乐服务和交通通信三项消费支出比重却高出 2006 年全省平均水平 7.44 个百分点。根据传统的消费经验来看,居民只有在满足食品消费和物质性消费之后,才会逐步转向服务性消费。考虑到李庄村居民生活消费整体低于江苏省平均水平这一事实,李庄村服务性消费支出比重却超过全省平均水平,这是一种相对畸形的消费结构。

根据对实地调查情况的分析,课题组认为,李庄村居民医疗保健支出比重和文教娱乐服务支出比重接近和超过全省平均水平,主要是由李庄村所在地区宿迁市进行的医疗和教育私有化改革所导致的。医疗和教育私有化改革虽然提高了医疗和教育的供给,但却造成了优质医资和师资向民办医院和学校转移,其结果致使当地居民为获得好的医疗和教育,只能选择民办医院和学校。面对民办医院和学校较高的收费标准,居民只能压缩实物性的消费支出,这直接导致李庄村居民消费结构的扭曲。因此,我们不能简单地根据李庄村医疗保健支出比重和文教娱乐服务支出比重的数据来断定李庄村居民消费已迈入了"小康"消费阶段。恰恰相反,这些过高的消费比重数据直接表明李庄村居民的消费结构需要向合理的方向调整。

专栏 6.2：医疗与教育私有化改革对中低收入家庭的影响较大

背景资料：宿迁市医疗和教育私有化改革

宿迁医改始于 1999 年，当时宿迁市卫生资产 4.95 亿元，人均卫生资产处于江苏省最后一位。随后，宿迁开始后来广受关注的"卖医院"模式，将全市 134 家医院卖掉 133 家。卖医院所得全部投入公共卫生防保体系。政府不再办医院，只是监管。到 2004 年，宿迁卫生总资产已达 15.39 亿元，其中民营比例由 1.2% 上升至 62.7%。面对宿迁医改成就，不少专家和媒体也对宿迁医疗改革提出了质疑。北京大学卫生经济专家李玲教授的调研报告认为，宿迁医疗改革虽然减少了政府负担，但对于患病者最为重要的"看病贵"的问题并没有解决，宿迁医疗改革不适合在全国推广；而清华大学公共管理学院博士后魏凤春的调研报告则认为，宿迁医疗改革是全方位地适应市场经济要求的改革，是解决医疗卫生问题的根本途径之一。面对两份截然相反的调研报告，官方目前并未给出确切答复。

从 2001 年开始，宿迁市启动大规模的教育改革，一度引起全国关注，宿迁教改曾被国内媒体及社会上冠以"全卖光"的口号，意指从幼儿园到高中全部卖掉。面对媒体与学者的质疑，2005 年宿迁市教育局局长孙其松在接受《21 世纪经济报道》的采访时指出，从 2001 年宿迁市教育改革始终坚持"一保三放开"的原则："一保"是确保义务教育的发展，"三放开"是逐步放开学前教育、高中教育和职业教育。到 2004 年底，宿迁市幼儿入园率达到 83.1%，比 2000 年提高 28 个百分点，九年义务教育的入学率超过 99.8%，高中阶段学校总量达到 87 所，入学率达到 80.23%，比 2000 年提高 32.4 个百分点，超过苏北五市平均水平。得出宿迁教育改革是成功的定论。但仍有不少学者指出民办学校的教育质量参差不齐以及民办学校收费较高等问题。调查时，关于宿迁教育改革的争论仍在继续。

案例3：医疗和教育费用居高不下

案例2中L某有两个孩子，儿子17岁，正在泗洪县就读高中；女儿11岁正在双沟镇读小学。当我们询问两个孩子一年的教育支出大约是多少时，L某说每年为9000元左右。我们对此表示疑问，L某给我们算了笔明细账。儿子由于分数不够，未能进入县里公办的重点高中，只能选择就读低一等，但教育质量尚可的民办高中。民办高中各类学杂费1000元/年，但民办高中还需要收取每年1000元的学校赞助费和每年1000元的借读费。加上县城离李庄村有14公里，儿子选择住在城里，每年租房费用又约需要1500元，再加上孩子平时的餐饮、生活用品消费差不多3000元，儿子一年的开支就在7500元左右。女儿虽然上小学，学费每年就是400元，加上学校赞助费300元，再加上女儿住校以及来往学校和家的路费等，一年也约在1500元。我们询问为什么女儿不在乡里就近读书，L某说乡里小学虽然费用低，但教育质量那么差，孩子能读好吗，钱都花了，最后又考不上重点初中、高中，还不如父母们平时苦点、省点，咬咬牙让孩子读好一点的学校，没办法啊。教育收费高昂，已经成为了中低收入家庭的沉重负担。

L某的儿子在读高一时，不慎摔断了腿，先在县医院花了1100元进行了治疗，不过两个月后孩子的腿未见好转。随后L某又带儿子去了乡里的一个专治跌打的民间医生那里，花费了160元进行治疗，孩子的腿才得以痊愈。每当L某提及此事时，总是对县医院服务水平不高却高收费表示出极大的不满。

欠发达地区农村居民医疗和教育支出比重过高，已经严重影响了农村居民物质性消费的数量和质量。在提高医疗资源和教育资源供给的同时，必须降低医疗资源和教育资源的使用价格。仅仅依靠压缩农村居民物质性消费支出，来满足基本的医疗和教育需求，不仅不能使农村居民获得充足的医疗和教育资源，同时还会使农村居民陷入医疗和教育投资不足，劳动力资源劣质，收入增长缓慢，生活质量低下的恶性循环之中。因此，必须通过降低农村公共医疗和教育的价格，优化农村居民的消费结构，实现农村居民物质性消费和服务性消费协调发展的消费态式。

三 社会保障和社会救助的范围及方式有待扩大和创新

从前文分析情况可知，李庄村居民参加社会保障和接受社会救助的范围很小，绝大部分居民几乎没有听说过农村社会养老保险。在接受社会救助方面，被调查户中没有任何一户获得过集体养老金和计划生育养老补助。领取过最低生活保障金以及接受过政府扶贫资金及物资和其他救济救助的家庭也很少。

本课题组根据实地调查分析之后认为，造成上述问题的原因主要有两个。一是由于村干部自身对相关社会保障措施缺少了解，从而宣传不到位，致使村民对相关社会保障措施了解甚少；二是村干部对村民的社会保障和社会救助大都采取被动接受的方式，来点救助就接一点，对如何帮助村民脱贫致富缺少长远规划。对与政绩不挂钩、上级不下达指标的相关社会保障和救助也就很少关注。这一点在推行农村新型合作医疗保障时表现得特别突出。由于上级政府部门下达了参合率的硬性指标，并直接与村干部政绩挂钩，因此该项政策在农村的宣传和推广力度明显要高于其他社会保障措施的实施。

另外，据调查课题组得知，李庄村近十年来也陆续接受过几个省政府及其他社会帮扶的资金，如灌溉渠修建项目、整村推进项目等，但是这些社会帮扶项目和资金由于事前缺少必要的可行性论证和整体规划，帮扶项目成了"花架子工程"，资金使用效率不高，对改善当地居民生活质量作用不大。因此，政府相关部门如何通过制度创新，提高社会帮扶项目适用性和救助资金使用效率，帮助欠发达地区农民脱贫致富，已经成为亟需解决的重要问题。

专栏 6.3：帮扶资金使用效率低下

案例 4："花架子工程"

李庄村近十年来其实并不缺少省相关部门的帮扶项目，但由于帮扶项目在立项前缺少必要的可行性论证和整体规划，帮扶项目仓促上马，结果钱也花了，人力也投了，却未能达到预期目标。在调查中，居民反映了两个帮扶项目的实施情况很具有代表性。第一件事是，2003 年省财政厅和资源开发局共同开展了一个粮田灌溉渠修建项目，当时财政投入也有几十万元，可由于对当地水源地以及粮田的分布并不了解，结果灌溉渠建好之后，高出水源好几米，根本不能有效取水，而灌溉渠施工也存在偷工减料，灌溉渠渗水、漏水严重，灌溉效率低下，在我们进行调研时，该灌溉渠已经被弃用。第二件事是，2006 年省财政厅开展了"整村推进"项目，投资了 18 万元为该村 45 户家庭修建了猪舍，可由于当地居民养猪没有优势，居民不愿意养猪，结果新建的猪圈"十室九空"，帮扶资金打了水漂，老百姓都称其为"花架子工程"。上述两件事在我国贫困村帮扶项目实施方面很具代表性，上面说给钱、给项目了，但老百姓却说根本没享受到好处，真正的得利者是那些项目承包商。所以如何通过科学的规划和论证，因地制宜地活用帮扶资金，惠及当地百姓，已经成为帮扶工作亟需解决的重要问题。

城乡居民由于受地缘差异、经济发展不平衡等客观因素的影响，造成了城乡居民生活质量存在明显差距。但不能以此就忽视农村居民的生活质量，而片面地追求城镇居民生活质量的提高，农村居民同样也有权利分享经济发展所带来的社会福利增长。社会保障和社会救助制度是实现收入再分配的重要措施，在欠发达地区农村居民短期难以大幅改善生活质量的情况下，通过完善的社会保障和社会救助制度，帮助欠发达地区居民提高生活质量，不仅可以缩减城乡居民生活质量的差距，同时也有利于城乡统筹发展，加快社会主义新农村的建设，实现社会公平。

四 部分生活设施配套不齐，现代化生活方式引入面临障碍

现代化的生活方式要引入农村居民生活之中，不仅需要农村居民购买现代化的设备，同时相关公共基础生活配套设施也需要全面跟上。从调研情况来看，李庄村在相关公共基础生活配套设施建设上还存在很多不足。虽然被访者家庭中有 95.8% 的家庭拥有电视机，但是由于当地有线电视网络建设缓慢，农村居民无法接收到有线电视信号，只能观看中央 1 套以及地方台等少数节目，而像中央 7 套这样专为农民朋友开设的节目，农村居民却无法看到，农村居民无法接受新的农业信息和农业技术。再如，李庄村于 2006 年开始铺设自来水管道，也约有 60% 的居民家中接通了自来水，但是由于村自来水供水系统落后，每天只能在早晨和傍晚分时段供水，居民自来水使用很不方便，特别是到农忙季节，仅依赖自来水作为家庭水源就会存在很大问题。为此，不少居民仍然在家中开凿深井解决随时用水问题。也正是由于无法随时使用自来水，81.4% 的家庭都采用旱式厕所而无法采取干净卫生的水冲式厕所。

不难看出，农村生活基础设施落后已经成为制约农村居民生活质量提高的主要障碍之一。加快农村居民生活用水、用电、道路、电视电话网络等基础设施建设，将极大地改善农村居民的生活环境，有利于推动农村居民向现代化生活方式转变，提高农村居民生活质量。

五 文化娱乐生活匮乏，居民精神文明建设有待提高

现代化"小康式"生活不仅表现在居民实物性消费方面，还包括居民拥有现代化的生活理念和精神文明。从前文分析可得，留守当地不外出打工的居民，年平均工作日为 198 天，一年中有 5—6

个月的时间处于农闲期间。留守当地的居民在农闲时主要的文化娱乐活动是看电视、打牌、串门，而阅读书报和参加其他文艺活动的村民很少，居民休闲娱乐的方式相对单一。在这种情况下留守居民很容易引发聚众赌博、嫖娼和参加非法集会，从而影响社会安定，留守居民的精神文明建设有待进一步提高。

物质文明建设和精神文明建设始终是经济发展过程中需要长期关注的两个重要方面。农村居民生活质量的提升不仅体现在物质消费方面，同时也体现在文化娱乐方面。针对农村居民文化娱乐内容单调的情况，相关文化部门应鼓励和支持农村居民开展形式多样的文化娱乐活动，并通过建立村级图书馆、村级文化站等方式，引导农村居民参与内容健康、形式丰富的文化娱乐活动，最终实现农村居民物质生活和精神生活的同步提高。

第七章

李庄村的乡风民俗

　　民俗是历代传承的、波及于社会和集体的、在一定环境条件下经常重复出现的带普遍性的思想倾向与行为方式。乡风即民间风尚，包含在民俗之中。民俗包罗万象，内容十分庞杂，大致可分为如下四大类：第一，物质民俗，如居住、服饰、饮食、生产、交通、交易、工艺诸民俗；第二，社会民俗，如家庭、家族、村落、各种社会职业集团、人生诸仪式、岁时习俗等；第三，口承语言民俗，如神话、传说、故事、歌谣、叙事诗、谚语、谜语、民间艺术等；第四，精神民俗，如巫术、宗教信仰、各种禁忌、道德礼仪等①。由于篇幅及田野调查等多方面的局限，本章不拟全面系统地介绍李庄村的各类民俗事象，而是立足调查资料并结合历史文献，选择性地考察其社会民俗中的家庭、家族、村落，围绕人生诸仪式与岁时习俗、生活习俗而形成的请客送礼之风，以及精神民俗中的宗教信仰，并简要分析其中存在的若干问题。

---

① 陶立璠：《民俗学概论》，中央民族学院出版社 1987 年版，第 14、45 页。

第一节　婚姻、家庭与宗族

民俗的核心是人，诚如马克思所说，人在其现实性上"是一切社会关系的总和"①。对于李庄村民而言，无论是婚姻中的夫妻关系，还是家庭中的代际关系以及村落中的宗族关系，既有代代相沿的传承，呈现出高度的稳定性，也有与时俱进的损益，经历了显著的历史变迁。目前，李庄村民婚姻稳定，包办、买卖等旧式婚姻虽然至今残留不绝，而自由恋爱、中间人介绍等新式文明婚姻已成为绝对主流。家庭规模日趋缩小，核心家庭已近四成，出现不少空巢老人家庭，农民亲情观念有所淡化，传统伦理道德受到削弱。完整意义上的宗族制度已不复存在，但因聚族而居自然形成的宗族势力仍然较为强大，宗族意识较为浓厚。

一　婚姻状况

2007 年，李庄行政村按户籍统计，共有居民 641 户，人口 2714 人，分属 4 个自然村（杨庄、李庄、项岗和孙庄）、7 个村民小组。本次抽样调查涵盖农户 167 户，共 739 人，其中，18 岁以上成年人口为 602 人，他们的婚姻状况如表 7.1。

表 7.1　　　李庄村抽样调查 18 岁以上人口婚姻状况（单位：人/%）

性别	未婚	已婚	分居	丧偶	离婚	合计	占成年人口比例
男性	62	230	1	14	1	308	51.16
女性	38	227	0	29	0	294	48.84
合计	100	457	1	43	1	602	100
占成年人口比例	16.61	75.91	0.17	7.14	0.17	100	

---

① 马克思：《关于费尔巴哈的提纲》，《马克思恩格斯选集》第 1 卷，人民出版社 1995 年版，第 56 页。

由表 7.1 可知，已婚者 457 人，占成年人口的 75.91%，居主导地位；分居 1 人（男性，54 岁），离婚 1 人（男性，32 岁），属于极个别现象，这说明李庄村民的婚姻家庭十分稳定。在 457 名已婚者中，男性未达法定婚龄 22 岁者有 4 人（18 岁 1 名，21 岁 3 人），女性未达法定婚龄 20 岁者也有 4 人（18 岁 1 人，19 岁 3 人），二者共计 8 人，占已婚人口的 1.75%，显示出有少量早婚现象。

未婚者共 100 名，其中，男性 62 名，女性 38 名。未婚女性年龄全部在 20—27 岁之间，处于正常婚恋阶段；未婚男性中，18—29 岁者 59 名，在农村处于正常婚恋阶段；另有 38 岁 1 人，51 岁、52 岁各 1 人，在农村极为少见，显示出极少数男性存在婚配困难，可能由于经济贫困等原因，连买卖婚姻的条件都不具备。

婚姻缔结方式是婚俗的重要内容，它较为直接地反映了社会变迁的过程。1949 年前，当地旧式婚姻中最常见的形式是聘婚，多由父母之命、媒妁之言撮合而成，带有半包办性质；此外，还有包办婚姻（男女一方或双方表现出强烈不满，并有反抗行为，但屈从于父母之命）、买卖婚姻（父母视子女为私有财产，直接或间接地卖与他人成婚）、入赘（男子落户女家，改随女姓，为女方父母养老送终，地位低下，俗称"倒插门"）、换亲（男方有生理缺陷或无力娶妻，用姐妹抵换，也属于包办婚姻）等形式。随着社会制度的巨变，婚姻自由得到法律保障，婚姻缔结方式发生了根本性改变。在本次抽样调查中，有 162 人①回答了自己（年老者）或子女（年轻者）的婚姻缔结方式，统计结果如表 7.2。

---

① 有 5 位答卷人未回答婚姻缔结方式，其中，未婚 1 人（陈道洋，52 岁），丧偶 1 人，另有 3 位老人与子女分过。

表7.2　　　　　　　李庄村抽样调查婚姻缔结形式　　　（单位：对/%）

类型	自由恋爱	中间人介绍	父母包办	买卖婚姻	换亲	合计
数量	87	64	7	3	1	162
比例	53.70	39.51	4.32	1.85	0.62	100

据表7.2，自由恋爱87对，占53.7%。中间人介绍64对，占39.51%。以上两种类型共占92.21%，全部是20世纪80年代以来缔结的婚姻，表明新式文明婚姻已成为绝对主流。换亲1对（1982年），占0.62%。父母包办7对，占4.32%，其中，孙保林、夏兰英夫妇（2007年72周岁），于50年代结婚；其余6对，结婚时间介于1969—2006年之间，说明直到现在仍然存在包办婚姻。

据方志记载，泗洪部分地区原有买卖婚姻的传统。1960—1970年代，有少数姑娘远嫁安徽寿县、淮南、水家湖等地，父母接受男方数百元礼金。20世纪80年代，农村不少青壮年到云南、贵州、四川等省高价购买媳妇，价格一般在2000—3000元①。本次抽样调查表明，李庄村已不存在贫困女青年远嫁安徽等地的情形，但当地有不少媳妇集中来自云南等贫困地区，甚至有亲姐妹一同嫁到该村。她们当初被中介人带到此地，男方向中介付出数千以至数万元的辛苦费，但男女双方结婚系出自愿。在调查过程中，相关事主往往自称是中间人介绍，不承认是买卖婚姻，实际上带有买卖婚姻性质。据表7.2，调查农户自己承认的买卖婚姻仅有3对，占1.85%，结婚时间分别在1986年、1987年、1997年，表明这种旧式婚姻至少延续到1997年。其中，村民汤福兵（1951年生）、杨丽华（1969年生）二人于1986年时结婚，汤福兵为此共支付给中间人20000元介绍费（其中，自筹5000元，借贷15000元），而购置家具等仅支出500元，是典型的买卖婚姻。综上所述，换亲、父

---

① 泗洪县地方志编纂委员会：《泗洪县志·社会风土》，江苏人民出版社1994年版，第894页。

母包办、买卖婚姻等几种旧式婚姻虽然数量很少，但源远流长，至今仍然绵延不绝。

随着李庄村青年近年外出务工急剧增多，出现了一个带有普遍性的新问题：该村多名男青年在打工地与女友未婚同居，并将非婚新生婴儿留在老家，由爷爷、奶奶喂奶粉抚养；另一方面，当事青年男女因种种原因并未办理结婚手续，而且最终能否组成家庭也是未知数。李庄村计划生育主任透露：该村此类未婚生育且后果难料者共有6—7例，并非个别现象。这种现象既违反我国《婚姻法》，也有悖于民间传统习俗。以往如有未婚生子之事，当事人及整个家庭都会为之蒙羞，承受巨大的社会压力，而此次抽样调查发现，事主家长对此并不回避，且主动向调查组反映情况，体现了当今社会对未婚先孕的宽容，也显示出某些传统习俗禁忌的松弛。

村民的居住方式稳中有变。在本次抽样调查中，162人回答了自己的居住方式，其中，从夫居（即男娶女嫁）婚姻148对，占91.36%；从妻居（即女娶男嫁）婚姻14对，占8.64%，除1对于1969年由父母包办外，余为中间人介绍4对，自由恋爱9对，都是90年代以后缔结的婚姻。旧式婚姻中，只有极少数男子愿意入赘，且家庭地位低下，常为邻里族人甚至家人欺侮。现在从妻居的比例较以前有所增加，婚后男子到女家生活不受歧视，是否改姓大都尊重本人意见，在人格及家庭生活诸方面与女方处于平等地位。

二 家庭与代际关系

以往泗洪境内家庭世代沿袭，喜数代同堂，以人口众多聚居为荣，三代、四代同堂比较普遍。现阶段，青年人婚后大多和父母分过，由父母与未成年子女组成的核心家庭居主导地位，但在农村地区仍有少量三代同堂的直系家庭和四代同堂的扩大家庭。据本次抽样调查资料，李庄村农户家庭规模少者1人，多者9人（详见表7.3），户均人口规模为4.43人①较泗洪县1989年户均4.53人①略有下降，显示出计划生育工作取得一定成效。具体而言，由表7.3可知，1人户仅有1户（鳏夫陈道洋）。2人户共有19户，占调查农户的11.38%，以16户空巢老人家庭为主，其余因失偶等原因而形成的父子家庭两户、母子家庭1户。3—4人户共65户，占调查农户的38.92%，以核心家庭为主。5人以上家庭共82户，占49.11%，主要是直系家庭和扩大家庭。其中，规模最大的2户家庭分别为8人、9人，即使在农村地区也较为罕见。总体上看，人口规模2—6人的家庭共有153户，占调查农户的91.62%。

表7.3　　　　　　李庄村抽样调查农户家庭规模状况　　（单位：户/%）

家庭规模	1人	2人	3人	4人	5人	6人	7人	8人	9人	合计
数量	1	19	34	31	34	35	11	1	1	167
比例	0.60	11.38	20.36	18.56	20.36	20.96	6.59	0.60	0.60	100

从家庭结构看（详见表7.4），除去1名52岁的鳏夫，其余为：（1）核心家庭61户，占36.75%，家庭规模多在3—4人之间，表明现阶段相当一部分青年人婚后与父母分过。（2）直系家庭82户，占49.40%，家庭规模多在5—6人之间，最多8人。也有特殊情况，如村民李祥泰结婚并有子女，其父母去世，但还有91岁高龄的祖母在堂，按实际人口计算是三代同堂，而按辈分计算，则跨越四代人。村民汤广义、汤仁兵兄弟均已结婚并各有小孩，且81岁老父在堂，全家8口共同居住，是调查农户中人口最多的直系家庭。（3）扩大家庭7户，仅占调查农户的4.22%，一般5—6人，显示出这种传统的大家庭模式已日趋式微。其中，1户规模最大的四代同堂家庭共9人，年近八旬的陈文科、张成英老夫妻是凝

---

① 《泗洪县志·社会风土》，第896页。

聚这个大家庭的核心，其他家庭成员包括寡媳1人、孙子、孙媳妇2对共4人、重孙2人。（4）因子女成家分离而仅有老人的空巢家庭16户，占调查农户的9.64%。这16户空巢老人家庭成员的平均年龄高达65岁，除1户夫妻2人年龄均为37岁外，其余为50—80岁的老人，其中，身体健康者仅13人，其余19人患有各种疾病。因年事已高，他们基本上失去了从事繁重体力劳动的能力，其中8人因病完全失去了劳动能力。

表7.4   **李庄村抽样调查家庭结构状况**   （单位：户/%）

家庭结构	空巢家庭	核心家庭	直系家庭	扩大家庭	合计
数量	16	61	82	7	166
比例	9.64	36.75	49.40	4.22	100

据表7.4，核心家庭、直系家庭合占调查农户的86.15%，是该村农户家庭结构中的主流。直系家庭、扩大家庭合占调查农户的53.62%，表明大多数老人与子孙一起生活，享受天伦之乐。另一方面，16户空巢老人家庭占调查农户的9.64%，也表明相当一批老人未与子女一起生活，农民的传统伦理亲情观念已有所淡化。其中，仅有极少数老人为图清静自由而主动与子女分开独居，如逢节日及家中来客人，则由子女们接到家中吃饭；而大多数空巢家庭的老人，系应子女要求而非自愿分家独居，由于子女照顾不够，十分孤独寂寞。更有甚者，少数不孝之子视分家独居的老人为负担，对分家独居的老人不尽法定赡养责任，甚至出现虐待老人的极端事件，严重违反了我国《婚姻法》第二十一条关于"子女对父母有赡养扶助的义务"之规定。

据村干部及村民反映，李庄村近年严重虐待老人的恶性事件至少有四例：其一，五组村民孙氏三兄弟不赡养年近八旬的老父，其父多次到法院起诉，并请村干部调解，均归无效，仅靠村里补贴少许粮食度日，最后不幸生病饿死。其二，六组村民马某不给年过八旬的老母亲吃饭，村干部多次进行调解无效，其母最终于 2006 年饿死。其三，一组村民张氏三兄弟虐待年过七旬的父亲，不提供粮食，更不给零用钱，其父常向村干部哭诉，后饿死在家。其四，一组村民刘氏两兄弟仅给年逾七旬的老父一点米面让其自己做饭，其父 2007 年冬烤火取暖时不幸被烧成重伤，旋不治而亡。李庄受访村民没有举出更多虐待老人的事例，而仅此四例已足以令人震惊。

"孝道"是中华传统伦理的元德，也是中国传统政治思想的重要组成部分，历代政权无不标榜以"孝"治天下，注重维护和弘扬"孝道"。如在官员选拔方面，自汉代起就确立了"举孝廉"的选官制度，倡导"求忠臣于孝子之门"。教化方面，突出《孝经》的崇高地位，颁布维护"孝道"的重要训谕，如 1376 年（洪武八年）明太祖朱元璋颁布了首重"孝顺父母"的六条圣谕①，1670 年（康熙九年）清康熙帝颁布了包含"敦孝弟以重人伦"的十六条训谕②，1724 年（雍正二年）清雍正帝颁布了阐释十六条训谕的《圣谕广训》③；既注重向士大夫阶层灌输"孝道"，将《孝经》、《圣谕广训》列为科举考试的必考内容④，也十分重视向普通民众灌输"孝道"，设立乡官向民众定期宣讲皇帝圣谕。⑤ 所以，中国社会自古就形成了"尊老、敬老、养老、送老"的优良传统，很好地延续到近代。方志记载，直到民国年间，泗洪地区的居民对朱元璋和康

---

① 这六条圣谕是："孝顺父母，尊敬长上，和睦乡里，教训子孙，各安生理，毋作非为。"（（明）夏良胜：《中庸衍义》第 3 卷）

② 这十六条训谕是："敦孝弟以重人伦，笃宗族以昭雍睦，和乡党以息争讼，重农桑以足衣食，尚节俭以惜财用，隆学校以端士习，黜异端以崇正学，讲法律以儆愚顽，明礼让以厚风俗，务本业以定民志，训子弟以禁非为，息诬告以全良善，诚窝逃以免株连，完钱粮以省催科，联保甲以弭盗贼，解仇忿以重身命。"（《清实录》，康熙九年十月癸巳条）

③ 《清实录》，雍正二年二月丙午条。

④ 商衍鎏：《清代科举考试述录》，三联书店 1958 年版，第 4—6 页。

⑤ 朱元璋在颁布"六谕"的同时，即制定了圣谕宣讲制度：各乡里由有名望的老者出任乡约，他们经常手摇木铎（一种特殊的铃），巡行于乡里道路，晓谕"六谕"。这一制度不仅贯彻于明朝始终，也为清初统治者全盘继承。1729 年，清雍正帝诏令全国于每月朔望向民众宣讲《圣谕广训》。

熙帝颁布的"训谕"仍然耳熟能详①。

在注重教化的同时,历代政权无不以严厉的惩戒来维护"孝道"。以为时不远的清王朝为例:"凡子孙殴打祖父母、父母,及妻妾殴打夫之祖父母、父母者,皆斩;杀者,皆凌迟处死"②;"凡子孙骂祖父母、父母,及妻妾骂夫之祖父母、父母者,并绞,须亲告乃坐"③;"养子骂义父母,比依子孙骂祖父母律立绞"④;"凡子孙违犯祖父母、父母教令及奉养有缺者,杖一百"⑤;"子贫不能营生养赡父母,因致父母自缢死者,杖一百,流三千里"⑥。从现代法制观点看,以上条文不免过于严酷,而惟其严厉的威慑,社会上鲜有坐犯者。否则,不仅要按律严惩,还会受到严厉的道德谴责。例如,20 世纪初,浙江海宁县曾发生一桩儿子殴打母亲的事件,不仅不孝之子被依律严惩,地方官员也连带受处分:该县最高行政长官知县被革职,更上一级的行政长官知府被降级。⑦ 由此可见,直到辛亥革命前夕,清王朝虽已风雨飘摇,处于灭亡的前夜,但全社会尊老敬上的淳朴风气并未因此而沦丧。

时至今日,"父为子纲"的极端教条无疑应当摒弃,但五四新文化运动激烈批判"孝道","文化大革命"时期提倡不孝不悌,鼓励造反作乱,这些做法不免矫枉过正,它在瓦解父权权威的同时,也导致"孝道"所蕴涵的敬老尊长、维护老年人合法权益的基本精神亦为少数人弃如敝屣,以致当今中国社会产生了很多类似李庄村蔑视老人,甚至虐待老人的消极现象,传统的敬老尊长的优秀传统已被严重削弱,实在值得警惕与反思。

李庄村虐待老人事件直接暴露了我国现行法律制度的漏洞与

---

① 《泗洪县志·社会风土》,第 896 页。
② 《大清律例》第 28 卷。
③ 《大清律例》第 29 卷。
④ 《大清律例》第 47 卷。
⑤ 《大清律例》第 30 卷。
⑥ 同上。
⑦ 唐德刚:《袁氏当国》,台北远流出版事业股份有限公司 2002 年版,第 253 页。

不足。李庄村不孝之徒的所作所为，已严重违反我国《婚姻法》第 21 条关于"子女对父母有赡养扶助的义务"之规定，同村多数村民对此非常鄙视但又爱莫能助，即使法庭判决也无济于事。这充分说明，我国现行法律体系中虽不乏赡养老人的法律法规，但在有些地区未能有效贯彻执行，对不孝之徒不能形成强有力的约束和威慑，不能有效地维护老年人的合法权益，其实际效用已形同具文。

李庄村饿死多位七旬以上高龄老人事件，不孝之徒固然难辞其咎，同时也暴露出我国现行社会保障制度的严重缺陷。中国大部分农民至今没有社会养老保障，仍然只能依靠养儿防老的传统模式，且不说以当今欧美发达国家从摇篮到坟墓的优厚福利作参照，即使与我国历史上曾经实行的社会养老敬老政策相比，也存在某种程度上的倒退。实际上，我国从汉代起就颁布了赈穷养老令，对高龄老人给予种种优待及特殊照顾。公元前 179 年（文帝元年），汉文帝诏令全国："老者非帛不暖，非肉不饱。今岁首，不时使人存问长老，又无布帛、酒肉之赐，将何以佐天下子孙孝养其亲？今闻吏禀，当受鬻者，或以陈粟，岂称养老之意哉？具为令：有司请令县道，年八十以上，赐米人月一石、肉二十斤、酒五斗；其九十以上，又赐帛二匹、絮三斤。"[1] 即官府统一为 80 岁以上老人每月定量提供米（禁供陈粮）、肉、酒，以资养老；对 90 岁以上的老人，则在此基础上加赐丝绸、棉絮，以资保暖。此后，各朝具体做法不一，而总体上官府均有优待高龄老人的政策，如 1386 年（洪武十九年），明太祖朱元璋"诏有司存问高年贫民，年八十以上，月给米五斗、酒三斗、肉五斤；九十以上，岁加帛一匹、絮一斤……鳏寡孤独不能自存者，岁给米六石"[2]，与西汉时期的政策基本相当。在两千多年前的西汉时期，

① 《汉书·文帝纪》。
② 《明史·太祖纪》。

无论出于何种目的，官府尚能主动敬养八旬以上老人，并不区分什么城市户口与农村户口，而我国现在的物质基础比西汉时期不知强多少倍，也不存在粮食短缺问题，而李庄村这样的农村地区却饿死多位七旬以上高龄老人，实属倒退。

2009 年 9 月 4 日，国务院出台了关于开展新型农村社会养老保险试点的指导意见，开始探索建立个人缴费、集体补助、政府补贴相结合的新农保制度，当年拟在全国 10% 的县（市、区、旗）试点，以后逐步扩大到全国，2020 年前基本实现对农村适龄居民的全覆盖，最终解决农民的养老问题。按照这个计划，国家将为年满 60 周岁的农民每人每月提供 55 元基础养老金，这一低水平的养老标准虽然试点期较长，试点期间覆盖面很窄，但同以前相比已是很大的进步。

三 宗族与村落

李庄村 641 户户籍家庭中，少数家庭在经济上已单独核算，分头纳税，据李庄村计税面积表，共有户头 674 户，分属 6 个村民小组①，本书统计宗族分布等项目，即以 674 户、6 个村民小组为准。据李庄村计税面积表，该村共有 39 个姓氏（参见表 7.5），其中，20 户以上姓氏共有 537 户，占 79.67%，包括李姓 120 户、孙姓 105 户、杨姓 59 户、马姓 48 户、罗姓 37 户、宋姓 32 户、王姓 28 户、陈姓 21 户；20 户以下姓氏共有 137 户，占 20.33%，包括施姓 16 户，顾姓 14 户，黄姓 11 户，张姓 9 户，高姓 8 户，朱姓 7 户，刘姓 6 户，石、吴、许 3 姓各 5 户，蔡、夏、岳 3 姓各 4 户，耿、化、周 3 姓各 3 户，冯、郭 2 姓各 2 户，曹、邓、丁、毛、彭、位、项、徐、姚、殷、倪 11 姓各 1 户。

---

① 案：李庄村近年分出第 7 组。

表7.5　　　　　　　　　　**李庄村各姓氏比例**　　　　（单位：户/%）

姓氏	李	孙	汤	杨	马	罗	宋	王	陈	其他	合计
数量	120	105	87	59	48	37	32	28	21	137	674
占全村比例	17.80	15.58	12.91	8.75	7.12	5.49	4.75	4.15	3.12	20.33	100

中国人素有聚族而居的习惯，李庄村自然也不例外。据李庄村计税面积表，该村各主要姓氏在六个村民小组内的分布情况如表7.6。据表7.6可知，大姓居民主要集中居住在1—2个村民小组，如李姓主要居住在二、三组；孙姓主要居住在一、五组；杨、王二姓主要居住在一组；宋姓主要居住在二组；汤姓主要居住在三、六组；罗姓主要居住在四组；马、施二姓主要居住在六组。这样，在一个村民小组内就形成了以一个或数个大姓为主的局面。具体而言，一组主要有杨（44户）、孙（27户）、王（17户）三大姓氏，分别占本组总户数的33.33%、20.45%、12.88%，占本姓氏总户数的74.58%、25.71%、60.71%。二组主要有李（36户）、宋（20户）两大姓氏，分别占本组总户数的36.36%、20.2%，占本姓氏总户数的30%、62.5%。三组主要有汤（61户）、李（60户）两大姓氏，分别占本组总户数的37.89%、37.27%，占本姓氏总户数的70.11%、50%。四组主要是罗姓（34户），占本组总户数的35.79%，占本姓氏总户数的91.89%。五组以孙氏（65户）为主，占本组总户数的73.86%，占本姓氏总户数的61.9%。六组以马（45户）、施（16户）、汤（15户）三大姓氏为主，分别占本组总户数的45.45%、16.16%、15.15%，占本姓氏总户数的93.75%、100%、17.24%。

表 7.6　　　　　　李庄村主要姓氏分布情况　　　（单位：户/%）

组别	一组			二组		三组		四组	五组	六组		
总户数	132			99		161		95	88	99		
主要姓氏	杨	孙	王	李	宋	汤	李	罗	孙	马	施	汤
大姓户数	44	27	17	36	20	61	60	34	65	45	16	15
占本姓比例	74.58	25.71	60.71	30	62.5	70.11	50	91.89	61.9	93.75	100	17.24
占本组比例	33.33	20.45	12.88	36.36	20.2	37.89	37.27	35.79	73.86	45.45	16.16	15.15

　　李庄村的小姓居民也同样集中居住在 1—2 个村民小组，如顾姓 11 户集中居住在六组，占本姓总户数（14 户）的 78.57%；黄姓 10 户集中居住在四组，占本姓总户数（11 户）的 90.91%；石姓 4 户集中居住在二组，占本姓总户数（5 户）的 80%；涂姓 11 户集中居住在二组，占本姓总户数（15 户）的 73.33%；岳姓 4 户全部居住在三组；张姓一组、五组各有 4 户，各占本姓总户数（9 户）的 44.44%。

　　如同全国许多地区一样，李庄村各自然村基于聚族而居的格局以居民主要姓氏命名。如表 7.5、7.6 所示，一、三、五组分别以杨、李、孙姓居多，故通常又被称为"杨庄"、"李庄"、"孙庄"；就整个行政村而言，以李姓人口最多，占本行政村总户数的 17.8%，李庄村因此而得名。

　　近代以降，由于社会变动的剧烈冲击以及历次政治运动的反复清算，我国的宗族制度几乎遭到毁灭性的冲击，目前已不存在完整意义上的宗族制度。但在李庄村这样经济不发达的农村地区，因聚族而居自然形成的宗族势力仍然较为强大，宗族意识较为浓厚。无论是李、孙等大姓村民，还是其他小姓村民都承认：目前各姓氏都没有正式的宗族组织，自然也无族长之说，但隐性的宗族力量时常可见，家族内部德高望重或协调组织能力较强者，常具有较大影响力。以人口最多的李、孙二姓为例，其宗族内德高望重或家族势力强大或当过村干部的村民，经常主持宗族内的红白喜事、调解家族内部纠纷，如遇棘手之事，则聚集宗族成员商议处置办法，俨然如"影子族长"。

从根本上看，宗族意识基于与生俱来的亲情和乡情，根本不可能也没有必要将其根除。从积极方面看，宗族意识中所蕴含的尊老爱幼、睦邻敦谊、扶危济困等观念，至少可以增进宗族成员之间的情感、维护宗族内部秩序、凝聚宗族力量。从消极方面看，狭隘的宗族意识有时会形成一种对抗主流社会的力量。在李庄村，其表现之一是宗族意识对民主选举的干扰与操纵。如不推选强宗大姓村民担任村干部，往往很难开展工作；如选择强宗大姓村民担任村干部，工作效率固然较高，但如何约束村干部不肆意妄为又成难题。其表现之二是宗族权威有时凌驾于基层政权组织之上。当与邻里出现利益纠纷或利害冲突时，在167份抽样调查问卷中，李庄村民倾向提请乡村干部调解者109人、诉诸法院者1人、忍耐者29人（多为弱势村民），请宗亲帮忙者10人（多为强宗大族成员）、请宗族长辈调解者4人（限于家族内部矛盾），另有14位答卷人未回答这个问题。显然，选择请宗亲帮忙和宗族长辈调解，其共同的前提是默认宗族的权威，选择忍耐则是对强宗大族的屈服，三者相加占答卷人数的25.75%，显示出宗族势力的影响仍然较为强势。表现之三是宗族斗争和恃强欺弱。对于这两个问题，李庄村民普遍比较敏感，对宗族斗争的理解也不尽一致。据文献记载和实地调查，当地强宗大族之间现在已没有大规模的宗族斗争，而小型的明争暗斗并不少见。

问及强宗大族之间是否存在宗族斗争，126人认为不存在，占答卷人数的75.45%；41人认为仍然存在，占答卷人数的24.55%。或许是强宗大族之间的斗争包含一点"平等"色彩，即使是李、孙等强宗大姓村民也不否认，他们认为，现在或多或少还存在一些宗族斗争。至于恃强欺弱现象，明显为社会舆论所不容，许多强宗大姓村民有意回避这个问题，在抽样调查中有 116 人认为没有这种现象，占答卷人数的 69.46%；但是，仍然有 51 人认为存在这种现象，占答卷人数的 30.54%，而且有的答卷人特别强调这种现象很多，言谈之中饱含着愤怒与无奈，说明这个问题还相当严重。这一部分答卷人的判断或来自于亲身经历，或来自于所见所闻，其中有 37 人明确表示自己曾受人欺负，占答卷人总数的 22.16%，证明他们的回答真实可信。

值得注意的是，有 34 人认为同时存在宗族斗争与恃强欺弱现象，占答卷人总数的 20.36%，在一定程度上揭示出恃强欺弱现象与宗族势力密切相关。抽样调查表明，李庄村确实存在不少强凌弱、众暴寡的现象，而调查组了解到的若干具体实例，也为此提供了很好的佐证。如：有强宗大姓村民在纠纷中恃强刀捅对方；或仗势欺人，多次殴打本村村民，甚至殴打前往调查的双沟镇派出所所长；或因口角砸毁邻居炊具、糟蹋其粮食，以致邻居不得不磕头求饶；另有与大姓联姻者，强挖邻居地基用作排水沟，并对提出异议的邻居大打出手，等等，不一而足。

第二节　消费观念与攀比浪费之风

李庄村民与全国大多数农村居民一样，凡遇各类喜事、丧事，亲友邻里均要备具礼品道贺，主家则举办酒席招待客人。村民们的这种"礼尚往来"，既可联络加深感情，为事主烘托出喜庆气氛，弥补农村文化娱乐的不足，在某种程度上还带有经济互助性质，事主可借收受礼金缓解生产资金困难。20 世纪 80 年代后，随着经济社会的不断发展，请客送礼之风越来越盛，送礼基本上改送现金，攀比之风愈演愈烈，礼金越来越多，出礼负担越来越重，奢侈浪费日趋严重，明显超出了很多家庭的承受能力。

一　村民的送礼情况

李庄村请客送礼的习俗很多，如人生礼仪习俗中有婚嫁丧葬、生儿育女、小孩周岁、小孩十岁、老人祝寿等，生活习俗中有参军升学、乔迁新居等，岁时习俗中有二月二（即剃"毛头"）等，其中，婚嫁、丧葬、生子、剃毛头是最重要的四种礼仪。李庄村以上习俗绝大部分与全国其他地方相同，惟有剃"毛头"颇具泗洪地方特色。方志记载，当地居民为避免夭折而不给初生婴孩（不论男女）理发，俗称"留毛头"，据说能保住生命；也有因前几胎都是女孩，生下男孩后为保平安，便给孩子"留毛头"，或只在孩子脑后留下一撮毛，俗称"鳖尾巴"。当地民谣说："二月二，龙抬头，家家小孩剃光头。"每年农历二月初二，6 岁、9 岁或 12 岁留"毛头"的儿童，要举行隆重的剃头仪式，且前三剪须舅舅先剃，剃时手持"葱"、"糕"二物，象征聪明高升。改革开放以来，男女平等观念渐入人心，加之医疗卫生条件改善，婴儿夭折极少，一般均能平安长大，泗洪城镇小孩中留毛头者已不多见，但李庄村等农村地区仍盛行这一习俗。①

凡遇上述各类习俗，李庄村民都要举办酒宴，请客送礼。据抽样调查资料，李庄村 2007 年各类送礼情况统计如表 7.7。从送礼农户占调查农户的比例来看，婚嫁（69.46%）、丧葬（62.87%）、生子（59.88%）、剃毛头（52.1%）列前四位，属最重要的四种礼仪；升学（37.13%）、小孩周岁（33.53%）、乔迁（31.14%）也都在 30% 以上，仅祝寿（16.77%）、小孩十岁（3.59%）两种较少。

---

① 《泗洪县志·社会风土》，第 901、904 页。

表 7.7　　　　　李庄村抽样调查农户 2007 年送礼概况

（单位：户/%/元）

送礼项目	送礼户	占调查农户比例	单笔礼金	单项总额	户均送礼总额
婚嫁	116	69.46	50—500	50—5500	869
生小孩	100	59.88	30—100	50—3000	475
小孩周岁	56	33.53	30—100	50—2000	330
小孩十岁	6	3.59	50—100	100—500	317
剃毛头	87	52.1	30—100	50—1000	357
升学	62	37.13	50—100	50—700	229
祝寿	28	16.77	50—200	100—1000	338
丧葬	105	62.87	50—100	50—1500	383
乔迁	52	31.14	50—100	50—1000	254

概而观之，李庄村的请客送礼习俗具有如下一些特点：

第一，名目繁多。主要有婚嫁、生小孩、小孩周岁、小孩十岁、剃毛头、升学、祝寿、乔迁、丧葬 9 种送礼项目。此外，尚有其他送礼项目，如村民宋其友因两位亲戚当兵送礼金 600 元；村民李士忠为帮助在盐城工学院读书的表侄治疗白血病，尽力送礼 1000元，这类送礼比较少见。

第二，牵涉面广。在抽样调查中，2007 年有送礼支出的农户有 131 户，占调查农户的 78.44%。在婚嫁等 9 种主要送礼项目中，平均每种有 68 户送礼，占调查农户的 40.72%，其中，婚嫁送礼116 户，占调查总户的 70%，尤其突出。具体到每户，表现为送礼频次极高。以村民施道新家为例，其子 2006 年结婚时共收礼金 168笔，说明他与 168 户有人情往来，即使每年 1/3 的关系户办一次酒宴，本着礼尚往来的原则，则施道新每周都需要送礼。另有几位村民反映，他们几乎每周都需要送礼，与施道新家的送礼频次基本相当。至于某些单项送礼项目如"剃毛头"的频率，许多村民表示很多，已记不清了。

第三，互相攀比。以往计划经济时代，泗洪农村地区就时兴

"挂帐子"，即将布匹、被面等礼品按亲疏、辈分悬列厅堂，上书送礼人姓名，暗含刺激攀比之意。另一方面，有少数村民为虚荣心所驱使，希望自己办事时能多收礼金而显得有面子，故自己送礼时往往主动加码，如村民李启江提及有人主动将剃"毛头"的礼金从以往的 50 元提升到 100 元，以致其他送礼人往往被迫跟进，礼金随之形成水涨船高之势。

第四，负担沉重。2007 年，李庄村单笔礼金一般在 50 元左右，较多者 100 元、200 元，较少者 30 元，一般性送礼似乎不多，而由于送礼频次极高，积少成多，以至单项礼金总额就十分可观。在 2007 年各项送礼项目中：婚嫁，户均 869 元，45 户超过 1000 元，最高 5500 元；生子，户均 475 元，11 户超过 1000 元，最高 3000 元；小孩周岁，户均 330 元，4 户超过 1000 元，最高 2000 元；剃"毛头"，户均 357 元，3 户达 1000 元；丧葬，户均 383 元，10 户超过 1000 元。实际上，如遇关系密切的事主，则需要送重礼，如村民宋其友因岳母病逝，一次出礼即达 1500 元。

据抽样调查资料，2007 年各项送礼总计，1000 元以下，35 户；1001—2000 元，48 户；2100—3500 元，34 户；4000 元以上，14 户，最高达 8000 元；各项送礼户均 2021 元，相当于 2007 年李庄村农民人均纯收入 3400 元的 59.44%；送礼总金额超过人均纯收入 100% 者，共有 16 户。

民俗是人们在共同生活中所形成和约定的风俗习惯，对其新的社会成员具有很强的示范性，它以无形的力量规范着其群体成员的行为，其约束力和威慑力并不在法律之下，因此，处于同一群体中的各成员，基本上都会遵守这一群体的共同风尚习俗，即所谓"越人安越，楚人安楚"①。个人如果与其所属的群体成员完全没有人情往来，在某种程度上即意味脱离了这个群体，变成"孤家寡人"。

---

① 《荀子·荣辱篇》。

基于此，李庄村民尽管普遍认识到出礼已是最大的负担，而往往欲罢不能，"人情如讨债"，丝毫不能怠慢。只有极少数常年在外打工的年轻人，因自身社会关系很多转移到打工地，才对故乡的请客送礼看得比较淡薄。

二　村民自办酒宴的成本与收礼情况

在抽样调查农户中，2007 年内有 31 户因各类红白喜事举办酒宴，除婚嫁类后文单独介绍外，其余分述如下：（1）生小孩，13 户，支出介于 200—20000 元之间，户均 3946 元。例如，村民李启志的小孙女出生，办酒宴 8 桌，共支出 3000 元；（2）小孩周岁，1 户，支出 500 元；（3）剃"毛头"，3 户，分别支出 200 元、1800 元、5000元；（4）祝寿，1 户，支出 800 元；（5）丧葬，7 户，平均支出 6371元，少者 3000 元左右，有 2 户多达 10000 元、17600 元。此外，2007年，有 4 户同时举办两次酒宴，分别支出 400 元、4000 元、32000元、45000 元；1 户举办 3 次酒宴，共支出 60100 元。

李庄村单笔礼金数额不多，亲戚间的人情往来一般 100 元左右，普通邻居则在 50 元上下。因此，普通邻居赴宴实际上相当于吃自助餐，其主要作用就是凑热闹。一般而言，李庄村民举办酒宴，其所收礼金与酒宴开支基本持平。再以村民施道新之子 2006年结婚为例，他一共收礼 168 笔，其中，62 户送 20 元，54 户送 30元，5 户送 40 元，41 户送 50 元，6 户送 100 元。礼金总额 5710元，平均每笔礼金约 34 元。即使按每户一人赴宴一次计算，则有168 人，按 10 人一桌，有 17 桌，规模较大。李庄村目前举办酒宴的成本在 300—350 元之间，如此送礼额度不可能"赚钱"，基本上与酒宴成本持平。其他如村民汤仁良 2007 年为 6 岁的儿子"剃毛头"办酒宴，收支均为 1800 元；村民李国如为母亲办丧事，收支均为 4000 元；村民杨泽宏之子杨永伟结婚，婚宴收支均为10000 元。

　　少数经济困难家庭平时送礼不多，自己举办酒宴请客，回收礼金往往也相应很少，甚至低于酒宴成本而倒贴。如村民李士国2006年盖房请客，办酒宴6桌，礼金一般为30—50元，最终倒贴280元。也有少数相对富裕的家庭，平时送礼较多，自己举办酒宴时往往会"赚钱"。如村民马昌如2007年生小孩办酒宴7桌，每桌300元，共支出2100元，收礼金约4300元；村民孙启山2007年孙子出生，办酒宴支出5000元，收礼金8000元。

　　实际上，办酒宴收礼金，无论是"赚"还是"赔"，都不可能只进不出，以后都需要一一还礼，而且回礼至少不能少于所收礼金。因此，办酒宴收礼金，其实质是自掏腰包请人捧场凑热闹，大操大办完全是一种浪费。

三　婚俗与结婚支出

　　儒家的重要经典《仪礼》，记载了周代或更早时候"圣人"为士大夫阶层所制订的冠、婚、丧、祭、乡饮酒、士相见诸礼仪，这些礼仪逐渐演变成风俗，有的长期流传，至今不衰。其中的婚礼程序主要是纳采①、问名②、纳吉③、纳徵④、请期⑤、亲迎⑥"六礼"。"六礼"形成于周代，完备于汉代，宋明以降，在手续上渐趋合并简化，而实质程序并未减损，直到晚近仍然是汉族婚俗的主导原则。民国年间，泗洪地区的婚礼程序仍然与古礼高度吻合，如"相亲"相当于"纳采"、"问名"，"合年月"相当于"纳吉"，""过

---

　　①　纳采：男家请媒人至女家提亲，若女方家长同意议婚，则男家再请媒人携带礼物（通常是"雁"，即活鹅）去女家求婚。

　　②　问名：男家具书托媒人请问女子名字和出生年月日，女家复书具告。

　　③　纳吉：男方占卜男女双方生辰八字阴阳，若卜得八字相合吉兆，复备礼通知女方，决定缔结婚姻。

　　④　纳徵：即"纳币"、"大聘"、"过大礼"。《仪礼·士昏礼》记载："纳徵，玄纁束帛、俪皮。"

　　⑤　请期：男家行聘之后卜选吉日，备礼派媒人赴女家告成婚日期，征求意见。形式上似由男家请示女家，故称"请期"。

　　⑥　亲迎：夫婿亲至女家迎新娘入室，行交拜合卺之礼。

贴"（定亲）相当于"纳徵"，"择日"相当于"请期"，"娶亲"相当于"亲迎"。在这一过程中，男家要向女家三次"下聘礼"即送彩礼，包括定亲礼（过帖时）、坠节礼（与女方商定婚期期间）、催妆礼（娶亲前一天）。目前，李庄村的婚俗删繁就简，尚保留有"相亲"、"定亲"，"娶亲"等几个主要环节。

夫妇之道为人伦基始，古代婚姻"六礼"包含一整套繁文缛节，其宗旨除强调父母之命、媒妁之言的重要性以外，也强调庄敬、恭慎、隆重地对待婚姻。"六礼"之中，纳采、问名、纳吉、请期、亲迎诸礼仪，均以活"雁"①（即鹅）为礼物②；纳徵，通称"聘礼"，又称"纳币"，这里"币"指礼物，并非货币。周代士大夫阶层的"纳币"标准是："玄纁束帛、俪皮"③，即黑帛三匹、浅绛色帛两匹④，二者合为一束⑤，再加一对鹿皮，比前几项程序中的礼物为重，总体而言还是比较简单。至于庶民百姓"纳币"标准，并无明文记载，显然比上述士大夫的标准低得多。此后，中国历代王朝对"纳币"的质与量都有明确规定，多寡丰俭均严格以品级为比例，庶民百姓社会地位最低，所受限制更多，即使有经济实力备礼，也不得逾越标准。以最近的清代为例，平民的"纳币"标准是：布五两，容饰六事（件）或四事，食品四器⑥，礼物很轻，

---

① 雁，鸭科动物，形状略像鹅，一种候鸟，每年春分后飞往北方，秋分后飞回南方。鹅，鸭科家禽。中国古代视鹅、雁为同类："野曰雁，家曰鹅"（《尔雅·释鸟》)，又呼鹅为"舒雁"或"家雁"，其褐色者为"雁鹅"，雁之最大者称为"天鹅"（《容斋四笔·久而俱化》卷七）。

② 为什么用"雁"作为礼物，东汉班固《白虎通义·嫁娶》解释说："贽用雁者，取其随时而南北，不失其节，明不夺女子之时也。又是随阳之鸟，妻从夫之意也。又取飞成行、止成列也，明嫁娶之礼，长幼有序，不相逾越也。"

③ 《仪礼·士昏礼》。

④ （汉）班固：《白虎通义·嫁娶》。

⑤ 中国古代度制，1 束 = 5 两（匹），1 两 = 2 端 = 5 寻，1 端 = 2 丈，1 寻 = 八尺（（汉）郑玄注：《礼记》卷十二，四部备要本；（晋）杜预撰：《春秋经传集解》卷二十五，四部备要本；（唐）贾公彦疏：《仪礼注疏》卷四，四部备要本）。按现代标准换算，东周战国时期，1 尺约 23.1 厘米；清代，裁衣尺 1 尺约 35.5 厘米；量地尺 1 尺约 34.5 厘米；营造尺 1 尺约 32 厘米。当时"纳币"应以"裁衣尺"为计算标准。

⑥ 《清通礼》卷 24，《嘉礼》。

负担不重。近代以降，"纳币"增加了送现款一项，商业味道渐浓。直到现在，"纳币"演变为"彩礼"，基本上就是男家向女家"交纳货币"，数额越来越大，既违背古礼本义，又严重脱离普通民众的经济承受能力，助长攀比心理，劳民伤财。

李庄村现阶段的彩礼没有固定的形式。在缔结婚姻的过程中，男家以现金向女家送礼的名目主要有相亲费、定亲费、彩礼费三种：有的三者兼而有之；有的只有其中一种，如2003年1户只有相亲费10000元；有的兼有两种，如彩礼费、相亲费或定亲费。从礼金数量上看，彩礼费高于相亲费、定亲费者居多，也有相亲费或定亲费高于彩礼费者，如2006年1户定亲费12000元，彩礼费2000元；2007年1户相亲费10000元，相当于定亲费5000元、彩礼费5000元的总和。实际上，相亲费、定亲费、彩礼费现在已无明确界线，尤其是只有单项相亲费或定亲费者，实际上就是彩礼费，它们在本质上都是彩礼费的一个组成部分，为行文方便起见，这里将它们全部并为彩礼支出。

在抽样调查农户中，74对婚姻有彩礼支出，现将其中70对时间明确者统计如表7.8。

表7.8　　　　李庄村抽样调查户1980—2007年彩礼支出统计

（单位：元/%）

年份	1980	1982	1986	1987	1988	1989	1990	1991	1992	1993	1994	1995
平均礼金数	2000	40	580	200	3350	2550	1200	1000	1820	3000	3400	4000
占总费用比例	50	13.33	96.67	28.57	46.21	29.31	29.03	33.33	50.56	20	44.88	66.67
年份	1997	1998	1999	2000	2001	2002	2003	2004	2005	2006	2007	
平均礼金数	3000	3463	3100	6000	6250	4667	6825	3000	10540	17500	16389	
占总费用比例	40	35.24	27.56	50	37.31	36.84	34.13	30	32.94	54.26	41.24	40

注：抽样调查资料中，1981、1983—1985、1996年无彩礼支出记录。

从彩礼支出总额看，2000 元以下 27 对，2001—9000 元 28 对，10000 元以上 15 对，20000 元以上 5 对。2007 年，村民孙泽雷的彩礼支出达 50000 元，创下最高纪录，除水涨船高的外部环境推动外，也可能与其家境较为殷实有关。此外，李庄村的部分媳妇来自云南省的穷乡僻壤，男方往往向中介人（或人贩子）一次性支付所谓定亲费或介绍费 10000 元以上，实为买卖婚姻。

从时间上看，2000 年前的平均彩礼支出在 4000 元以下，随后很快上升到 6000 元以上，2005 年突破 10000 元，2006 年以后直逼 20000 元。需要说明的是，有的年份结婚人数少至 1—2 对，或家境贫寒，或家道殷实，由此计算出的平均彩礼支出具有较大的偶然性，但不妨碍从整体上反映平均彩礼支出不断上涨的趋势，尤其是近年快速攀升的势头。村民李士忠表示，近年彩礼费上升到 30000 元左右，他正为拿不出礼金为儿子提亲而忧心忡忡。

从彩礼支出占结婚总费用的比例看，24 对在 29% 以下；22 对介于 30%—48% 之间；24 对在 50% 以上；2 对为 100%，说明双方家庭都比较贫困，男方除了迫不得已出彩礼外，再无力承担其他任何开支，女方除接受彩礼外不再计较其他礼仪，他们在问卷中回答为"自由恋爱"，实际上形同"买卖婚姻"。

以上分析表明，对李庄村绝大多数家庭而言，彩礼支出是婚姻缔结过程中最大的一笔支出，负担最为沉重。

除各种彩礼支出外，结婚过程中的另一笔重要支出是举办婚宴。在调查农户中，103 人同时回答了自己或子女的结婚总支出及婚宴支出，其中，婚宴支出 20—500 元者 15 对，700—1000 元者 13 对，1100—2000 元者 34 对，2800—4500 元者 20 对，5000—10000 元者 21 对，最高为 10000 元。从婚宴支出占结婚总支出的比例看，占 2%—18% 者，36 对；占 20%—30% 者，28 对；占 33%—48% 者，19 对；占 50%—100% 者，20 对。兹据 97 对有确切时间的婚宴支出，统计历年平均婚宴支出如表 7.9。

表 7.9 　　　　　李庄村抽样调查 1986—2007 年

平均婚宴支出状况　　　　（单位：元）

年份	1986	1987	1988	1989	1990	1991	1992	1993	1994	1995	1996
酒宴平均支出	160	300	1320	2760	1817	2000	1575	2500	2500	1000	2000
年份	1997	1998	1999	2000	2001	2002	2003	2004	2005	2006	2007
酒宴平均支出	2375	2529	3200	1800	3600	3000	2800	2000	5417	3714	5109

据表 7.9 可知，历年平均婚宴支出整体上也呈逐年上涨趋势，近年上升到 5000 元以上，速度明显加快。

随着彩礼、婚宴等各项支出的不断攀升，结婚总支出亦随之急剧上升。在抽样调查农户中，137 对夫妻的结婚总支出有准确时间记录，统计如表 7.10。

表 7.10 　　　　李庄村抽样调查村民结婚开支规模 　　（单位：对/元）

对数 年份 金额	1960—1969	1970—1979	1980—1989	1990—1999	2000—2007
200—500 元	1	1	6	1	0
501—1000 元	0	0	6	1	0
1001—5000 元	0	0	15	27	4
5001—10000 元	0	0	2	18	9
10001—20000 元	0	0	3	8	15
20001—30000 元	0	0	1	0	9
30001—80000 元	0	0	0	0	10
总计	1	1	33	55	47
户均开支	200	200	4505	6528	21984

据表 7.10 可知，结婚总支出 4500 元以下者，19 对（其中，60、70 年代的两对仅 200 元）；5000—9000 元者，12 对；10000—18000 元者，18 对；20000—35000 元者，14 对；40000 元以上者，

7 对（包括 2005 年 2 对，2007 年 5 对），最高达 80000 元。2007 年
的 9 对婚姻，其平均结婚总支出为 39744 元，逼进 40000 元。

结婚总支出越来越高，已超出很多家庭的承受能力，不少家
庭通过借贷举办婚事。147 对有结婚总支出记录者中，54 对有借
贷记录，占 36.7%。借贷金额 200—1000 元者，2 对；1001—
5000 元者，23 对；6000—10000 元者，13 对；11000—20000 元
者，11 对；30000 元以上者，5 对，最高 45000 元。借贷资金占
结婚总支出的比例相当高，其中，占 10%—30% 者，11 对；占
31%—50% 者，18 对；占 71%—99% 者，6 对；占 100% 者，13
对，他们完全靠借贷办理婚事，自己无任何支付能力。从时间上
纵向考察（详见表 7.11），历年平均借贷规模从 1988 年的 1500
元，上涨到 2007 年的 21677 元，呈逐年增长趋势，与结婚总支出
的不断上升完全一致。以 2007 年李庄村民人均 3400 元的纯收入
计算，平均每对夫妻需要 3—4 年的全部收入才能偿还借贷，偿
清债务实际可能需要 6—7 年。

表 7.11　李庄村抽样调查 1988—2007 年结婚平均借贷额（单位：元）

年份	1988	1989	1990	1991	1992	1993	1994	1997	1998
平均借贷金额	1500	3400	3250	6000	4750	7000	2500	6150	2000
年份	1999	2000	2001	2002	2003	2004	2005	2006	2007
平均借贷金额	3667	5000	11340	7000	10750	5000	14500	16125	21667

注：抽样调查资料中，1995 年、1996 年无结婚借贷记录。

第三节　宗教信仰

马克思指出："宗教里的苦难既是现实的苦难的表现，又是对
这种现实的苦难的抗议。宗教是被压迫生灵的叹息，是无情世界的

心境，正像它是无精神活力的制度的精神一样。宗教是人民的鸦片。"① 我国理论上早已消灭了剥削制度，但农民至今仍然是社会地位最为低下的弱势群体。现阶段，李庄村相当一批村民信仰基督教，与其说是出于纯正的宗教热情，不如说是基于生存困厄而作出的无奈选择。

一　村民宗教信仰概况

在抽样调查农户中，全家不信教者80户，占47.95%；无宗教信仰者598人，占抽样调查总人数的80.92%；有宗教信仰者共141人，占抽样调查总人数的19.08%，分布于87个家庭。年过四旬的孙保永是该村基督教负责人。孙保永本人在母亲的影响下信教，然后在本村发展教徒，李庄村的基督教徒基本上都是在他的带动与影响下发展起来的，基督教在该村的传播过程，明显具有"一人带全家、一户传全村"的典型特征。

方志记载，泗洪境内的基督教，主要为美国正宗的北长老会（North American Presbyterian Mission）与复临派之复临安息日会（Seventh Day Adventist），于民国年间分别从宿州和涟水传入，双沟镇一带主要是复临安息日会②。

在抽样调查的141名教徒中，从性别看，男性30人，占21.28%；女性111人，占78.72%。从年龄上看，其中包括3名1—4岁的幼儿，并非真正的宗教信徒，显示出家长对小孩的宗教信仰施加强烈影响的倾向。从宗教类别看，佛教徒共有6人，分属两个家庭：其一为村民宋兰英1人；其二为村民吴克选及其两个儿子、媳妇1人、孙子1人，共5人。天主教徒1人，即吴克选之妻杨雨珍。基督教徒134人，分属85个家庭，

---

① 马克思：《〈黑格尔法哲学批判〉导言》，《马克思恩格斯选集》第1卷，人民出版社1995年版，第2页。

② 《泗洪县志·宗教》，第913—914页。

其中，全家 1 人信教者 53 户，2 人信教者 22 户，3 人信教者 5 户，4 人信教者 2 户，5 人信教者 1 户，7 人信教者 2 户。全家信仰基督教者则有村民王正美（全家 2 人）、孙泽和（全家 7 人）、孙场（全家 7 人）、陈国利（全家 4 人）、马芝兰（全家 4 人）共 5 户。

基督徒的文化水平普遍较低。在抽样调查的 134 名基督徒中，132 名有"受教育程度"记录①，兹统计如表 7.12。

表 7.12   李庄村抽样调查 132 名基督教徒受教育程度

（单位：人/%）

受教育程度	人数	比例	累计比例
未上学	69	52.27	52.27
未上学可读写	8	6.06	58.33
小学	28	21.21	79.55
初中	23	17.42	96.97
高中	3	2.27	99.24
大专以上	1	0.76	100
合计	132	100	

据表 7.12 可知，在 132 名基督徒中，未上学者 69 人，占 52.27%；未上学而可读写者 8 人，占 6.06%；小学文化者 28 人，占 21.21%，小学文化以下者共占 80%；初中文化者 23 人，占 17.42%；高中文化者仅 3 人，占 2.27%；大专以上者 1 人，占 0.76%。

在抽样调查中，65 人回答了自己或家人涉足宗教场所的情况，其中，3 人去过寺庙庵堂（包括 2 名无宗教信仰者王丽和孙玉禅），62 人去过基督教堂或天主教堂。62 人回答了本人或其家人（均为

---

① 李庄村基督徒陈侃、李丛波二人的受教育程度不明确。

基督徒）参加教堂礼拜的频率，其中，7 天 1 次者 45 人，占 72.58%，说明绝大多数基督徒每周去教堂 1 次；每周 3 次者 5 人（村民马芝兰全家 4 人及村民王翠梅），5 天 1 次者 1 人，他们属于少数特别虔诚的基督徒；15 天 1 次者 5 人，20—30 天 1 次者 4 人，他们参与礼拜的频率明显少于普通基督徒；此外，还有 4 人每个季度参加礼拜一次，1 人每年参加礼拜一次，按传统标准他们可能并非严格意义上的基督徒。

由前述可知，各基督徒参加礼拜的频率相差很大，究其原委，主要是基督教为进一步适应本土化发展，对教规作了进一步的简化和灵活变通，对教徒参加礼拜的次数不作统一要求，并允许教徒农忙时不去教堂做礼拜，可以在家中祷告。这种变通措施明显缓解了宗教活动与日常工作、生活的矛盾，减轻了教徒的精神负担。另外，基督教的一神崇拜与中国的祖先崇拜习俗存在严重冲突，在近代曾引发严重的民教纠纷，由此而产生很多教案（missionary cases）。现在的基督教较为尊重中国的固有习俗，对此也采取了变通措施。如李庄村的基督徒被允许祭祀祖先，以烧稻草代替烧火纸，同时基督教徒也不干涉无宗教信仰的亲属以烧火纸祭祀祖先。显而易见，上述若干变通措施使基督教变得更为随和、更有人情味，因而也更容易为人们所接受。

在孙保永的带领下，小李庄基督徒在本村公路旁集资兴建了一座十分简陋的教堂，并捐款定期维修。小李庄基督徒的宗教活动，主要是每周一次的礼拜，基本上都在本村教堂中进行。部分教徒还在星期三、星期五自发到本村教堂组织宗教聚会，互相交流诵读《圣经》的心得体会并齐唱圣歌，进一步强化、坚定自己的宗教信仰。此外，也有少数基督徒到双沟镇的教堂去做礼拜。据说其负责人孙保永与邻近地区甚至省城南京的教会机构均有联系。

二　社会保障的缺失与教徒祈福消灾的动机

贫困与疾病是威胁人们生存的天敌。从历史上看，中国虽然拥有源远流长、博大精深的中医，但中国普通民众从未享受到制度性的医疗保障。缺医少药的中国农民，自古以来就通过巫术治疗、民间偏方、宗教神灵等方法祛病强身、驱魔避鬼，这不仅给游医郎中提供了广泛的生存空间，也给历史上众多的民间宗教首领提供了吸引徒众的机会。中国民众在选择自己的宗教信仰时，一般多会对那些标榜能为其排忧解难者表示不可言表的信仰与崇拜之情，而民间宗教首领正是通过按摩、针灸等一些粗疏的治病方法，再辅以若干类似巫术的神秘手段，减轻或消除病人的精神痛苦和心理压力，才使得他们自己创立的民间宗教成为被信仰的对象，不少人因病治好而入教。远自东汉"五斗米"道首领张道陵、"太平道"首领张角，近到清代清水教教首王伦，无一不是通过给老百姓治病而树立威信，广收信徒，进而萌生政治野心，聚众起事。[①] 近年"法轮功"的蔓延，某种程度上也可以从我国当代医保体制的缺陷上找到部分答案。

自20世纪60年代起，中国大陆农村地区一度较为成功地构建了县、乡、村三级医疗预防保健网络，到1980年，全国农村约有90%的行政村实行了合作医疗，医疗保障几乎覆盖了所有的城市人口和85%的农村人口[②]，绝大多数人都能得到基本的医疗保健。然而，随着人民公社的解体，农村合作医疗制度在全国范围内迅速瓦解，农村人口从此失去了基本的医疗保障。此后，国家财政对医疗投入大幅减少，我国的医疗保障体制发生了严重的倒退，看病难、看病贵成为社会热点问题。李庄村是江苏省定1011个贫困行政村

①　参阅王庆德《魅力权威与明清民间宗教教首研究》，南京大学博士学位论文，2002年，第59—82页。

②　吴东升：《邪教的秘密——当代中国邪教聚合机制研究》，社会科学文献出版社2005年版，第192页。

之一，被江苏省政府列为重点扶贫对象，人均收入低于苏北地区平均水平，更无力承担昂贵的医药费，许多村民生病之后不能治、治不好或无钱医治，只能是"小病扛，大病拖"，承受着生理、心理和经济的三重负担，尤其是生大病、重病往往给家庭带来灾难性影响。如村民王凤勤（女）生病后，曾借款数千元住院治疗，两个月后因财力不济只能回家，现瘫痪在床，全家因此陷入赤贫。

2003 年我国农村地区开始新型农村合作医疗制度的试点，尽管政府补贴标准在不断提高，但到目前为止，低水平的农村合作医疗尚不能有效分担农民生重病、大病的风险。

面对疾病的严重威胁，李庄村民缺乏安全感，深感无奈与迷茫，有的村民希望上帝帮助他们祛病消灾，以抚慰失衡的心灵。在抽样调查 141 名教徒中，66 人患有各种疾病，占 46.81%，16 人因病丧失了劳动能力（详见表 7.13）；32 人患大病。在 16 户教民家庭中，每户都有 1—2 人患慢性病。有 18 名基督徒曾为治病借款 500—50000 元不等，因病返贫现象比较普遍。许多村民反映，李庄村的基督徒大多有小病小灾，因小病小灾信教者比较常见，如村民杨学兰（女）因眼病信教，基本上每周都参加礼拜；有的则患大病，如村民杨兴荣身患癌症，沉疴久治不愈，悲观绝望中开始信奉基督；还有村民碰巧信教后身体好转，误以为是宗教的力量，从而影响了更多的人信教。

表 7.13　　　　李庄村抽样调查 141 名教徒健康状况　（单位：人/%）

	健康	患病有劳动能力	患病无劳动能力	合计
男性	16	12	2	30
女性	59	38	14	111
合计	75	50	16	141
比例	53.19	35.46	11.35	100

三 宗教戒律与教徒的道德诉求

按常理，基层干部本应是农村社会中德才兼备的优秀分子，他们不仅应该有较强的工作能力，还应该奉公守法，以身作则，具有较高的道德素质。然而在当今社会剧烈变革之际，社会道德标准出现了前所未有的混乱，干部以权谋私、损害群众利益的现象时有发生。李庄村的土地所有权在村民小组，土地承包是以村民小组为单位开展的，但李庄村委会于 2002 年违规将本村范围内约 30 亩"十边地"收归村有，重新有偿发包给其他农户，引发土地（林权）纠纷，连法官也颇感棘手。此外，调查中还发现原村会计有无端扣发部分农户宁宿徐高速公路征地补偿款的行为，以及村委会长期拖欠本村农户的砖瓦厂集资款，直到本项调查结束时，仍然没有偿还本金和利息。

基于上述一些事实，李庄村干群关系不是很融洽。抽样调查显示，相当比例村民对村干部感到不满。如关于基层党组织在本村的作用问题，74 人认为起"积极作用"，占 44.31%；5 人明确表示起"消极作用"，占 2.99%；66 人认为"没有用"，占 39.52%；其余 22 人表示"不好说"（实际上是不认可的委婉说法），占 13.17%。对基层党组织持正面肯定态度者不到一半人。

村镇干部侵犯农民利益的行为，既疏离了与农民的感情，也损害了自己的道德形象，失去了农民的信任。在此情况下，标榜"上帝面前人人平等"，倡导"博爱"、"救世救民"的基督教，在农村地区迅速占据了道德高地。相传耶和华（Yahweh）亲授并命令摩西（Moses）颁布施行《摩西十戒》，其中有"孝敬父母、不许杀人、不许奸淫、不许偷盗、不许作伪证陷害人、不许贪恋他人财物"[1] 等内容。基督教这些基于现实生活的道德戒律显然与中国传

---

[1] 《旧约全书·出埃及记》。

统伦理道德具有一致性，因而对身心疲惫、彷徨无助的农民具有强烈的吸引力，许多农民自觉或不自觉地依恋宗教观念作为维护善恶是非的基本准则，以平衡无所适从的心灵。

李庄村许多无宗教信仰的村民反映，该村基督徒们相约不打人骂人，不参与赌博、不抽烟喝酒，倡导互相帮助、亲如兄弟的团队精神，教会内部这种平等互助的温馨氛围，使教徒们产生了较强的归属感，同时也提升了他们的道德情操。不少教徒认为，自己既然皈依了基督，自然比非基督徒的道德素质高出一筹，言谈举止之间显露出难得一见的自信与自豪。李庄村基督徒们不仅积极捐款修建教堂，有些春节期间滞留在外的教徒也主动委托亲属向教会捐款，用于接济困难教友。尤其值得注意的是，李庄村的基督徒还在负责人孙保永的号召带领下帮助村里义务栽树。

四　宗教仪式与教徒的心理调适

宗教本质上是一种心理体验或自我心理愉悦的过程，它通过心理安慰调适信徒们失衡的心态，使其在精神、行为和生理诸方面均恢复到适度状态。对李庄村教徒而言，基督教的贡献之一就是帮助他们消除或缓和了由各种原因引起的孤独寂寞、紧张焦虑的情绪，较好地满足了他们的心理需要。

如前所述，在抽样调查的141名教徒中，女性就有111人，占78.72%，这决非偶然现象。中国农村地区妇女社会地位普遍不高，她们长年累月为生存而忙碌，平时的社会交往基本上局限于少数亲戚。加入基督教以后，她们通过参加礼拜仪式、交流会、唱诗班等各类形式的宗教活动，走出了狭小的房间，扩大了社会活动空间，满足了与人交往的需要；更重要的是，她们在与教友平等友好的交往中获得了一种群体认同，消除或缓和了以往囿于家室的孤独寂寞情绪。

除妇女外，李庄村还有其他类型的孤寂人群。由于农村家庭结构的小型化，独立生活的成年子女与父母的经济往来和情感交流日趋减少，年事渐高的老年夫妻寂寞感也越来越强烈。在抽样调查的141名教徒中，包括1名离婚者，19名丧偶者，他们大部分年龄在60—90岁之间，这部分人与子女分过，倍感孤寂。另外，李庄村青壮年大量外出打工，形成了许多留守父母（如许真祥夫妇、汤道勤夫妇）、留守妻子（如冯素娟）等留守人群，他们也十分孤独。以上群体虽然具体情况各有不同，但相同的孤寂促使他们共同选择了与上帝对话，到宗教中去寻求精神寄托。此外，还有部分村民（如董翠英）看到左邻右舍参加礼拜，唱圣歌，热闹非凡，自己感到孤独，担心自己被邻居疏离，出于从众心理而信教。

五 宗教活动与教徒的文化娱乐需求

李庄村民的业余文化生活十分单调贫乏。据表6.13可知，34位答卷人的休闲娱乐以串门聊天为主，占答卷人数的20.36%。调查组还发现，在上午八九点钟的黄金时段内，常有一些村民在门前围坐一团，一边晒太阳，一边聊天。

与全国很多农村地区类似，泗洪地区过去长期盛行赌博风气。方志记载：1982年1月，泗洪县狠刹赌博风，全县抓赌120场，查获参与赌博者560余人，缴获赌资2200元，没收赌具526副，教育处理赌博者260余人。[①] 由此可见，当时参赌者每场平均4.67人，人均赌资3.93元，赌具几乎人均1副，显示出人数多、规模小而手段专业等特点。

现阶段农闲及节假日期间，李庄村民在本村聚众打麻将、玩扑克赌博的现象仍然很多，参赌者男女老幼均有。在本次抽样调查中，8人承认"经常赌博"，通常一次准备赌资100元以上；单次输赢少则100元以上，多则600—800元之间。29人承认"偶尔赌

---

① 《泗洪县志·大事记》，第50页。

博",通常一次准备赌资及输赢额度少则 3—5 元,多则 30—50 元,数额较小。130 人表示从不赌博,实际上,其中有 35 人(占答卷总人数的 20.96%)以打扑克或麻将为主要休闲娱乐方式,而且一般都带彩头,严格地说也是赌博。公安部门基于中国国情及法不责众的考虑,确认节假日期间亲友聚会打麻将,彩头数额较小者视为娱乐,不算赌博。据此,部分李庄村民在调查过程中只承认打麻将,不承认赌博。此外,抽样调查还显示,有 5 人偶尔购买过彩票,其中,购买体育彩票者 2 人,购买福利彩票者 3 人,一次下注少者 2 元,多者 120 元,最多达 300 元。个别富裕村民 2007 年毛收入逾越 8 万元,其彩票下注每次均在 100—150 元之间,在农村地区极为少见,可能与其殷实的家境有关。

农村地区过去长期流行的搭台唱戏或露天电影,目前已远离了人们的生活。现阶段,李庄村早已普及电视机,相当一批农户还自备有城市地区禁止安装的卫星接收天线,电视已成为农民休闲娱乐、了解外界信息的主要渠道。抽样调查表明,84 人的休闲娱乐以看电视为主,占答卷总人数的 50.3%。然而,银屏上充斥着空洞无物的政治说教、天花乱坠的商业广告、庸俗无聊的选秀闹剧、拙劣乖谬的宫廷戏剧,缺少贴近农民实际生活及审美内含的电视节目。

李庄村民整体上并无阅读报刊书籍的习惯。抽样调查中,仅 8 人在业余时间"阅读书报",占答卷总人数的 4.79%。村集体订购的几份报刊杂志分置于各位村干部家中,一般村民无缘阅览。江苏省社科院对口捐赠的李庄村图书馆,收藏了一批较为实用的农技、文学、电脑应用等方面的图书,村民们普遍不知道有这个图书馆,更少有人借阅。江苏省社科院对口捐赠的电脑也成为摆设。

据表 6.13 可知,153 人以打麻将、看电视、串门聊天为主要娱乐方式,占抽样调查答卷总人数的 91.62%,凸显现阶段李庄村民文化娱乐单调贫乏,精神世界较为空虚。该村基督徒平时到教堂参加礼拜仪式、读经交流会，听人布道，唱圣歌；每到岁末圣诞节和复活节这两大隆重的节日，教堂一般都举行隆重的集体礼拜，教徒们更是踊跃参加。丰富多彩的宗教活动成为李庄村民业余文化生活的重要组成部分，填补了农村文化生活的空白。教堂在一定程度上成为身心疲惫的村民们休闲、娱乐的场所。教徒们通过各种宗教活动欢聚一堂，不仅营造了热闹的节日氛围，诚如宋瑞云等基督徒表示，还可以学到若干科学和宗教伦理知识，明白许多道理，这从一个侧面揭示了基督教的吸引力之所在。

第八章

李庄村的生态环境

农村生态系统是生态环境的重要组成部分，保护好农村生态环境是社会主义新农村建设的重点和难点。长期以来，我国农村聚居点一直是环境监管和污染治理体系的死角，江苏也不例外，尤其苏北地区，基本处于"自治"状态，农村环境保护的进程不仅滞后于农村经济社会发展的步伐，也明显落后于城市。党的"十七大"首次明确提出"建设生态文明"的新目标，构建和谐的农村生态环境成为不可或缺的环节。

本章立足李庄村这一苏北传统农业区的环境现状和特点，从对生态环境的综合述评入手，剖析了该村的生产环境和生活环境，包括用水、垃圾、污染、绿化、防灾等方方面面，并总结了新农村建设以来该村的主要做法及成效，农民是理性的，充分尊重农民意愿，将环境整治与扶贫工作紧密结合不失为良好的切入点。

第一节 生态环境述评

李庄村以岗坡地为主，种植稻、麦、玉米等农作物，缺少支撑性的非农产业，生活和生产方式比较保守，环保设施缺乏，农业面源污染有所加剧。该村是典型的苏北农耕区,水土组合条件较差,农业基础比较薄弱,加上村民固守的务农和生活方式,导致村庄生态环境总体质量不高,集中表现在以下七个方面:

(1)地区高低落差较大,以西部岗坡田地为主,东部灌溉水田比例小;农田水利设施年久失修,主要灌溉渠和电灌站难以配套,基本闲置。因此,现有田地大多为中低产田,农作物结构单一,产量容易受气候影响。

(2)地区土壤多为黄褐土,有机含量不高,黏性大、易板结,水土流失较严重。土质较贫瘠,保肥保湿性较差。种植业还处于"人种天收、广种薄收"的较为原始状态。

(3)地区水资源分配不均,客水丰枯变化较大,旱涝灾害频发。洪泽湖拦蓄量较小,湖边田地为泄洪区,缺少防护设施,抗灾能力低,螃蟹和水稻产量不稳定。

(4)村庄无大型工商企业,工业污染少,农业面源污染比较普遍,如生活垃圾、畜禽粪便和农用化学品等。化肥和农药用量呈现增长态势。

(5)村庄尚未形成路网格局,道路质量较差。土路、断头路居多,晴天尘土飞扬,雨后泥泞不堪,行走艰难,也不利于大型农业机械进出。

(6)村庄绿化覆盖率较高,田间、路旁、宅前屋后树木数量可观。但是绿化树种单一、密度较大,经济效益不高,有的甚至造成农业减产。

(7)村庄垃圾池实际利用率低,人、畜、禽的居住没有完全分离,垃圾、污水、粪便仍处于随意排放的自然状态。肾结石、颈椎病等患者较多。

第二节　农业生产环境

李庄村生产结构简单，以种植业为主，家庭养殖业等副业零星分散，除1个砖瓦窑厂和几个日常用品商店外，没有上规模的二、三产业。

一　生产用水

农田灌溉水源主要来自地表水，正常年景有保障，主干水渠长约4000米。村庄东部地势低洼，有6条主要沟渠进行灌溉和排水，1个机电排灌站，沿洪泽湖设防洪大堤一道，地下水埋深0.5米左右，最高洪水位15.3米。西部为"望天田"，有1条主要灌溉渠，1个二级电灌站，但因不配套引起地面下沉和漏水，自1992年设置以来，一直未使用，地下水埋深2米以上。村庄中部在岗坡地与滩地交接处有南北向截水沟1条，将雨水向南排入洪泽湖。农田灌溉私人承包，每季按需交费。

村庄河塘有十多处，以李庄自然村东南部两处最大。这些河塘是农村水系的末梢，也是放养鸭、鹅等家禽的主要场所。近年来，由于各种垃圾的堆放，使得水塘水质较为混浊。

溧西河从村庄东部穿过，紧邻洪泽湖，以西的低洼地区散养螃蟹、鱼类等水产品，其质量和产量不高，尚属粗养。通常不投饵料，有围网，生产效益受河流涨落影响大。猪、牛等养殖业饮用水主要来自地下井水和沟塘水，生产污水等直接排放至道路、稻田、河流和水塘中。据调查，养殖1头牛产生的废水超过22个人生活产生的废水，养殖1头猪产生的污水相当于7个人生活产生的废水。

就全村而言，一方面，村庄的农田水利设施普遍老化，有的早已废弃。全村的排涝渠和灌溉渠不通畅，大多时间只进不出；涵洞、圩区等自然损毁后未能及时修缮；另外，为扩大自家耕地面积，田垄和田间沟渠时常会遭到人为破坏，难以调节农田的积水和蓄水，内涝和干旱时有发生。另一方面，村庄没有排水管网，生产养殖等废水任意排放，虽然目前强度不算大，但是逐年累加，对周边环境的污染不可小视。

二 生产垃圾

李庄村的生产垃圾主要分两类：一类为有机垃圾，包括作物秸秆、畜禽粪便等；另一类为无机垃圾，包括塑料制品、建筑垃圾等。

1. 作物秸秆

农作物秸秆的处理既关系农作物秸秆的循环利用，也影响到环境的质量。李庄村秸秆处理的方式仍是焚烧。耐烧的豆秆、玉米秆主要用于烧火做饭，不耐烧的麦秆、稻秆除了收割机粉碎在田间腐烂的，多余的直接在田间焚毁，极少数售卖给专业收购秸秆的商家。

根据抽样调查的 167 户农户，按照水旱两季种植作物的亩产量和播种面积，估算 2007 年李庄村生产作物秸秆量 330 吨，按照现有机械化程度和家有囤积秸秆量，还田利用比率不足 1/4，还有 3/4 的秸秆在田间焚烧。

用大型收割机收割小麦和水稻，虽省时省力但留下的麦茬和稻茬相当高，必须及时焚烧，否则影响下一季种植。地里的秸秆潮湿往往不能充分燃烧，产生大量的烟雾弥散于空气中，使空气中的二氧化碳、一氧化碳浓度快速升高。特别在傍晚时分，空气湿度加大、烟雾扩散减慢，全部积聚于底层，能见度大大降低，造成空气污染，夏秋两季最为严重。另外，还有大量秸秆被抛弃于河湖沟渠与道路两侧，影响农村的环境卫生。

2. 畜禽养殖

李庄村家庭养殖以鸡、鸭、狗最为常见，猪、牛、羊、鹅、螃蟹、鱼等也有饲养，规模不大，数量不多。养殖方式以散养为主，集中、上规模的圈养少见。以猪为例，30 头以上就算大户。鸡、鸭等多下蛋自食，狗用来看家护院，猪、牛、羊、鹅、螃蟹、鱼等作为增收的主要副业。

这些禽畜常年与人共居，粪便污水多清扫后露天堆放，一般要等上一段时间，才集中运到田里，有的甚至到处拉撒，无人清理。遇降雨时，露天粪堆横流，极易形成氮磷径流。特别是夏季，这些堆在露天的粪便经过暴晒发酵，恶臭扑鼻，污染生活环境。

在李庄村调查的养鸭场和养牛场各 1 个，每天产生粪便量 30—50 公斤，粪便未经净化处理，收集后直接贩卖，价格是 1—2 元/斤。养牛场场主为本村人，一部分牛粪用来还田或者沼气池发酵。养鸭场场主为外地人，鸭粪除自然降解外全部出售。养殖的综合利用效益不高。需要指出的是，李庄村的禽畜抗病害能力较差，饲养人员多凭传统经验养殖，又无专业人员指导，导致流行疾病无法防控，遇到大病害禽畜死亡率较高。不少家庭曾经有养殖经历，但往往以失败告终。

3. 建筑垃圾

近年来，随着生活质量的提高和生活方式的改变，农民因分家或改善居住条件而产生的翻建房屋的热情不断高涨，村庄的建筑垃圾增多。大多为固体废弃物，一般是在建设过程中或旧建筑物维修、拆除过程中产生的。主要有渣土、散落的砂浆和混凝土、剔凿产生的砖石、打桩截下的钢筋混凝土桩头、装饰装修产生的废料、各种包装材料和其他废弃物。

据有关资料介绍，经对砖混结构等建筑的施工材料损耗的粗略统计，在每 1 万平方米建筑的施工过程中，仅建筑废渣就会产生

500—600 吨。① 以李庄村统一新建的集中康居工程为例，占地 20 余亩，建筑面积近 1 万平方米，因直接在平整后的农田上施工，减少拆旧环节，加上农村房屋建筑耗材比城市简化许多，按此测算，产生的建筑废渣至少 300 吨左右。除了定期运送批量垃圾外，每天很多的砖石、碎块等散落在周边田间。当地大多数建筑垃圾以露天堆放为主，经长期日晒雨淋后，垃圾中有害物质渗滤、挥发、流失进入土壤、空气和水体中，容易引发土壤结构破坏，污染空气和水体。

三　农业污染

由于土地面积和地力的有限性，为追求农作物的产量和效益，农业生产过程中伴随着化肥和农药的大量施用。然而，无指导、无计划的施肥和打药，容易产生土壤板结、肥力下降，有毒有害残留超标等问题。化肥和农药已经成为农村面源污染的主要污染来源。

1. 化肥污染

李庄村种植的主要传统农作物有五类，分别是水稻、小麦、玉米、大豆和花生。鉴于化肥比农家肥的效力快、效果显著，施用相对简便，农家肥仅作为辅助肥料，化肥成为肥料的主体。该村以尿素和复合肥为主，其中复合肥常作为作物播种期的底肥，尿素常作为作物分叶、抽穗、灌浆、结果等生长期的追肥。

根据农户访谈及问卷抽样核算，从作物来看，水稻每季的施用量约为 170 斤/亩，小麦每季的施用量约为 140 斤/亩，玉米每季的施用量约为 80 斤/亩，大豆每季的施用量约为 50 斤/亩，花生每季的施用量约为 100 斤/亩。总体来看，这样的施肥状况在江苏处于较高的用量水平。并且，绝大多数农民没有掌握科学施肥技术，施

---

① 刘数华：《建筑垃圾综合利用综述》，人民网，2008 - 04 - 07。

肥结构不尽合理，单纯注重"量"的追加，化肥的利用率较低、流失率较高。这样的生产方式，随着化肥价格的高涨，将加重农民经济负担。而未被作物吸收的物质，则容易通过地表径流、淋洗和蒸发，进一步加重农村土壤、水体的污染。

2. 农药污染

李庄村作物的病虫害防治主要依赖化学农药，其中杀虫和除草是农药的两种基本用途。在过去的几十年中，农药因其见效快、防治效果好、防治面广，保证了作物的丰收、增产，在全球范围内被迅速推广使用。但经过最初惊人的成效之后，其副作用也逐步显现。

按照当地状况，杀虫霜、洁安灵、除草剂等广谱药剂最常施用，有粉状、液体状、颗粒溶剂状等形态。农民多凭经验，参照农资售卖商贩的指导，进行配比和施用，有的农药甚至没有文字说明书。从作物看，水稻使用杀虫农药的次数最多，平均每季6—8次，有的农户多达十数次，每季除草两次左右；小麦、玉米、大豆和花生，平均每季杀虫和除草分别需1—2次。长期大量施用化学农药，农业生态系统必将失衡，一个表现就是害虫天敌种类和数量的减少；种植结构单一也导致了害虫繁殖数量的增多和生物性细菌病的多发。[①] 除自然因素外，李庄村在病虫害防治上也存在以下人为问题：第一，用药不够科学。农民不懂施药技术，也看不见农技人员下乡指导，田头药瓶成堆，药袋飞扬。施药时间和防护措施均不到位，每到施药期的下午三四点钟，迎着东南风药味扑面而来，不少群众引起药物中毒，轻者治疗费几十元，重者上千元。第二，农药市场缺乏统一指导。农药经营户遍地开花，品牌多，农民比较盲目，很难有效选择，用药很大程度上受经营户的推荐和引导。第三，用药缺乏统一调控。虫害、病菌等具有较强的传染性和扩散

---

① 姜立强、姜立娟：《农民生产实践与农村环境质量的再生产——以山东省Y村为例》，《中国农村观察》2007年第5期，第65—72页。

性，繁殖和变种速度快。农户根据田间状况，各自撒药，缺乏统一调度和安排。因此，需要反复防治，增加生产成本。第四，农药毒害性较强。农民用药更多取决于是否高效地防治病虫害，较少考虑农药是否高毒、高残留。农药大多以喷雾剂的形式喷洒于作物上，真正附着在植物体上的不足药量的一半，其他散落在土壤、大气和水中。

四　非农业污染

李庄村的砖瓦窑厂是村级集体收入的支柱和主要来源。起初由村集体自主经营，近年来，转变为租赁招商的经营方式。该窑厂占地86亩，职工285人，其中本村劳动力占2/3，固定资产为150万元左右。现拥有中心窑体1座（6孔），烟囱高500米左右，制砖流水线1条，每天生产砖量3万多块，砖厂基本24小时运转。砖瓦窑业历来是用土大户，据窑厂厂长介绍，目前基本不从本地取土，主要向临近乡镇买土（如魏营乡），通过工程处理、废旧坑塘整理等方式取土。由于取土地区较难实现再复垦耕种，而且生产过程中产生的固体废物和废气对环境容易产生不利影响。例如，厂区周围破碎砖头遍地洒落，烟囱冒出的黑烟不断等。另外，作为个体私营企业，安全生产投入较少，存在一定的安全隐患，例如，操作车间简易，电线老化，传动设施无防护等。

第三节　村民生活环境

"村容整洁"是建设社会主义新农村的五项目标要求之一。然而当前的村容、村貌不尽如人意，垃圾飞扬、道路泥泞等状况尚未改变，"脏、乱、差"的情景仍随处可见。

一　生活用水

李庄村内有小型自来水厂1个，采用地下100米以上的深井供水，取水静置后可见沉淀和悬浮颗粒，水质一般，基本达到饮用标准。居民未经净化处理直接管道饮用。每天从17点到18点定时1小时供水，村民自备缸、桶等收集。村内水井较多，大多数村民仍沿用井水淘米、洗菜、洗衣等用途，自来水专供饮用、烧饭等用途。

在我们调查的农户中，有116户接入自来水管，自来水入户率达到69.5%，与全村通自来水比例71.3%基本持平。暂未使用管道水的51户中，既有自身需求，管道未接通的农户（主要集中在李庄自然村东南部），也有管道已通，自身无需求的农户。目前基本不存在用水困难，仅有4.2%的农户（7户）认为存在饮水困难。非管道水获取方便，平均距离300米左右，有1/3的农户自家拥有水井，临近共用的情况比较普遍（见表8.1）。

表8.1　　　　　　　　李庄村2007年生活用水　　　　（单位：户/%）

	接入自来水情况		饮水困难情况	
	户数（户）	比例（%）	户数（户）	比例（%）
是	116	69.5	7	4.2
否	51	30.5	160	95.8
合计	167	100	167	100

根据对李庄村自来水和井水的抽样检测，总体来看，自来水水质比井水水质优良（表8.2）。从单项指标看，两种水的pH（酸碱度）值，基本在2007年《生活饮用水卫生标准》规定的酸碱度6.5—8.0的范围内，自来水碱性略高；自来水的TOC（总有机碳）浓度大于井水，这是以碳量表示水质中有机物含量的综合指标，表明自来水的有机物质较多；两种水的TP（总磷）均未检测出；井水TN（总氮）、NH_3-N（氨氮）、NO_3-N（硝态氮）、NO_2-N（亚硝态氮）四项指标的浓度均明显高于自来水，尤其是TN和NO_3-N两项指标，表明井水受污染程度较高，清洁度较差。可能的原因是，

井水多在地下 7 米至 10 多米，受地表污水的影响较大。调查中发现，当地村民的肾结石、胆结石等疾病较为常见，应与长期饮用这样的水有一定关系。

表8.2　　　　　　　　李庄村井水和自来水检测结果　　（单位：毫克/升）

项目	pH	TOC	TP	TN	NH$_3$-N	NO$_3$-N	NO$_2$-N
泗洪李庄井水	7.91	75.59	未检出	39.07	0.50	33.92	0.0044
泗洪李庄自来水	8.31	91.10	未检出	0.56	0.47	未检出	0.0030

全村排水系统的大体格局是，在孙庄、杨庄、李庄三个自然村居住区入村主干道的北侧设置排涝渠，宽 6 米左右，南侧形成自然小渠，宽 3 米左右。两条渠常年积水，排涝状况不好，在大雨季节能起到缓冲助排的作用，在旱季则成为倾倒生活垃圾的场所。李庄村尚没有统一规划的排水管道，生活污水和雨水通过明沟、明渠、道路就近汇入河流等水体，雨季容易造成排水不畅、污水横流，道路泥泞的局面。

二　生活垃圾

实地调查发现，农村生活垃圾呈现数量增加、成分复杂、污染程度加剧的趋势。据最新统计，农村人均垃圾产生量已增加到 0.4 吨/年，按李庄村现有常住人口 2600 人估算，一年全村生活垃圾合计 1000 吨左右，长此以往，数量惊人。

伴随着生活水平的提高，农村生活垃圾的构成更加复杂。由原来易分解的瓜果菜叶、尘土、纸张、废旧衣物等，扩展为塑料制品（塑料泡沫、塑料袋、地膜等）、废建材（破石棉瓦、碎玻璃等）、废电器（电池、电视、冰箱等）和各种包装一次性废弃物、工业废品，甚至是过期药品。对于这些垃圾的处理，能卖的卖掉，绝大多数不能卖的，或烧掉，或随意丢弃在房前、屋后和废沟塘中。垃圾的分类管理即使在城市也很难做到，在农村更是可分解与不可分解、可回收与不可回收、有害物品与无害物品的垃圾混为一体。能自然降解的不能再回收利用，而像包装外壳、塑料袋、干电池等既不易分解，又不能完全燃烧的白色垃圾、有毒害垃圾，比较难处理。垃圾的无序堆放，造成蚊虫滋生，传播病菌，又散发臭味，让人难以忍受，对土壤、水体等也产生深度污染。

李庄村的环卫设施比较简陋，现有四个垃圾收集池，分别位于项岗村口（1个）、村部对面（1个）和杨庄（2个）。由于村民没有集中倒垃圾的习惯，而且居住相对分散、不便利，垃圾箱基本闲置。

三 家庭卫生

1. 房屋格局

李庄村的住房格局体现了苏北农村特色，住房面积偏大，户型结构逐渐减小，以4口之家为主。在调查农户中，生活性房屋的户均建筑面积为100.5平方米，宅基地的户均面积为350.2平方米，约0.5亩，两项指标均超过省级标准。平房类型占88%，楼房类型仅占12%；房屋质量以砖木和砖混结构为主，分别占58.4%和33.1%（表8.3）。这些特点与地区的经济实力密切相关，近年来翻建房屋的需求旺盛。2007年，有12户新建（购）房屋，平均花费约2万元。

表8.3　　　　　李庄村2007年房屋格局　　　　（单位：户/%）

	房屋结构					房屋类型		
	钢筋混凝土	砖木	草坯	砖混	合计	平房	楼房	合计
户数（户）	12	97	2	55	166	146	20	166
比例（%）	7.2	58.4	1.2	33.1	100	88.0	12.0	100

注：该项调查有效应答均为166户。

李庄村的农房为独立院落两进式结构,人、畜、禽没有完全分离。平房的前排房屋由过堂、厨房、农机房组成,后排房屋为正房,堂屋居中,两侧为卧室,前后两排围成院落,有的厨房、机房在院落中单列,鸡舍、鸭舍、压井、自来水管等也设在院落中。楼房以两层为主,底层由客厅和储藏室组成,上层以卧室功能为主,厨房一般在院落里单列,门前设立院门以围成院落。三代同堂的,父母卧房多在偏房,如平房的过堂一侧和楼房的客厅一侧。平房和楼房的共同之处是,厕所均设在院落之外的门前空地,与猪圈、牛圈等相连。

2. 卫生习惯

农民对个人的家庭卫生比较注重,尤其妇女在家主事的,庭院和房间打扫的比较干净,杂物堆放比较有序,如秸秆等通常堆放在自家门前,柴草堆放在灶台旁边,农用机械直接停放在农机房(棚)内。而对于庭院以外的公共卫生不是太在意。随地吐痰、揩鼻涕、乱倒脏水、乱丢垃圾等不良的卫生习惯比较常见。

全村以燃烧柴草为主要的炊事能源,液化气仅作应急之用,煤球多为冬天取暖使用(表8.4)。在调查农户中,用柴草作为主要炊事能源的151户,占90.4%,用煤气和煤的12户,占7.2%;次要炊事能源主要用电,有98户,占60.5%,最后是煤气和煤54户,占33.4%。煤气获取的平均距离为7.6公里,即在双沟镇上,柴草获取的距离最近平均0.8公里,最远平均2.8公里,即在自己的承包田里拾取。"炊烟袅袅、饭菜飘香"是各家点火做饭时的场景。

绝大多数家庭(115户)没有任何取暖设施的占68.9%,用炉子的29户,占17.4%,用暖气的17户,占10.2%,用空调的6户,占3.6%。能源花费以柴草和煤制品为主,户均年使用柴草2730公斤,折合510元;户均年使用煤制品303公斤,折合220

元。液化气相对价格高，2007 年每罐 80—100 元不等，多在年节或
收获的农忙时期使用。

表8.4 　　　　　　　　　　李庄村 2007 年炊事能源 　　　　　　（单位：户/%）

类型	主要炊事能源		次要炊事能源	
	户数（户）	比例（%）	户数（户）	比例（%）
煤	5	3	22	13.6
柴草	151	90.4	8	4.9
煤气、天然气	7	4.2	32	19.8
沼气	0	0	1	0.6
电	4	2.4	98	60.5
其他	0	0	1	0.6
合计	167	100	162	100

　　说明：次要炊事能源的有效应答为 162 户。

　　全村的家庭厕所以自家院外的旱厕为主，粪便主要用来积肥
（表8.5）。在调查农户中，旱厕 136 户，占 81.4%，没有厕所的 23
户，占 13.8%，水冲式的 8 户（多数是与沼气池连用的），占
4.8%。厕所绝大多数位于门前院外，有 127 户，占 88.2%，位于
院内的 15 户，占 10.4%，位于室内的仅 2 户，占 1.4%。粪便用于
农家积肥的 154 户，占 92.2%，化粪池 4 户，占 2.4%，沼气池 2
户，占 1.2%，无处理的 7 户，占 4.2%。李庄村有 1 个公共厕所，
位于村部对面，雇用 1 人负责专门打扫，报酬较低，按 1 天 1 元钱
计，工作积极性不高。高使用率加上低维护率，厕所设施容易坏，
卫生较差。

表8.5　　　　　　　　李庄村 2007 年厕所卫生　　　（单位：户/%）

项目	类型	户数（户）	比例（%）
厕所类型	旱厕	136	81.4
	水冲式	8	4.8
	无	23	13.8
	合计	167	100
厕所位置	室内	2	1.4
	院内	15	10.4
	院外	127	88.2
	合计	144	100
粪便处理	沼气池	2	1.2
	化粪池	4	2.4
	农家积肥	154	92.2
	无处理	7	4.2
	合计	167	100

说明：厕所位置的有效应答为 144 户。

四　绿化

李庄村庄绿化树种以意杨为主，道路及房前屋后都有栽树，村庄绿化率高。主干道树木间距 2 米左右，省道及高速公路两侧的树木间距约 5 米。按规定，省道东西两侧各 100 米，高速公路东西两侧各 200 米，为绿化植被建设控制区。大田地中也栽种有树木，间距 5 米左右。由于林间光照不足，常规的稻、麦等作物产量较低、品质不高，倒伏后收割难度大。

五　防灾

李庄村内缺少日常和突发性的灾害防范设施。

从消防来看，燃烧秸秆、生活用火等明火易造成火灾，特别在秋冬干燥季节，火源、火种较多，村内没有消火栓等任何消防设备，全凭人力灭火。

从防洪抗旱来看，村庄东邻洪泽湖，地势落差大，防洪任务艰巨，主要渠道有待清淤除障、疏浚拓宽，保证内涝及时排出，作物需水及时灌溉；同时，宜加固整治溧西河堤，确保能抵御特大洪涝灾害。

从交通来看，村庄东、西向均有高等级公路穿过，将田地与居住区分开，因此，特别需要注意人员及器械穿越安全。宁徐高速公路与村内生产路交叉的涵洞基底较低，不方便大型机械出入；121省道与村内生产路交叉口处没有醒目的限速安全标志，汽车常常贴身呼啸而过，对儿童及老年人等弱势群体威胁更大。

第四节　农村环境整治及成效

自开展社会主义新农村建设以来，李庄村响应省委、省政府的号召，进行了一系列的农村环境整治工程。

一　主要做法

第一，"三清"工程。作为江苏新农村建设的"十大工程"之一，实施"清洁田园、清洁水源、清洁家园"是发展现代农业、推进新农村建设的重要基础工作。李庄村在 2006 年和 2007 年分别在杨庄自然村和孙庄自然村开展了环境整治活动。利用秋冬的农闲时节组织广大党员和干部、群众按照"三光、四平、十二条线"的标准，进行河道、路面、房前屋后的清洁整理。共计投入 6 万余元，经费由镇里和村里平摊。主要用于劳务支出和材料费，包括疏浚河塘，收集垃圾，粉刷树木、墙面等工作。村庄环境得到相应改善，整理成效已经通过省级相关部门验收。

第二，清洁能源工程。"一池三改"户用沼气工程是"三清"工程的延续和配套。"一池"是指沼气池，"三改"是指改厕、改圈、改厨。这一举措是想通过改善村民的居住条件，逐步改变农村人的生活方式和行为习惯。全村已建沼气池 38 个，大多只在启动之初使用，之后一直闲置，成为堆放柴草的地方。因为沼气循环所需的猪粪、牛粪等不易收集，自家饲养不多，仍需别处购买，加上水冲式厕所耗水较多，他们认为付出这样的成本代价高，久而久之闲置下来。

二 实施成效及问题

第一，环境整治成果不容易保持。农村居民更关注家庭和个人的生活空间，公共空间意识薄弱是造成"环境陷落"的根本原因之一。[①] 一方面，引导农民改变生活方式和卫生习惯是个长期的过程，不可能靠一两个"运动"就能达标。农村要真正彻底地改变环境面貌，离不开农民素质的提高。另一方面，环境卫生缺乏长效管理机制。就李庄村的财力，还不具备配备保洁员全天候保洁的能力，只能隔段时间，由村组长等人员村前村尾收捡垃圾。垃圾收集池作用不大，过了检查期，垃圾随手丢弃的积习难改。

第二，农村面源污染治理难度加大。农村面源污染本身具有独特性，包括排放主体的分散性和隐蔽性；排放效果的随机性和不确定性；不易监测性等。如农药、化肥、生活污水等受地形地貌、水文特征、气候因素等作用，自然条件的不同组合决定其对环境的影响不同。另外，苏北县、乡政府普遍存在财力不足问题，连应付生产性基础设施的建设都不够，更不可能顾及聚居点污染治理基础设施的建设和运营；而且，农业技术服务体系几乎失效，很多地方的农技推广机构甚至蜕变为以卖化肥、农药为主的还纳税的营利性机构。因此，当地的面源污染治理任务比较艰巨。

综上分析，李庄村的生态环境质量欠佳，由于工、副业规模

---

① 乌东峰：《农村环保呼唤新思路》，《人民日报》2005 年 10 月 10 日。

小，农业面源污染和生活污染成为主要的污染源头，村庄的环保设施不足，生产和生活环境有待改善。与苏南农村的乡镇工业聚集区不同，李庄村属于传统农业区，具有自己的特点和规律，本身未受大的工业污染，村庄环境的自净能力较大，及早采取得力措施，能收到事半功倍的效果。

　　农民是村庄生态环境最直接的建设者和受益者。农民是理性的，只有了解农民对"村容整洁"的真实需求，才能真正改变农村面貌。在调查农户中，村民对本村的环境基本满意，并认为环境与健康有一定的关系（表 8.6）。对村庄环境感觉一般的有 72 户，占43.4%，较满意的 40 户，占 24.1%，不太满意和很不满意的还有1/3 左右（31.3%）；认为环境与健康相关的约占 2/3（64.3%），认为关系不大，甚至无关的有 1/3（35.2%）的农户。

表 8.6　　　　　　李庄村 2007 年村庄环境评价　　（单位：户/%）

项目	评价	户数（户）	比例（%）
环境满意度	很满意	2	1.2
	较满意	40	24.1
	一般	72	43.4
	不太满意	40	24.1
	很不满意	12	7.2
	合计	166	100
环境与健康认知	密切相关	30	18.2
	有关	76	46.1
	关系不大	46	27.9
	无关	12	7.3
	不知道	1	0.6
	合计	165	100

　　注：环境满意度有效应答 166 户，环境与健康认知有效应答 165 户。

　　村民们认为自身环境最需整治的有道路（78.8%），沟渠水系

（6.7%）和农田改造（6.7%）。绝大多数村民通情达理，愿意为环境的改善出钱出力（77.6%），愿意出力不出钱的有 24 户，占 14.4%，出钱不出力的 5 户，占 3%，而既不愿出钱又不愿出力的仅 7 户，占 3.2%。农民最了解他们所处的环境，能够以可行的方式针对村内部资源滥用的实际情况对症下药地提出解决方案。

就李庄村而言，将环境整治与扶贫工作紧密结合是很好的切入点。贫困既是环境脆弱的表现，又是环境恶化的推动力，贫困是一切污染中最坏的污染。[①] 有必要使村民充分认识到环境恶化与贫困的关系，自觉践行科学、绿色的行为。

[①] 朱兰保、盛蒂、周开胜:《当前农村环境问题及对策》,《特区经济》2007 年第 12 期，第 175—176 页。

第九章

李庄村的村民自治

村民自治是一个村民集体生产和提供本村（指行政村，下同）公共产品的过程，包括公共产品的决策、执行、管理和监督等一系列组织和行为。其中，村民大会及其代表大会是法定决策机构，村委会是法定执行机构，村民监事会是法定监督机构。由于特殊的制度安排和制度环境，导致村民自治出现组织残缺、制度废弛、功能不全或功能错位等基础性的缺陷，使村庄公共产品供求机制严重扭曲，公共产品供给不足现象更加严峻。可以说，村民自治实践中提出的问题远大于取得的成果，应从国家战略上给予充分重视①。有的问题是制度设计本身的缺陷导致的，有的问题是已有法律和制度执行不力导致的。村民自治面临的最基本也是最具刚性的制度背景是不完整的土地集体所有制和城乡分割的户籍制度。在这样的财产权和人身权背景下，要实行自治，很难；要实行民主自治，可能性更低。目前应做的第一步，是切实执行已经颁布的有关村民组织

---

① 从资本原始积累的角度讲，中国的资本原始积累过程已经完成，国家通过价格剪刀差等方式剥夺农民积累工业资本的政策应当废止。中国的资本原始积累过程中，成功地避免了西方多国同一阶段发生过的大规模流亡农民现象，有可取之处。在农民为国家工业化作出了历史性牺牲和贡献之后，不仅不公平，也缺乏效率。

法，限制政府侵占土地权益等行为和党务机构对村委会的越俎代庖。第二步，要逐渐改变不合理的制度安排和制度环境，按照民主化、市场化、法治化的方向完善村民的财产权和居住权。

我国的村民自治，最基本的特点是在一个土地所有权单位基础上进行公共产品建设。因为一个行政村就是一个土地所有权单元，相当于法人财产，村民自治问题就类似于一个公司内部生产或提供公共产品的问题，这为我们提供了一个比较独特的理论视角。就村庄土地所有制来看，与有限公司制类同，现有法律规定，村民入股土地以后，土地不再归村民个人所有，而是归村民集体所有，这种财产权利实质就是法人财产权。所不同的是，第一，有限公司的股份是可以转让的，而村民的土地则不可转让，只能以集体名义出售给政府，由政府包买包卖、统购统销。第二，一般的有限公司的资产是统一经营的，而村庄的土地是分散经营的，家庭经营的土地是村民从村集体租赁的。根据威廉姆斯（1979）的交易费用理论，就是把简单合约用复杂形式加以治理，增加了不必要的代理成本[①]。因为集中所有权存在不可避免的代理成本，所以除非集中经营具有规模经济或获得规模收益，否则把分散的所有权集中起来就是违背效率原则。如果由于现代农业的发展，因为采用大规模农场和现代设施而集中经营，那么把分散的土地集中起来（通过购买或租赁）是必要的；如果不存在规模经济，集中所有权并限制农民退出的权利，就是一种剥夺，这也正是农村诸多不安定事件发生的根本原因。所以，从治理结构角度考察，用公司治理结构理论讨论村庄土地制度和相关自治问题，是适宜的。公司治理结构理论是个比较成

---

① 根据威廉姆森（1979），一体化是一种复杂的治理结构，具有较高的治理成本，适用于专用性资产的高频率交易。而村民的土地资产并没有多高的资产专用性，大部分地块在肥力和区位上没有多少差别；村庄土地也不会成为高频率交易对象，实行一体化，徒然增加治理成本，而不会带来规模收益，也不会产生规模经济。参见奥利弗·威廉姆森《交易费用经济学：契约关系的规制》，见陈郁编《企业制度与市场组织》，上海三联书店、上海人民出版社1996年版。

熟的理论，村民自治本身就是生产村庄公共产品的问题，从公司治理结构角度加以讨论，也更容易看清村民自治的基本问题。

　　李庄是一个省级扶贫村，一方面它每年接受数量不菲的转移支付，另一方面，它又与中国其他村庄一样，经受着土地财产权和户籍制度的硬约束。这种情形下，村民自治真是从何谈起。李庄目前基本上还处于他治状态，能否实现向自治状态的过渡，不仅取决于内部治理结构的改善，更取决于外部制度环境的重大改革。

　　本章分三节，分别讨论村民自治的决策、执行、监督等问题。

第一节　村民自治的决策机制

　　村民民主自治的实质是村民作为整体自己提供本村的公共产品，包括公共设施和公共服务。这种公共产品，不涉及村民私人产品，也不涉及超越本村的公共产品，属于准公共产品。公共产品具有非竞争性和非排他性两种特性，准公共产品的两种特性较弱，或者只具备两种特性之一。村民自治的决策机构是村民大会，村民大会是基于直接民主原则选举产生的，决策内容主要是执行机构的人事任免和公共产品的选择和生产。

　　村民自治的决策机制中，主要的问题是组织不健全、制度相互冲突，原因主要是相关法律得不到党政系统的尊重，家族势力难以打破，村庄的财产权尤其是土地财产权的完整性遭到破坏。解决问题的途径，要沿着法治化、市场化方向规范党政系统的权力、完善村庄土地所有权。只有在法治化、市场化的方向上才有可能建立真正的民主自治。

一　决策机制及其现状

　　按照现行有关村民自治的法律，村庄自治的决策机构是村民大会，相当于村民自治的立法机构，主要职能是决定村委会人事任免和制定公共产品生产规划以及财务预算。因为村民自治的目标是直接民主，所以村民大会也是村庄公共产品和公共事务的决策机构。村民大会休会期间，由村民代表会代行职能，代表会也具有村民大会授予的部分决策权。村民大会在村庄自治结构中的地位相当于公司的股东大会，或国家的议会，是权力机构；村民代表会相当于公司中的董事会。

村民委员会组织法规定，村民大会的组成人员由全村所有成年的有行为能力的居民组成。村民大会的全体人员在大会上有同等的投票权，一人一票。这种计票方式，类似于有限责任公司制度，而不同于股份有限公司的一股一票制度。村民自治的决策性内容，或者应由村民大会决策的内容，主要包括两项：人事任免、公共产品的决策。前者是决定执行机构的人事任免，后者是决定公共产品生产的内容、步骤及其提供方式和资金来源。

村庄的公共产品，包括公共设施和公共事务，前者如水渠、道路、文化设施、体育场馆等，后者如良好的公共卫生、有效的村庄管理、生态环境保护等。内容无非是生产、生活、村容、秩序管理等，目标就是生产发展、生活富裕、村容整洁、管理民主。其中生产性的公共产品是公共产品的的核心和基础，但目前村庄的主要产业是种植业，种植业的边际收益已经很低，再增加一些相关公共产品不会带来多少收益。而那些用于享受和提高精神生活质量的公共产品，暂时还不会提上村民的议事日程，因为他们现在考虑的主要还是生存和温饱（对于李庄这样的村庄而言）。村民被物质生活的重担压得喘不过气来，哪有财力去追求非生产性的享受性的投入呢？生产性公共产品是全部公共产品的基础，只有生产性公共产品才能促进私人经济资源的有效配置，带来更多的经济剩余。

李庄村的村民大会很少召开，出席率很低。在我们调查的167个对象中，只有56人出席过村民大会，占全部调查对象的1/3。这样的参与率是不能产生出反映民意的人选的。实际上，由这样的村民大会产生的村委会，虽然具有法律效力，但却不具有实质上的合法性。在其余没有参与村民大会的111人中，表示由于客观原因不能出席的有16人，拒绝出席的有95人，分别占全部调查对象的9.5%和57%。

据调查材料，在出席过村民大会的56人中，表示选举结果恰好是自己选举的人选的，有49人，占参选人的87.5%；而表示选举结果与自己选举的人选不同的只有7人，占12.5%。这表明出席会议的人群之间选举倾向是高度一致的。这样高度一致的出席者倾向并不表明民意若此，因为没有出席的选民才是绝对多数。如果我们把拒绝出席的95人，加上出席会议却另提人选的7人加起来，视为不同意现有候选人的选民，那么可以发现，不同意现有候选人的有102人，占全部调查对象的61%。所以，可以推断，那个出席大会的绝对少数派4%可能才是真正的多数派，是否定性的多数派。

表9.1　　　　　　村民出席选举大会人员分布

①	②	③	③/②	③/①
全部调查对象167人	出席过村民大会者56人	同意现有候选人者49人 49	87.5%	29%
		不同意现有候选人者7人 7	12.5%	4%
	未出席村民大会者111人	客观原因不能出席者 16	14.5%	9.5%
		拒绝出席者 95	85.5%	57%

公共产品具有外部性特征，鼓励了村民的搭便车倾向。公共产品的外部性，就是交易结果常常强加给没有参与交易的第三方以一定的成本和收益。外部性具体表现为非竞争性、非排他性、不可分割性等。——非竞争性是指，如果增加一个人消费公共产品，并不

会减少其他消费者的效用，即边际成本为零或趋于零；非排他性是指，如果要排除一个人消费公共产品，边际成本将是无穷大，至少会超过边际收益。公共产品的非竞争性导致公共产品需求过度，非排他性导致供给不足。所以，在公共产品领域，存在广泛的市场失灵，所以政府常常参与公共产品的生产或供给。但政府提供公共产品不是唯一途径，政府本身也存在失灵问题，所以公共团体、企业甚至个人都可以一定形式参与公共产品的供给。

二 自治决策实践中的问题及原因

村庄自治决策机制中的一个问题是村民代表会机构缺位，就好像公司治理中有股东大会却没有董事会一样，股东的意志缺乏表达的渠道，更难以对选举出来的代理人进行有效制约。何况，即使选出了自认为合适的人选，在缺乏强有力监督的制度环境下，这些人选仍然会异化为村民的对立面。

李庄的村民大会很少召开，村民代表会也形同虚设。村民对于村民大会很淡漠。究其原因，第一，是因为投票权分散，个人对会议结果的影响力很小，搭便车倾向严重。根据奥尔森《集体行动的逻辑》，即使某项行动符合多数人利益，也常常不会集体行动，因为普遍存在搭便车倾向。集体行动要克服搭便车，必须具备两个条件：其一，人数足够少；其二，存在选择性激励，以便论功行赏。[①]因为搭便车，所以很少见到由为数众多的低收入者为其共同利益进行的集体行动。另外，有能力出钱的人又无法享用或只能很少享用该公共产品，投资积极性很低。愿意留在这个村庄的人，才有意愿投资该村庄的公共产品；不愿留在该村庄的人，当然不愿投资该村的公共产品。外出打工人员更多的是与工作地点的公共产品有关，对本村的公共产品投资带有给留守的家人及全村人捐赠的考虑，但

---

① 奥尔森：《集体行动的逻辑》，上海三联书店、上海人民出版社 1995 年版。

在他们本身收入有限的情况下，这种捐赠就变成奢望了。对于大部分时间在外地生活的村民来说，他们工作地点的公共产品对他们才是重要的，所以投资本村的公共产品既不能带来收益，也不能带来多少幸福感。怎么解决搭便车问题？关键是要强化选择性激励，这种激励可以通过市场机制实现，给予那些积极投资公共产品的投资者收费的权利。而且，现在能够有时间参加会议的多是缺乏劳动能力和议事能力的人，多是留守村庄的老弱病残，那些有能力有想法的人大多外出打工了，他们要回来参加村民会议，成本太高。所以，出席会议的多是村干部临时找来的，其中很多是能够从现有的村干部那里获得利益的人，包括本家、亲戚、低保户等。这也从反面反映出，村民是否出席村民大会，是贯彻着成本—收益分析的，如果参与会议并不能带来收益，却只会付出成本，哪怕是半天时间，也有机会成本，多数人不愿参与。结果是参加者都是从会议组织者那里会得到好处的人，这样的会议，当然会使组织者的议题顺利通过。

第二，村庄集体土地的产权不清晰、不完整，限制了村民对公共产品的有效需求能力，也限制了供给能力。村民有土地使用权，没有处置权；即使村集体也没有土地处置权，只能由政府统购统销，政府成为最重要的剩余索取者和剩余控制者。残缺的土地所有权，弱化了村民自治的能力，强化了村民的佃农身份，而佃农是不应该提供公共产品的，地主才有义务提供公共产品。在目前的村庄土地产权结构下，真正的地主是政府，而乡村干部类似于二地主。二地主从政府那里转租土地，再分租给农户，二地主和大地主一起分享农民的剩余，农民从土地上所得的仅是维持简单再生产的收益。农地上的剩余收益常常被基层干部以各种收费形式搜刮殆尽，土地的升值收益也被政府以土地统购统销的形式征取和转移。村民与纯粹的佃户的不同之处在于，他们也能分享一部分土地升值的收益，但这仍然是不公平的。当年农民带着土地入股合作社，并没有放弃所有权，即使后来参加生产大队，土地所有权也只是交给了生产大队，而不是交给了政府。但不知怎么回事，土地的终极所有权糊里糊涂地到了政府手里，政府成为土地资源的剩余索取者。出售土地成为各级政府重要的财政来源，而这些收益本来应该属于村集体组织。虽然最近中央政府很仁慈，放弃了农业税，但基层干部攫取土地新增收益的行为仍然不能受到有力制约。实际上，政府不是不可以享受土地升值收益，但应该通过税收形式，通过对土地出售收益征收所得税的形式，而不是垄断土地处置权。

可以通过扩大农业的生产经营规模，减少搭便车行为。因为那些在某个村庄拥有大规模土地的经营者，使村庄公共产品生产很大程度上具有了私人产品的性质，他投资公共产品的积极性将大大提高。而要实现规模经营，并减少签约次数，最有效的办法是允许农民买卖土地，产生一批较大规模的土地所有者或经营者。对于这样的土地所有者或经营者，村庄公共产品尤其是生产性公共产品，很大程度上具有私人产品性质，供给方的积极性将大大提高。

土地的集体所有制造成了两方面的矛盾，一方面是土地的集体所有制与家庭经营之间的矛盾。判断所有权归属的根本依据，是剩余索取权的归属，不是法律和政策规定。如果法律和政策得不到执行的话，谁拥有土地的剩余收益权，谁就是土地的真正所有者。目前情况表明，村民至多是部分的所有者，他们的土地所有权是残缺的或名义上的。如果说村集体是所有者，那么就应该与村民有租赁合约，就应该获取租金，不论是定额租还是分成租，总要有合约，要有规定的数量或比例，但这些合约都没有，征取行为很随意；如果说村民家庭是所有者，那么家庭就应该可以买卖土地，但是他们没有这种权利，甚至村庄集体也没有买卖土地的权利。另一方面是集体所有制与政府所有制之间缠杂不清，留下了政府随意征取农地的空间。村庄土地若要转化为非农用地，只能先卖给政府，再由政府转手卖出，一转手之间，政府获得大把钞票，充当财政收入，部分官员也顺便从中渔利，这种统购统销政策从根本上损害了农民的利益。此外，政府还经常通过价格管制措施，把农民的收入转移到政府和非农人口手中。这些因素都弱化了农民的土地所有权，强化了农民的佃农身份。

如果村民仅仅是佃农，那么他们就没有义务或没有完整的义务提供公共产品，提供公共产品应该是真正的土地所有者的事。这就像大卖场中的租户，他们租赁经营摊位，但过道、环境、治安等主要公共产品的提供者一定是大卖场的所有者，而不是租户。村民的性质，取决于村民的财产权利结构，如果村民无权处置自己经营的土地，无权按照市场价格获取剩余收益，那他们就是佃户。村民作为一个租赁团体，或者作为一个永佃农团体，他们能作出的决策是有限的，他们能做的至多只是争取较好的租赁条件而已。在这方面，土地的终极所有者似乎很仁慈，农业税都不要了。在村庄土地所有权不到位的情况下，当今村民自治组织的最适宜形式是农会，更确切地说，是佃农协会，而不是区域性的民主自治组织。

没有完整的土地所有权，不仅使村民的自治能力削弱，而且使自治失去了方向。因为公共产品中，最重要的是为生产活动服务的公共产品，这种公共产品能够增加经济收益，最能调动村民的积极性。

国家的有关法律相互冲突，既规定农地为村庄所有，又规定村庄无权买卖土地，这种相互矛盾的法律是导致村庄治理混乱的根源之一。如果土地是以村庄为所有权单位，那么村庄就有权卖出或买进土地。当然政府可以通过规划形式，调节土地使用方式如农用还是非农用，只要不违背规划，村集体就应该有出售或购买土地的权利。有一种观点认为，如果允许土地买卖，将加大贫富分化，将增加失地农民数量甚至导致社会动荡。这种论调，不能容忍农村内部的贫富分化，却对严重得多的城乡之间的贫富分化视而不见。削弱农民的土地所有权，只会使农民的贫困更加固定化、更加普遍化，而不能阻止城乡贫富分化。事实上，如果以村庄为土地所有权单位，那么很难出现完全无地的农民，只会出现少地的农民。因为村庄即使出卖土地，也不会一次卖完，剩下的土地还是可以由全村农民重新平分，农民的份地减少了，收入却可能多了，把这些卖地的收入投入到较少的土地上，总收入也就会增多了。如果以家庭为土地所有权单位，那对于优化全社会的资源配置都是有利的，当然相关的社会保障和金融等制度必须作大力度的改革。

第三，涉及制度环境方面，就是党政系统对自治组织越俎代庖，村民大会没有村庄公共事务的决策权，选票变成了廉价投票权。这个问题的复杂程度超出本文讨论主题，不再赘述。

三　村民大会问题的解决方案

要解决上述问题，需要合理划分公共产品结构，需要完善村民财产权尤其是土地财产权，还可以重新设计计票制度。

第一，合理划分公共产品结构。村庄承担了很多超出本村范围的公共产品，这压垮了本来就很脆弱的村庄自治结构。比如教育、养老、计划生育等公共事务，都是国家级的公共产品，或者是私人产品与国家级公共产品的混合产品，应该全部或大部由国家承担，况且本来也有义务教育、计划生育等国策，现在却要村民私人或集体承担了太多，国家放弃了自己的责任。这些超出了本村范围的公共产品，不在自治范围内，应该由政府机构负责，所需经费当然也应由政府支付，村民不应承担与此相关的费用。如果需要村委会协助，是可以的，但应向委托单位收费，作为本村的财政收入。

第二，依法完善村民财产权尤其是土地财产权，以便限制搭便车倾向，同时提高村民的供给能力。有两种方案可供选择。第一种选择，依法保证村庄集体土地产权的完整性。村庄不仅应该享有土地使用权，而且应该享有处置权。村集体应该拥有卖出和买进土地的权利，政府包买包卖土地的权利应该废止，因为政府的这项权利违背了村民集体土地所有权，侵犯了农民的利益，政府只可以通过具有法律性质的土地规划来干预土地使用方向，而不能直接从事土地买卖。在允许村集体买卖土地的前提下，为了避免部分村民沦为无地流民，一方面要加紧建立城乡统筹的社会保障制度；另一方面，严格保证村庄土地的集体所有制性质，出卖土地的收益应该在全体村民中平分，或作为集体投资进行生产经营活动，同时要保证在出卖部分土地后，剩余土地的使用权应该在全村重新平分，不能以稳定土地承包权为借口，几十年不变更土地使用权。如果村集体有权出售土地，并以此筹措养老保险金，是可行的。办法是，农民出售土地的收入以一定的百分比向特定保险机构购买保险。但这样的话，政府就要丧失很大一部分财政收入。所以，政府的财政收入和官员寻租行为才是反对农民土地处置权的主要力量。允许外出人口卖掉自己的土地，如果他们在城市买房可以用出卖土地的专项收入来支付，或者把土地作为抵押品来贷款买房，并把出卖土地的收入的相当部分作为养老保险金的来源。如果真为农民着想，就应赋予农民更多自主权，可以规定农民的土地出让金应该缴纳一定比例购买保险，国家可以成立一个土地交易保险公司，专门经营农民出卖土地收益缴纳的保险金。乡镇党政领导是反对农民土地私有化的重要力量，是妖魔化和矮化农民的先锋，城市居民以及其他从剥削农民行为中获益的人是妖魔化和矮化农民的主体。在当今讨论农民问题的舆论中，充斥着农奴主的思维，贬低农民理性决策的能力，把压榨农民的私利隐藏在伪善的慈悲面具之下。戕害农民利益的集团却到处伪装成为民父母的活菩萨。

进一步的，可以有第二种选择，实现村民个人的土地所有权，废除土地的村庄集体所有制。农民个人可以自由买卖土地或作贷款抵押品，让农民可以在城乡之间自由流动。这种制度的结果可能产生一批地主和农业资本家，引起很多担心。很多年来，地主制经济受到妖魔化，说他们阻碍了中国的资本主义化，说地主多么残忍无人性，等等。但进一步的研究不能支持这样的结论，地主制经济比西方中世纪的领主制经济更具自由平等的性质，它带来的农业生产力水平也更先进；地主似乎也不像先前宣传的那样惨无人道，中国的地主（豪强地主除外）大多是兢兢业业、省吃俭用的，甚至在农忙时地主给雇工的饮食比他们自家人吃得还好。新中国成立前的农村，很多公共产品都是地主提供的。在新中国成立以前的很长久的中国乡村自治历程中，私人提供公共产品的情形一直存在，如乡村的道路，常常冠名为张家路、李家沟、王家桥、马家河等，都是私人提供公共产品的证明。地主之成为地主，很大一部分原因是因为他们比一般农民善于经营，善于积累财富，多数地主在生活中还是很节俭的。当然，作为一种制度，不能假设地主的人性是善良的，事实上，地主既不比农民善良，也不比农民丑恶，地主的行为方式，是由制度环境塑造的，不是他们想成为什么样就是什么样的。关键在于相关的制度设计要合理，法律要完善。要用强有力的法律约束交易各方，而且充分竞争的土地市场和劳动力市场可以对地主和农业资本家形成有力的约束。相信只要保证土地流通市场的竞争性，地主相互之间的竞争，佃农之间的竞争，不论分成租还是定额租，都会趋向于一个有效率的均衡价格，会使佃农和雇农获得一个相对合理的收入，张五常的《佃农理论》从理论上证明了这一点。① 另外，国家还有多种手段调节地主和资本家的行为，比如通过对大地主征收高额累进税，等等。那样的话，农村的贫富差距可能会有所拉大，但城乡之间的差距则会缩小，整个社会的收入差距也会相应缩小。

政府维持土地集体所有制的一个考虑是把土地作为农民保障的

---

① 张五常：《佃农理论》，商务印书馆2000年版。但张五常最近声称土地所有权不重要，只要农民拥有土地使用权、处置权、收益权。问题是中国农民现在并没有土地处置权。如果只重复张五常的结论，忽视其前提，就是误导。西方国家如英国，也是声称土地国有，或者归国王所有，但是居民拥有土地处置权，可以买卖土地。只有当土地买卖在英国居民和外国居民之间交易时，政府才会介入交易。

替代，但有的时候很多地方政府考虑更多的是攫取土地的级差地租。农民需要保障，但保障不仅是吃饱肚子。城市人的财产都是高流动性的，可变现的，所以能够在不同领域优化配置资源，实现保值增值，但农民的土地则禁止变现，即使看到更有利的投资途径，也不能改变配置资源的方式去盈利，财产权利的不同是造成城乡差距扩大的根本原因之一。

共同所有，却分散经营，这与一般的公司治理正好相反。在公司制下，人们之所以把分散的所有权交给公司统一经营，是因为存在专业化收益和规模经济，否则谁愿意把自己的钱财交给别人经营?! 那只会白白增加代理成本。共同所有的效率基础是村庄规模经济，如果不存在规模经济，就没有共同所有的必要。可以说，村庄的一系列问题都与这种低效率的所有权结构有关。村庄土地的分散经营，也就是家庭向集体所有者承租一定的土地，而且承租土地的数量不可多也不可少，只是一个平均数，这至少忽视了不同村民的经营能力的差异，阻碍了资源的合理配置。

第三，改革计票标准。有两种办法可供选择。第一种办法是一人一票制度。这种制度类似于有限责任公司的计票制度，能更好地反映多数人的愿望，符合公平原则。这种制度适宜于人事选举。一人一票制度下，信息分散，一定要鼓励竞选，通过竞选活动，使候选人尽量充分地释放有关信息，以便村民作出适当的选择。一人一票制度，选票分散，选举的交易成本较高，所以要允许竞选人收集选票或村民委托投票。但所有这些制度，要充分实现制度设计的目标，必须开放村庄的人口流动，允许村民流出，也允许村外人员流进并参加选举和竞选。否则，在封闭的村庄中实行一人一票制度，就不可能打破强势家族的垄断地位，不仅可能缺乏效率，而且也是不公正的。

另外，还需认识到，直接民主对应于市场结构中的完全竞争，是一种非常理想化的状态。一开始就把村庄自治定位于民主自治这样的高级民主状态，需要非常严格的制度环境配合。在外部制度环境没有重大改革的情况下，有太多的因素可以"阉割"民主制度，加大了村民自治的难度，可能也妨碍进一步走向民主的前景。一人一票的直接民主，在封闭的家族聚居的村庄中，最可能演化为少数家族的寡头垄断的共和制，而不是民主制。为了阻止家族势力对村民自治的阉割，一定要允许人口自由流动，要废除户籍制度，否则，一人一票的民主制度是无法与家族势力对抗的。民主要逐步实现，完全竞争的直接民主体制，不仅不现实，而且因为过于分散，加大了搭便车倾向。如何既实行民主又不至于沦为家族势力的工具，一方面要加强有关法律的执行，另一方面要废除现有户籍制度，鼓励人口流动，鼓励竞选。

按阿罗不可能性定理，因为集体行动中的机会主义或搭便车倾向，因为个人偏好是不可通约的，所以完全民主是不可能的，他甚至从个人偏好推出社会偏好的唯一途径就是独裁统治。阿罗的观点被视为对民主制度的毁灭性的发现，但布坎南后来证明，只要限定选择的项目不超过两个，那么民主选举还是能得出一个次优结果。[①]在目前李庄村这样分散的投票权结构下，加上该村存在主导性的三个大家族，企图通过一人一票制度实现民主自治，确实是很难想象的。

第二种选择是实行一份土地一票，这种制度适宜于村庄公共事务的决策，即所谓一事一议。按照土地数量确定投票权，这样可以确保村庄生产性公共产品成为优先项目。这类似于股份有限公司的一股一票制度，能更好地反映土地持有人的利益，符合效率原则。一个家庭如果有 10 份土地却只有 1 个选票，他的选票就难以争取到自身的利益；如果他们的 10 份土地拥有 10 张选票，

① 戈登·塔洛克：《公共选择》，阿马蒂亚·森：《社会选择》，伊特韦尔等编：《新帕尔格雷夫经济学大辞典》第三、四卷，经济科学出版社 1996 年版。另见余永定等主编《西方经济学》，经济科学出版社 1997 年版，第十五章、第三十三章。

那么他们就有更大的可能维护自身的经济利益，这种选票就更倾向于选择生产性项目，更有效率，更具建设性。西方民主在最初都是以财产分布为基础的，不达到一定的财产数额或不缴足一定税额的人就不具有选举权，这种制度虽然不是那么平等，但不乏效率。在目前的制度环境下，企图通过理想化的一人一票的制度实现直接民主，可能既得不到效率，也得不到公平。分散的投票权更容易鼓励投票人的搭便车行为，更难于集中力量监督管理者，从而也更容易被利用来实现代理人控制，有限公司法一般都规定股东的人数限制，就是为了减少搭便车行为，有利于贴身监督。

但实行一份土地一票制度，可能导致大地主寡头垄断村庄。作为补救措施，可以实行累退制投票或者确定家庭的最高投票额，这在公司治理行为中曾被广泛采用过。有一种担心，认为地主制经济会损害国民经济向现代经济的演化，其实，中国历史上的地主经济把中国带到了封建经济的顶峰。之所以中国封建经济没有顺利实现向市场经济的转化，不是因为地主经济，而是因为制度环境，是因为封建政府对手工业的行政垄断阻碍了农业剩余向工商业领域的转移，还因为来自北方草原的落后经济制度对中原先进制度的破坏。还有一种担心，地主制经济会增加无地农民的数量，造成大批流民。这并不是必然结果，更不是唯一可能的结果。现在的国民经济，产业已经多元化，农民的就业去向大大增多，卖出土地以后并不一定失业。况且，即使允许农民卖地，农民也不一定卖地，他们会进行理性权衡的。在不确定有更好的收益的情况下，农民不会卖地，卖地的农民大多会找到更好的职业。不要低估农民的理性计算能力，他们很多都已经在非农产业和城市中生存了很长时间，他们在非农产业中生存的能力已经得到充分的证明。在目前中国农民身份制度如此严酷的环境中，农民工都能生存下来，还担心他们有了自由以后会失去生存能力吗？有的利益集团，一方面假设农民缺乏理性计算的能力，所以声称要为民做主；另一方面又经常地、持续地侵害农民权益。有理由相信，这些人的惺惺作态只是为了更方便地掠夺农民，而不是真要为农民谋福利。近三十年的改革，难道不正是那些看似愚昧的农民发其端绪的吗！谁的智慧和勇气超过了凤阳和温州的农民！

因为村民大会没有人事和公共事务的决策权，所以村民大会的召开，都是为了选举村委会干部。一旦这些干部当选，村民大会的使命就结束了。因为村委会组织法规定，村民大会由村委会召集，但村委会干部当选后，与党支部相结合，独断专行，根本不再需要村民大会决策什么公共事务，这就直接违反了公共事务一事一议的政策。说什么自觉接受监督，怎么可能？如果没有法律的硬性约束为基础，自觉接受监督在任何地方都是假话。一定要禁止党支部取代村民人会的决策权，党支部拥有决策权直接"阉割和肢解"了村民大会，况且，如下一节讲到的，党支部实际上还取代村委会拥有了执行权，这样，党支部不仅拥有决策权，还拥有执行权，加上与家族势力的结合，村民自治奄奄一息。党支部取代村民大会的决策权，是与村委会组织法直接冲突的。

第二节　村民自治的执行机制

村委会是村庄自治的执行机构，受村民大会和村民代表会委托，合理组织并有效利用人、财、物等资源，提供相关公共设施和公共服务。李庄的村委会组织不是主要的执行机构，党支部取代村委会成为主要执行机构，由此也导致村委会选举成为廉价投票，选民参与投票的积极性不高。要解决这些问题，需要改变以党代政的局面，要建立村委会与村民大会分权与制衡关系，更根本的是要确立村民进入和退出村庄的人身权利。

一　执行机制的现状

法律规定，村委会干部是实行直接选举，所有达到成人年龄的村民都有投票权。李庄的村委会干部候选人由乡镇政府预先确定，实行等额选举或小差额选举，而不是海选。选举的时候，乡镇政府派干部来监督，但监督流于形式，选举中的不规范现象并不会受到阻止和纠正。选民到现场参加选举投票的很少，也不委托别人代投票，等于放弃了自己的投票权，村民对这样的选举不感兴趣。实际上，很多选票是候选人拿着票箱到各家各户收取的。结果是，上面提出的候选人基本上都能当选。个别到现场参加选举的村民，主要有两类人，一类村干部的亲属或关系人，另一类是那些可能从村干部那里获得救济金等实际利益的赤贫村民。总之，参加的人，多是与候选人利益攸关的。这也从反面说明，村民是否参加会议，决定性因素是这个会议与自己的利益是否相关。如果利益不相关，那么不参加；如果利益相关，但知道参加会议并不能改变受益或受损的局面，那么不参加也是明智的，因为参加选举总有机会成本。

问卷显示，在167个调查对象中，参加过村委会选举的调查对象有56人，而没参加过的有111人，分别占1/3和2/3。在没参加过选举的111人中，只有16人是客观原因（没时间和在外地）不能参加的，其他都是主观上不愿参加的，达95人，占全部调查对象的60%。而在参加过选举的56人中，选民最重视的是候选人能否带领村民致富，其次是能否为村民说话、保护村民利益不受外界侵害，选择两个选项的答题人分别是16人和12人，分别占选举参加者的28.5%和21.5%，占全部调查对象的9.5%和7%。实际上，我们推测，参加投票的这56人中，与被选举人有直接利益输送关系的应该是大多数，因为在回答"你选举的人当选与否"问题时，49人的回答是肯定的，否定性回答的只有7人，可见，多数参加投票的人与候选人的利益是高度一致的。

表9.2　　　　　　　村民对村民大会的态度和愿望

①	②	③出席与否的原因与人数	③/②	③/①
全部调查对象167人	出席过村民大会者56人	带领村民致富 16人	28.5%	9.5%
		保护村民不受外力侵害 12人	21.5%	7%
		其他	50%	16.5%
	未出席村民大会者 111人	客观原因不能出席者 16人	14.5%	9.5%
		拒绝出席者 95人	85.5%	57%

　　村民对村干部的期待相当低。如果说带领村民致富是村民的积极期待，保护村民权益不受外界侵害就是消极期待，是期待村干部成为保护人，减少外界侵害。甚至对于候选人也是消极期待为主，很多人不是指望哪个村干部能够为村民谋福利，而是希望选出为害较小的村干部。

　　选举权流于形式，多数村民认为换谁都一样。之所以换谁都一样，是因为村干部都是听上级政府支配，不对村民负责。村干部选举过程实际上成为党政系统选择代理人的过程，而不是选举村民代理人的过程。另外，村内有势力的人，谁上台都会与他们分享好处；没有势力的人，谁上台都不会与他分享好处，除非他遇到了很重大的灾难性事件。所以，民主在这里取代不了强势家族的豪强，他们把任何一种正式制度都变形为长老共和。历史上，中国的乡村自治是长老自治，属于共和制，而不是民主制。这些长老一般都是地主，是土地财产较多的人，因为财产较多才能承担起村庄对国家的责任（如征税、维持治安等）；因为有财产，所以才能提供公共产品，才有权威维持地方秩序。中国历史上，中央政府很少能够有效地实施对乡村的治理，共产党是第一次对中国乡村进行直接治理的政府。这是一个进步，但问题也在这里，政府的"有形的手"扎得太深、伸得太长，挤占了村庄自治的空间，以致减少了村民的选择机会，阻碍了村民的行动能力，同时，家族势力与行政权力相结合，比长老更加强大有力，所以，他们若为害乡里，后果也就更加严重；当然，也有个别人借此强力能够为村民谋取更大的福利。历史上中国的长老自治容易形成豪强地主和恶霸地主，说到底是因为国家能力太弱，"皇权不下县"，县级以下没有政权机关，乡村没有政府，也没有司法机关，地主长老势力某些时候就会不受制约地疯长。现在不同了，政府已经延伸到乡村，尤其是司法机关已经到了乡镇一级，还有一个强有力的党务系统从上到下贯通，遏制甚至杜绝恶霸地主、豪强地主是完全可能的。

二　村委会实践中的问题及原因

村委会存在的主要问题有二。第一，廉价投票权。第二，户籍制度下的农民身份限制了有能力的村民参与村庄事务，也限制了村庄公共产品的有效需求。

第一，廉价投票权问题。廉价投票权是指含金量极少或没有含金量的选票，是对投票结果很少影响力的投票权。选票价值与选票总数成反比，与候选人差额比例成正比。因为票数过于分散，单个人投票与否对最后结果没有多少实质性影响，又缺乏村庄政治家对有关议题的宣传和辩论过程，甚至根本没有议题，所以，居民对投票结果的价值持怀疑态度。另外还因为乡镇领导大多指定了候选人，而且村长和村委会并不是村庄最主要的权力机构，选举结果对村民利益的影响不大。村庄最主要的权力掌握在村支书手中，但现在村民只有权选举村长，所以选来选去，选个二把手，即使选对了村长，也不能等于村干部就服务于村民，因为当家的村书记并不是村民选举的，也不会对村民负责。现在有些村往往只有几名党员，不够成立党支部，也没有必要成立党支部，成立党小组就行了。另外需规定，不论党支部还是党小组都不具有直接干预村庄事务的权力，党小组可以通过自身的能力和优良品行去说服村民投票赞同某项动议，而不应具有决策权。组织结构必须体现分权与制衡原则，执行机构不能同时成为决策机构。如果政府不能对村庄自治放权，那就没有必要搞什么选举，徒然增加选举成本；如果党务系统不能对村委会放权，结果也是一样，没有必要搞选举，增加政治成本。

第二，从村委会的运作过程来看，一方面是不作为，另一方面是乱作为。该管的事情很多没管，对于应该为本村村民争取的利益漠不关心，令村民很失望。例如，李庄村有个窑厂，30 年前承包给一个外村人经营，当时很多村民借款给该企业主兴办窑厂，并约定将来逐年用来作为村民购买窑厂砖瓦的资金（等于是订金、预付款）。但近30 年过去了，只有少数有势力的农户获得了按约定的砖瓦或还款，大部分借款人至今一片砖瓦未见，甚至村民不计货币贬值的代价，要求归还本金也不能够。如此逆情悖理的事情，村干部根本不为村民出头争取正当利益，却借口这件事是前任村干部负责，与现任无关，这样的村干部已经不能代表村民争取正当利益。村委会类似于法人，不能因为换了法人代表就丧失了相关权利和责任。合理的解释，只能是现任村干部与承包人之间有某种不为村民所知的契约。如果村民大会的权利真正得到落实，这样的企业承包人一定会被更换的。但是我们在调查中，所有那些对窑厂意见很大的人，没有一个人提到更换承包人的建议，可见他们心中根本就没有想过，因为缺乏这样的机制，村民从来没有享受过这样的权利。还有，村里土地划出一部分给国家建高速公路，但下拨的收购土地的款项，被市、县、乡层层截留，到了村里，只有原始价格的三分之二，这些也没有村干部去为村民争取，或者争取而不成功，足见其软弱无力。

第三，家族势力难以消解。绝大多数的村民属于孙、李、宋三大家族，相互之间有制衡关系。有了好处，各个家族的头面人物大多能利益均沾，这保证了不出大乱子。当然，各个家族内部也不是利益一致的，得益的主要是各个家族的头面人物，家族内部有等级或差序格局。对于那些处于底层的人，不论谁当选，他们都得不到什么。而且，不论对本家族还是外家族，拳头总是很管用的。拳头数量和分量不足的，即使当选，也难以顺利执政。家族暴力在村庄治理中是很关键的因素，而且只要不允许村民自由流动，这种暴力治理就不可避免。家族暴力有时与村委会机构结合在一起，有时游离于村委会组织之外，但都是村庄治理绕不过去的重要力量。

三 村委会问题的解决方案

第一，要改变廉价投票权。一方面，可根据土地数量确定投票权；另一方面，可通过土地的相对集中实现投票权的相对集中。这样，这些农民的利益才会与村民委员会的工作发生重要的关系，使这部分人真正关心村委会的工作。

村庄自治的法定决策机制是一人一票，而不是一股一票。这样的投票制度削弱了财产所有权的作用。按年龄作为投票基础，可能导致某些人口少从而出资少的家庭拥有的投票权高于人口多出资多的大家庭（未成年人口多），这些拥有高投票权的家庭的倾向与低投票权家庭的倾向会不同，前者可能会更倾向于生活性公共产品，后者可能更倾向于生产性公共产品。过于分散的投票权，造成了村民的搭便车倾向，便利了村干部的独断专行，也就是公司治理中的内部人控制。另外，既然是直接民主，那么采用类似有限责任公司制度不如采用类似股份有限公司制度，进入和退出自由。

第二，废除户籍制度，允许农民流动，包括流出和流进，流进要通过购买本村土地实现。让不愿意留在该村的人离开，这对于离开的人和留下的人都是有益的。要把农民留在村庄，必须使农民获得土地充分的经营权和使用权。现在大多数有议事能力的村民不在农村，他们在这个村庄及其附近地区，根本找不到增加收入的职业。因为他们的人口居住密度不足，不像欧洲自治城市，是高度分工的，市民在自治区域内就可以找到养家糊口的经济来源和行业，而现在的村庄的产业结构是高度同一的，分工水平低下，人们相互之间对对方产品的需求几乎没有，大家都生产粮食和有限的经济作物。他们深化分工的努力又会受到居住身份的限制，因为政策不准城市居民购买乡村土地和房产，村民迁徙到新的地点从事新的经济活动的机会成本极高。他们可以离开出生的村庄，却没有在他乡的合法居住权、就业权、社会保障权等，不可以通过土地变现来规避或减少损失并增加在城市生活的初始资金。只有当村内居民可以自由迁徙，从而使每一个居民能够在住家附近就业，才能减少他们参与村庄治理的成本，才能提高他们参与社区自治的积极性。要让那些能够在别的地方就业并且愿意离开的人离开，让留在这里的人有比较充分的就业机会，这不仅要求迁徙政策改变，而且要求土地政策改变。否则，村庄的主要人力资源都在外地，村庄的主要收入来源也在外地，这些人力和财力与村庄公共产品没有多少联系，也就不会投入到村庄公共产品生产中，村庄自治就会面临人财两缺的困境。

村庄民主自治一定要以村民迁徙自由为前提。有的村庄确实一时没有合适的人选担当自治领袖，可以允许外村的人员参选（村外人员可以充当村委会干部，仿佛聘任经理，但不可以作为村民代表会成员）。这在法律上应该说得通的，因为村委会干部是村民大会委托的，受村民大会制约，不论哪里来的人，只要接受村民大会的约束，都不容易背离本村的利益；反之，即使是本村的人，只要不受村民大会约束，也不会真正服务于本村的利益。另外，有的村民的意志若不能在本村得到多数认同，那么应该允许他迁徙，离开这里，否则他会绝望，他与当地主流社会的矛盾会激化。他的观点在这里可能始终是少数，但在另一村庄可能成为多数。自由流动，是布坎南的俱乐部理论强调的有效供给公共产品的一个必要条件，这样才能保证志趣相投的人聚集到一起，才能形成共同感兴趣的公共产品需求和供给。迁徙自由还需要房地产交易的权利，村民可以像城市居民一样买卖房地产。否则他离开这个村的时候不能卖掉自己的房子和土地，到新的村庄又不能买进房子和土地，那他可能转而破坏社会。现在人们担心，一旦放松户籍控制，乡村人口会挤爆城市，带来更多的城市病，其实不用过分担心，迁徙人口会计算迁与不迁的成本和收益，只要相关制度配合得当，村民的总收益只会上升而不是下降。自由迁徙，还可以打破村庄的家族聚居局面，减轻家族聚居导致的沉重的人情往来压力，改善社会风尚。在一个封闭的环境下，在一个人口不可自由流动的环境中，村庄内以家族势力为基础的寡头垄断结构是不可能被打破的，民主是不可能实现的。

如果说集体所有制绑住了村民的手，那么户籍制度则是绑住了村民的脚。集体租赁加上户籍制，定义了中国农民的地位类似于美国保留地中的印第安人。在白人主导的美国，印第安人受到很多保护和优待，但结果表明，白人保护和优待印第安人的目的只是觊觎印第安人的土地，受到保护的结果是印第安人拥有的土地越来越少。中国农民似乎是受保护的，他们身体可以离开这里，但是外部世界却没有准备接收他们的地方。这种保护实质是监护。他们不被允许形成拉美世界的城市贫民窟，却成为远离城市的乡村贫民窟。他们被屏蔽在人们的视野之外，所以他们没有给国家带来像拉美贫民窟一样的恶名。剥夺农民的土地财产权，就是打断了农民的脊梁，却责备他们为什么站不起来，还要求他们自治。欧洲的城邦自治是以自由民的人身权为基础的，那些逃出了领主管辖范围的人，虽然没有多少财产，但获得了人身自由和财产权，否则怎么自治？中国农民问题有特殊性，中国农村这些年也确实得到了很大发展，但与农民付出的汗水相比，他们所得的福利是不成比例的。

第三，要建立合理的分权与制衡关系。在有关法律规范的制约下，村委会必须唯一地置于村民大会的领导之下，只受法律规范，而不受政府领导。强调村民代表大会的决策权并不会削弱村委会的执行权，而是要规范和监督村委会正确行使执行权。村委会需要特定的制度界定其权力和责任，村民大会和村民代表大会的权力和责任也同样需要特定的制度加以界定和约束。村委会归根结底是村民大会的工具，受村民大会的制约。但目前现状是，村委会主要是在执行乡镇党政部门的指令，而不是执行村民大会及其代表会的委托内容。所以村委会干的事情，很多是超出本村公共产品范围的。按理说，村委会是村民选举的，也是村民出钱供养的，那么他们应该而且只应该执行村民大会委托的本村事务，不能另外干超出本村范围的事。如果村委会的服务对象超出本村，比如为乡镇政府及其以上机构服务，他们应该收取服务费，并且这些服务费应该归全体村民所有，作为本村的财政收入。但是，现在相反，村委会干的事主要是为村外的人干的，受村外的机构委托到本村办事，本村范围的公共事务倒成了其次的事。这就决定了村委会实质上成了乡镇党政机关的下辖机构，而不是村庄自治机构。

第三节　村民自治的监督机制

权力授出之后，如果不接受授权人（委托人）的监督，那就一定会异化为授权人的敌对力量。授权人必须能够监督权力的执行，并在必要的时候收回权力。有这样的约束机制，受权人（代理人）才会按照授权人的意志行事。

李庄的村民监督活动名义上是由村民大会履行的，没有专门的监事会机构。监督活动主要体现为村委会自觉接受监督，没有强制监督机制。监督内容主要是公布大致的财务账目，而作为监督权的最基本内容，人事监督或罢免权从未运行过。要完善村民自治的监督机制，需要建立强有力的组织，更重要的是外部制度环境必须作相应改变。

一 村民监督的现状

村民自治的一项重要权利是监督权，监督权中最重要的，一是事务监督，监督村民代表和村委会是否忠实履行了村民大会的意志去生产合格的公共产品；二是财务收支是否合理；第三，也是最重要的，是人事罢免权。

李庄的村民监督，没有固定的机构，是所谓的村委会自觉接受监督，一定时候公布一下不清不楚的大致账目。在我们调查的167份问卷中，认为本村民主理财活动有效的仅为18人，占调查对象的11%，其他近89%的调查对象都认为无效或无所谓。对于村委会的招待费支出，只有1个调查对象表示了解支出情况，其他166人表示不了解。这两个指标的调查结果是矛盾的，既然只有1人表示了解招待费的内容，那么那18人认为有效就没有根据。而且即使是那个承认了解招待费的人，也不一定认为民主理财是有效的。可能这个人正好是村干部中的一员。

表9.3 民主理财及其效果 （单位：人/%）

	调查对象评价	人数	比例
民主理财	有效	18	10.8
	无效	149	89.2
招待费	了解	1	0.6
	不了解	166	99.4

李庄的财政资金来源，包括自筹资金、外源性的转移支付两部分。财务收入一般是清楚的，但支出就比较模糊。作为省级扶贫重点村，救济金数量比较大，如何分配，干部有很大自主权，甚至发生过移花接木、冒名顶替的事，村民很有意见。另外，高速公路征地以后，土地调整问题也引起很多村民不满。村民虽然对很多事情

不满，但他们对村委会干部却没什么期待。在我们调查"你对村干部最不满意的事情有哪些?"问题时，选择"招待费"的有42人，占25%；依次选择"企业承包"、"水面承包"、"土地承包"的分别是39人、20人、14人，还有36人选择"说不清"。

表9.4　　　　　　　　对村干部最不满意的事　　　（单位：人/%）

	招待费	企业承包	水面承包	土地承包	说不清
人数	42	39	20	14	36
比例	25	23.4	12	8.4	21.5

　　财务监督，需要较为专业的财务知识，需要适当的组织把适当的人员集合起来，并对这些人员有适当的激励和约束，才能真正起作用。但现在似乎都是空白。另外，国家的财税管理也有漏洞，乡村经济活动中，尤其是消费行为中，很少有发票，至多有收据，随意性大，无法监督。

　　上级的转移支付，为了防止村干部挪用浪费，也有的是绕过村干部的，但效果不一定好。比如省水利厅的扶贫项目，建一条水渠，结果建起来以后，多年来根本无法投入使用。还有一个省级资助单位，为每家农户建了一座猪圈，这也绕开了村干部腐败的问题，但这些猪圈绝大多数是空的，个体小规模养猪，缺乏规模经济，没有市场势力，很难应付过山车一样的价格振荡，边际收益近于零甚至小于零。这样的扶贫，为民做主的出发点未尝不善，但实际效果是双输局面，捐款单位出了钱，村民却没受益，还浪费了村民一块地。曾经有捐款单位，怕村民把捐款用作非生产性用途，干脆给每家一只羊，以为这样可以帮助村民增加收入，结果村民大多把羊吃了。面对这样的结果，捐款人满肚子的火，觉得这样的村民不求上进，简直不值得救助。殊不知，村民的行为是理性的，他继续豢养这只羊的未来总收益可能是零，吃掉了还有个现期净收益。捐款人只知埋怨村民愚昧，却不知自己才犯了那种"一只老母鸡，天天下鸡蛋，鸡生蛋，蛋变鸡，直到千千万"的荒谬错误。自认为可以为民做主的人，不论主观愿望善良与否，其实都是最可笑的，也是可悲的。"政府应该做的乃是人民要求政府做的，而不是某些智者认为人民应该要求的事。"①

村民监督的最重要权利还不是财务问题，而应该是人事罢免权。监督委员会应该有权提请村民大会罢免村委会干部，但现在既无这样的动议，更无这样的实践。如果村民只能把人选上，却无权把他罢免，授予某人代理自己的权力，却无权把这种代理权收回，那么委托人将面临更加严峻的困境。授出权力却不能收回权力，那就像养了只大老虎，放出去容易，抓回来难。因为村民没有罢免权，导致控制权失控，选民对代理人没有控制力。既然村委会并不对村民负责，既然村民大会无权罢免村委会干部，村委会当然不会对村民负责，他们的行为不受村民节制。村民在村内机制无法监督和制约村干部的情况下，于是上访，但上访常常被视为不安定因素，受到各种打击。如果村民自治法真的得到执行，村民大会真的有权罢免村委会干部，许多问题都可以在村内解决，上访的现象要减少很多。如果国家机关不能维护法律，不能维护村民的合法权益，还怎么能指望村民自治？法律是村民自治的基础，村民自治要求政府行政权收缩，但法律不能收缩，相反，法律、执法机构应该更加强大，否则，自治一定会导致混乱。

二　村民监督实践中的问题及原因

在村民自治的治理结构中，村民相当于法人公司的股东，村民大会（因为是直接民主，村民直接选举村委会）相当于董事会，村委会相当于经理人，村民监事会也就是公司的监事会。监事会负责监督董事会和经理会的行为。美国的公司治理模式中没有监事会，

---

① 伊特韦尔等编：《新帕尔格雷夫经济学大辞典》，经济科学出版社1996年版，第1113页。

德国模式有监事会，本项研究的李庄村村民自治组织中也是没有监事会的，类似于美国模式，由董事会领导下的机构实施监督。村委会主任可以参加村民代表会，并作为代表会下设机构执行委员会的主席。如果村民选举党支部成员做村民代表会主席，是可以的，但不能由上级任命。自治组织是相对封闭的权利结构，它自己生产权力、自己改变权力，并具有自身演化的功能。但是党组织并不是自治组织，它是接受上级命令的组织。

村民监督中的问题，第一，是搭便车倾向。因为投票权分散，没有哪一家能够拥有 10 个以上的投票权。如此分散的投票权，强化了村民的机会主义倾向，谁也不愿出头去实施监督，因为监督活动的收益是由所有村民获得的，但监督的成本则是由监督者个人承担的。分散的投票权也导致村民监督能力和监督愿望都下降。另外，由于户籍制度的限制，村民没有退股的权利，通过退出机制惩罚代理人的机制失效。如果村庄的土地比较集中，或者有若干集中土地的大户，那么，这些大户的监督积极性和监督能力都会较高，监督效果也会较好。第二，以党代政问题。第三，家族垄断。党组织在村庄的强有力存在，一个重要原因是对抗家族势力对村庄的垄断。但实际情况是，家族势力在村庄的存在历史比党组织长久得多，村庄的党组织很大程度上被家族势力俘获，成为家族势力垄断村庄的工具。真正能够消解家族势力的是市场力量，人口的流动性，人身权和财产权的独立性，才是解决家族势力的根本动力。

党支部在实施监督活动中可以发挥很好的功能。党支部最好不要直接掌握村民自治的执行权，而是应该在村民代表会中活动，实施决策和监督功能，而不是执行功能，这样有利于发挥党组织的强大活力和能力，又不至于导致权力过分集中。因为党务系统是垂直领导体系，党支部必须接受上级党委领导，如果党支部直接行使村庄执行权，那么村庄必然成为国家行政体系的一部分，这就"阉割了"村民自治的本意。村民自治本意是在政府与村民之间构建一种中间状态的组织，以缩小国家干预的范围和国家的治理负担，培养社会团体自我治理的能力。如果国家不放手，那就多一事不如少一事，不必兴师动众搞什么村民自治。

三　村民监督问题的解决方案

民主监督包括积极监督和消极监督两类。积极监督需要建立强有力的组织机构，主动监督村委会的行为，尤其要有罢免权。消极监督需要赋予村民可随时退出村庄的权利，作为对村委会的一种惩罚机制，这也要求村外社会尤其是城市要取消农民进入城市的行政门槛。

第一，首选要建立特定的组织，并切实赋予村民大会对于村委会成员的罢免权。可在村民大会下设监督委员会，监督委员也由村民选举产生。按照相应的制度，规定相应的权力和责任。监督委员会的职责是监督村民代表会和村委会的工作，列席村民代表会和村委会的会议，并可提请村民大会罢免代表会成员和村委会成员。

第二，允许村民和土地自主流动。这样，村民至少可以通过退出该村，实现对村委会的惩罚，这是公司治理中的一种惩罚机制，可以适用于村民自治。退而求其次，既然村委会不能为村民谋福利，可不可以选择不要村委会？应该可以。村民可以选择合并到别的村庄，如果别的村庄愿意接收的话。作为接管者或兼并者，可以是临近的村庄，也可以是远隔千里之外的村庄甚至企业，甚至只是远方的一个强人，一个资本家，一个愿意来领导这个村的人，或者一个愿意来经营这个村的土地的人。这与公司兼并逻辑是一致的。

村民退出自治体，是村民监督的重要机制，就像公司股东退股是对公司管理层的惩罚机制一样。由于村民缺乏退出机制，就像股东缺乏退出机制一样，不能用脚投票，好坏都离不开这个所有权单位，必然被套牢，接受代理人的敲诈。退出机制，不一定是卖地，也可以把土地抵押出去，实行部分退出，这样也有利于改善村庄治理。退出或退股作为对管理层的一种惩罚，可以一定程度迫使管理者改善管理。但是这都遇到了户籍制和金融部门的限制，因为村民的土地和房产都不可以作为银行抵押品。导致村民没有退出和流动机制，这可能导致村庄的矛盾积压，转而爆发为烈性事件。应该允许村民带着土地投靠另一个村庄，比如华西村附近的村庄，村民集体投靠华西，这对于附近那些未被吞并的村庄的管理者一定会造成相当大的压力，迫使他们改善管理和服务。这种退出机制，是在不改变农民仍然为农民的前提下，允许这个村的村民流动到另一个村，哪怕是一个村的若干村民带着土地集体流动到另一个村，这样，本村的村民会减少，土地会减少，村干部收费的来源会减少，那么他们就不得不警惕，不得不兢兢业业讨好村民，为村民服务。进一步的，应该允许村民不仅流动到另一个村庄，还应该可以流动到城市，成为城市居民。在这个过程中，村民到所落户的城市居住，他的土地可以向该城市的有关金融机构抵押贷款，作为购房或购买保险的来源，相应地，那块土地由该市的某金融机构经营，该金融机构可以在本市甚至更大的范围内招募市民或公司或外市市民去经营那块土地，实现资源的重新配置。这都要求松动农村的土地所有制和户籍制。但是，一旦实行土地买卖，并实行以土地所有权为基础的投票权，可能带来大地主专制。补救的办法是存在的，就是实行累退制投票权，或者规定不论持有多少土地，最高的投票权不能超过多少，这种公司治理行为中都是存在过的。这既可以保证效率，又能兼顾公平。

中国是个共和制国家，民主制度建设还起步不久，却要在村庄首先实行最高级的直接民主，这样的内部治理结构与外部制度环境如何接轨，确实是个大问题。民主政治是个开放的系统，不能关起门来搞民主，在一个封闭的环境下是不可能实现民主的。封闭一个村庄，限制它的人财物等要素流动，就不能产生有效的竞争，就不能实现优胜劣汰，就不能打破和分解家族势力之类与民主相悖的因素，也不能优化配置村庄的人财物资源。封闭环境下的民主是不可想象的，即使民主也是劣质民主。

权力制约权力才能有民主。没有权力制衡，就可能产生专制。没有完整的财产权和人身权等基础性权利，要实行民主、自治，是缘木求鱼。西方的自治雏形是城邦自治，建立于人身自由和私有产权基础之上。集体所有制下的民主自治，曾经有过南斯拉夫的工人自治，但财产权利太分散，效率低下。完整的财产权和人身权是民主自治的两个必要条件，缺一不可。当然，它们不是充分条件，不是具备这样两个条件就可以自然实现民主自治了，中国这么大，农村人口这么多，必须一步一步推进，但首先必须试验，在少数村庄实行有控制的试验，让这些村庄在完善土地所有权和迁徙自由的基础上进行多种多样的试验，然后选择效果良好的进行推广。

民主必须建立在法治的基础上，民主化的本质就是法治化的过程。民主必须与法律制度相结合。若没有法律的强有力支撑，民主必然成为乱局，还不如专制。民主与法治互为表里，是一物之两面。目前的村民自治，相关法律不健全，执法机构也存在有法不依、执法不严甚至违法的现象，村民的很多合理诉求得不到司法机关的支持。民主化、市场化相互推动，并共同以法治化为基础，忽视其他两个方面，试图单独推进某一领域，将一事无成。

第十章

李庄村的贫困与社会扶助

李庄村是江苏省 1011 个经济薄弱村之一，至 2004 年底，全村有人均收入低于 1500 元的贫困户 129 户，占全村总户数 641 户的 20.12%。在此次问卷调查的 167 户中，有 2004 年上报的贫困户 22 户，占 13.09%；非贫困户 132 户，占 79.04%；还有 13 户答卷人对是否是贫困户回答"不清楚"。近几年，在各级政府的大力扶持下，李庄村经济社会有了长足发展，但由于基础差、底子薄，李庄村的发展道路依然漫长。

本章首先分析李庄村贫困现状和贫困成因，然后简要回顾社会各界对李庄村帮扶的主要措施和存在的主要问题，最后深入分析造成扶贫投资低效率的体制原因，并就提高扶贫绩效提出若干具体建议。

第一节　贫困现状概述

贫困首先被看做一种经济现象。从经济学的角度来看，贫困是由于收入不足而导致的生活匮乏状态。因而，有人把贫困界定为缺少达到最低生活水平的能力，也有人把贫困界定为个人或家庭的经济收入不能达到社会可接受的生活标准那种状况。贫困也是一种社会现象，贫困具有一系列经济社会特征。因此，仅仅从经济学意义上来理解贫困是不够的，许多学者、研究机构和相关部门正是从经济—社会特征上来界定贫困的。李庄村经济社会发展水平较低，既表现为农户的贫困，也表现为村级集体经济的薄弱。

一　农民收入水平远低于全省平均水平

贫困首先表现为收入的不足。国际上通常以一个国家或地区居民收入或平均收入的 50%—60% 作为贫困的标准。2007 年，调查户农民人均纯收入 4644.87 元，只有江苏省农民人均纯收入 6480 元的 71.68%。22 户贫困户人均纯收入 3816.99 元，相当于 132 户非贫困户的 77.94%，全省农民人均纯收入的 58.90%。

二　不少农户生活尚处于温饱状态

从经济学的角度来看，贫困是由于收入不足而导致的生活匮乏状态。由于收入低，不少贫困户生活尚处于温饱阶段。调查农户支出结构具有以下特点：一是生活消费支出中有近一半用于食品消费。2007 年，李庄村居民的恩格尔系数高达 0.48，远高于江苏全省恩格尔系数 0.39 的水平。二是居住条件较差。全村以简易的砖瓦房为主，楼房普及率不足 5%。全村仍有 40% 农户没有安装自来水，81.4% 的家庭仍用旱式厕所。三是耐用消费品数量少、档次低。贫困户的主要耐用消费品拥有量与非贫困户、全省农民平均水平都有相当差距。

表 10.1　　　2007 年李庄村与江苏省农民主要耐用消费品
百户拥有量比较表

项目	贫困户	非贫困户	调查户	全省农户
彩电	77.27	98.48	95.8	122.7

项目	贫困户	非贫困户	调查户	全省农户
空调	4.55	3.79	3.6	31.2
冰箱	4.55	24.24	22.3	44.6
洗衣机	36.36	58.33	53.3	82.1
移动电话	50	125	108.98	117.2
电脑	0	1.52	1.2	5.5
小骄车	0	1.52	1.2	1.5
摩托车	25	53.79	46.7	62.2

三 道路、水利等基础设施落后

基础设施落后主要表现为：一是农村道路状况差、体系不全。近年来，李庄村交通状况虽有所改善，但由于地域广、村庄散，交通条件依然滞后。全村有主道路危桥、险桥 8 座。生产道路以泥路为主，由于耕作半径大，通达程度低，导致许多生产资料运不进去、农产品运不出来。二是水利设施老化、破损、空缺现象严重。由于水利设施滞后，且造价高、输水远，目前李庄村还有一半农田属于中低产田，涝时无法排、旱时无法灌。"大雨哗哗流成灾，无雨半月渴死牛"的状况尚未根本扭转，种植业基本还处于"人种天收、广种薄收"状态。

四 村级集体经济薄弱

苏南地区许多村集体经济发达，如苏州市 2007 年村均集体收入达 347 万元，一些桥、路等基础设施由村集体出资建造修理，从而大大减轻了农民的负担。经济欠发达的薄弱村收入非常有限，而维持村运转的支出却不少，村级经济处于入不敷出的状态。一是集体收入乏力。李庄村村级集体企业只有一家窑厂，村可支配收入主要来自于各种收费。二是村集体负债数额较大。村级负债虽在税费改革后采取多种方式化解，但至 2007 年底，李庄村仍有村级债务 40 万元。三是村级集体经济入不敷出，主要通过财政转移支付维持日常运转。

总体来看，李庄村贫困户的温饱已经解决，住房也有了一定的改善，但生活条件依然较差，耐用消费品数量少；通过政府的救济等手段，绝对贫困已不多，但相对贫困率较高；村集体经济非常薄弱，村级运转十分困难。

第二节　致贫原因分析

农户贫困除了当地自然条件差、资源匮乏等客观原因外，从农户自身的原因看主要有劳动力少、文化技术素质低，经济结构单一，因病（残）、超生、上学等原因而引起支出大幅增加等。

一　文化技术素质较低

劳动力素质低，科技应用推广不足，造血功能差，是造成李庄村贫困的一个重要原因。全村居民文化水平较低，仍有不少是文盲和半文盲。初中以上文化程度劳动力极少，小学文化程度也名不符实，致使贫困与愚昧二者联姻。在调查的 22 户贫困户中，小学及以下文化人口占非在校人口的 66.7%，初中文化人口占 26.4%，高中以上文化人口比重很小。不重视学习的现象甚至在青少年中出现。全村有 27 个失、辍学学龄儿童，其中大部分是上到初中一、二年级又不想继续学习的青少年。

表 10.2 **2007 年李庄村非在校人口（含未上学儿童）**

文化程度结构表 （单位：人/%）

人口	小学及以下		初中		高中及中专		大专及以上		总计	
	数量	比重	数量	比重	数量	比重	数量	比重	数量	比重
贫困户人口	48	66.57	19	26.39	4	5.56	1	1.39	72	100
非贫困户人口	317	59.92	174	32.89	33	6.24	5	0.95	529	100
调查户人口	392	60.59	212	32.77	37	5.72	6	0.93	647	100

二　经济结构单一

李庄村的产业结构以种养业为主，农产品主要是小麦、水稻、玉米、生猪等传统产品，缺乏特色产品和名优产品。由于当地企业少，农民缺乏进入企业的机会，外出打工便成为农民脱贫致富的主要途径。但由于村民缺少培训，缺乏技术，外出打工主要是在建筑工地干苦力，收入较低。贫困户人均纯收入中，家庭经营收入占38.5%，外出打工收入占50.5%。

表 10.3 **2007 年李庄村调查户人均收入结构表** （单位：元/%）

农户类型	人均纯收入总额	家庭经营收入		工资性收入		财产性收入		转移性收入	
		总额	比重	总额	比重	总额	比重	总额	比重
贫困户	3817	1469	38.49	1926	50.46	1	0.03	421	11.03
非贫困户	4898	1987	40.57	2532	51.69	64	1.31	315	6.43
调查户	4645	1874	40.34	2392	51.5	52	1.12	327	7.04

三　因病（因残）致贫

贫困地区因工作条件、医疗条件、营养条件差，肢残、智残的比重特别高。在调查的 22 户贫困户中，患病无劳动能力的人口占贫困人口的 11.4%，而在非贫困人口中这一比重仅为 6.1%。由于贫困，加之农村医疗保险制度的缺失，绝大多数农民得了疑难病症，只能是"小病拖，大病挨，要死才往医院抬"。而"脱贫三五年，一病回从前"，"一人得病，全家致贫"是当前贫困农民的实际情况，因病致贫、因病返贫的现象十分普遍。在此次调查的22户贫困户中，因病致贫、因残致贫的农户有15户，占总贫困户的68.18%。

表10.4 　　　　**2007年李庄村调查户人口健康状况** 　　（单位：人/%）

农户类型	健康		患病能劳动		患病无劳动能力		总数	
	人口	比重	人口	比重	人口	比重	人口	比重
贫困户	61	69.32	17	19.32	10	11.36	88	100
非贫困户	474	78.61	92	15.26	37	6.14	603	100
调查户	568	76.86	117	15.83	54	7.31	739	100

四　因上学致贫

因上学致贫是近几年才出现的一种新的贫困原因。在近几年的教育体制改革中，宿迁市的一些公办中学改制为民办中学，许多公办初中的教师进了民办学校而导致公办中学的教育质量下降，许多小升初的贫困学生只能选择民办初中。据初步计算，民办初中三年的学杂费、住宿费、交通费等需要2万—3万元，这对于一个贫困家庭来说，无疑是一个天文数字。结果有两条，一是因上学致贫，二是许多学生干脆辍学在家。一些家庭真是处于"不送子女读书长期贫，送子女读书立即穷"的两难窘境。据村党支部书记讲，该村有80%的初中生不能毕业，这些人将来只能做小工或失业，形成贫困的恶性循环。在我们此次调查的22户贫困户中，有5户因上学而贫困，占贫困户总数的22.73%。

五　因超生致贫

往往越是贫穷落后的地方，传统的、落后的生育观念在人们的头脑中越是根深蒂固；同样，生育观念落后的地区，往往也是经济文化落后、贫穷的地区。一些妇女相互攀比，不生儿子觉得脸上无光；不少人抱有"宁可有儿气死，不能无儿叹死"的观念；还有的人抱有"多子多福"的观念。在贫困地区生二胎、三胎是很正常的现象，由此造成上学、建房、结婚生子的负担很重。

六　观念落后

缺少文化知识必然导致观念的落后。经过当地实施的劳动力转移培训工程，农民外出务工的人数逐年增多，但由于群众平均受教育程度较低，农民对商品经济至今还很不习惯，他们一贯视农为本，宁愿守着土地受穷，也不愿冒险出外经商办企业；许多农民听天由命，消极悲观，缺乏信心和勇气，把希望寄予"老天爷"风调雨顺；依靠国家支援，把拿补贴认为理所当然；观念保守，不愿接受新技术，甘愿受穷。

贫困户是按农户人均纯收入来衡量的，收入低无疑是造成贫困的一个重要原因，但负担重也是造成贫困的一个不容忽视的原因。我们把因生病、上学、超生等原因而造成的支出突然增加而快速形成的贫困称为支出膨胀型贫困。李庄村支出膨胀型贫困占有很大比重，这就要求各级政府在反贫困过程中，既要注重开发式扶贫，也要注重救济式扶贫。

第三节　扶贫的主要做法

进入新世纪以来，江苏省按照"八有"目标要求，科学规划、因地制宜，以项目为载体，以农民增收为中心，继续加强经济薄弱村的基础设施建设和产业的培育发展，着力改善农民生产生活条件，增强村级自我发展能力。各级政府对李庄村的帮扶措施主要有以下几方面。

一 省财政整村推进帮扶

整村推进是新时期农村开发式扶贫的三大重点内容之一，目的是利用较大规模的资金和其他资源，在较短的时间内使被扶持的村在基础和社会服务设施、生产和生活条件以及产业发展等方面有较大的改善，并使各类项目间能相互配合以发挥更大的综合效益，从而使贫困人口在整体上摆脱贫困，同时提高贫困社区和贫困人口的综合生产能力和抵御风险的能力。"十一五"期间，江苏省将对全省1011个经济薄弱村每村安排40万元启动资金用于整村推进，其中一半投资于基础设施建设，一半投资于产业化。

2006年，李庄村作为全省重点经济薄弱村之一实施了整村推进。一是投资20万元修建了一条121线至溧西河全长3200米的砂石路。长期以来，由于经济原因，村内没有一条像样的生产道路，主要道路都是黏土路，路面狭窄，高低不平，严重影响村民的日常生产与产品销售，成为发展农业生产的"瓶颈"。砂石路的建成有利于缓解困扰几代人的生产道路不畅问题。二是投资20万元为45户农户建造标准化猪舍。李庄村养猪业初具规模，2006年利用扶贫"整村推进"项目的有利时机，每户建30平方米的标准猪舍，帮助贫困农户发展养猪生产。

二 省属行政企事业单位帮扶

多年来，江苏省坚持实行"五方挂钩"帮扶措施，即省委、省政府组织各级机关部门、苏南发达县（市、区）、省属大企业、高等院校（科研院所）与苏北经济薄弱县实行"五方挂钩"帮扶，并将帮扶重心下移到1011个经济薄弱村。2006年，作为省直属事业单位的江苏省社会科学院开始挂钩帮扶李庄村。省社会科学院在2006、2007年度的帮扶中主要做了以下工作：一是为李庄村制定中长期发展规划。省社科院发挥自身的智力优势，为李庄村制定了

2006—2020 年发展规划。二是进行基础设施建设。鉴于李庄村基础
设施薄弱的状况，省社科院加大了基础设施建设投入力度，主要有
村灌溉站维修工程、村社区服务中心建设工程、村文化室建设工程
等。三是扶助贫困农户脱贫。为帮助贫困农户尽快脱贫致富，省社
科院拨出专项资金资助贫困户发展畜禽和水产养殖业。四是深入开
展捐资助学活动。为解决贫困学生上学难的问题，省社科院发动全
院在职职工捐款、捐书活动。

三 "五个一"帮扶机制

"五个一帮扶机制"即是"一个扶贫指导员驻村、一个科技特
派员挂钩、一个工商企业帮扶、一个富村（镇）结对、一个主导产
业带动"。一是组成扶贫工作队到苏北经济薄弱县开展驻村帮扶。
2006 年，全省组建 19 支工作队，选派了 1095 名年轻干部，其中有
1011 名队员直接到 1011 个经济薄弱村担任驻村扶贫指导员。省社
科院派出一名长期从事农村经济研究的副所长进驻李庄村担任扶贫
指导员。二是建立科技特派员挂村制度，开展"千名专家挂千村"
活动。县畜牧兽医站派出一名技术员到李庄村任科技特派员。三是
建立健全村企挂钩帮扶机制。企业捐赠的帮扶资金实行税前列支，
以此调动企业参与帮扶的积极性。2007 年，已有当地的一家酒类
企业与李庄村建立了结对帮扶关系。四是帮助经济薄弱村培育主导
产业。政府帮助每个村走出一条以"一村一品"或"几村一品"
为特色的持续发展的产业化经营路子。2007 年，江苏省还实施了
"一村一名大学生工程"，选拔 1011 名应届本科及以上学历毕业生，
到苏北经济薄弱村担任村党支部副书记或村委会主任助理，任期 3
年。现有一名扬州大学法律专业的本科毕业生到李庄村任村委会主
任助理。

四 优先安排到经济薄弱村的涉农资金

各类涉农资金包括财政支农打包资金、农村新五件实事项目

等。近几年，省委、省政府为推进泗洪县西南岗地区开发，加大了扶持的力度，主要有省发改委农产品加工龙头企业专项资金，省财政厅和省扶贫办的经济薄弱村"千村万户帮扶"工程专项资金，省农林厅的"一乡一品"产业化扶贫工程专项资金，省经贸委的乡镇工业集中区建设专项资金，省水利厅的水源工程建设专项资金，省交通厅的西南岗路网建设专项资金，省教育厅、民政厅、文化厅、广电局等单位也都在项目和资金安排上对西南岗地区重点倾斜。2006、2007年，李庄村利用省农业产业化帮扶资金建成了一个规模化养鸭项目，利用省建设厅农村康居示范专项资金建设了有8套住房的康居示范小区，利用省农林厅的农村沼气专项资金为100户农户建设了沼气池，利用省卫生厅农村卫生专项资金为200户农户实行了改厕工程。

五 小额贷款扶持资金

"十五"期间，以增强造血功能为基础，帮助低收入农户脱贫致富的扶贫小额贷款在江苏省建立起成功的发放和回收机制。5年中，省农村信用社在苏北16个经济薄弱县和部分老区县的1000多个贫困村累计发放17.5亿元扶贫小额贷款。获得该项贷款支持的58万户低收入农户平均每户年增收1500元左右，已发放贷款的到期回收率保持在96%以上。进入"十一五"以来，扶持力度进一步加大。2007年，贷款规模已由2006年的6亿元增加到7亿元，重点支持经济薄弱村发展增收项目。

李庄村也是小额贷款扶持资金的受益村。2006年，李庄村共有196户农户获得了小额贷款，合计贷款总额48.4万元，其中贫困户35户，贷款8.1万元，占贷款总额的16.74%。2007年，李庄村共有112户农户获得了小额贷款，合计贷款总额35万元，其中贫困户19户，贷款6.1万元，占贷款总额的17.43%。

表 10.5　　　2006—2007 年李庄村各贷款规模农户数量及比重

（单位：户/%）

年份	2000 元		3000 元		4000 元		5000 元		6000 元		合计
	户	比重	户	比重	户	比重	户	比重	户	比重	
2006	148	75.51	20	10.2	12	6.12	16	8.16	0	0	196
2007	0	0	103	91.96	5	4.46	3	2.68	1	0.09	112

六　免费培训劳动力

贫困地区之所以贫困，一个重要原因，就是劳动者素质较低、观念落后导致的发展能力差。实践证明，在贫困地区通过培训提高劳动力素质，进而使他们转移到第二、三产业，是帮助贫困群众增加收入、摆脱贫困的重要途径。为提高经济薄弱村劳动力素质，省财政每年都单列省级专项补助资金，重点对 1011 个经济薄弱村贫困劳动力实施全额免费培训。2006、2007 年泗洪县各有 3000 个贫困劳动力培训指标，每个劳动力省财政分别补助 300 元、400 元，县财政补助 100 元。

2006 年，李庄村有 97 个劳动力参与了培训，具体培训项目为电动缝纫 57 人，占 58.76%，主要参与对象为中青年女劳力；电子装配、修理 17 人，占 17.53%；汽车驾驶 8 人，占 8.25%，主要参与对象为青壮男劳力。2007 年，李庄村有 128 个劳动力参与了培训，比 2006 年增长 31.96%，其中男劳力 86 人，占 67.19%，女劳力 42 人，占 32.81%。具体培训项目为电动缝纫 45 人，占 35.16%；电焊技术 33 人，占 25.78%；数控技术 18 人，占 14.06%。

七　最低生活保障

在坚持开发式扶贫为主的同时，政府对相当一部分已经失去劳动能力及生活贫困的人口实行最低生活保障。按规定，人均月收入低于 70 元的户属于低保对象。实际上收入低于这一标准的农户很少，在确定补助对象时主要是根据残疾情况、生病情况等给困难户补助。补助分为三类，A类是家中人口多，且老弱病残、没有年轻劳力的户；B类是基本损失劳动能力的户；C类是遇到自然灾害、病灾等突发性灾害的户。据2007年第三季度统计，李庄村共有低保人口88人，其中A类低保人口20人，占22.73%，每人每季度发放230元；B类低保人口29人，占32.95%，每人每季度发放180元；C类低保人口39人，占44.32%，每人每季度发放155元。

长期的扶贫工作已取得了一定的成效，李庄村的经济社会有了较快发展。扶贫的主要经验有：一是扶贫方式从"救济式扶贫"转变为"开发式扶贫"，注重"造血功能"的培育；二是扶贫项目从以工业为主转变为以种养业为主，坚持项目扶贫到户，帮助贫困户发展自己可以主导的各类增收项目，使帮扶工作"把根留住"；三是扶贫内容从物资、资金转变为物资、资金、技术、人才、文化、服务、市场综合扶贫；四是资金筹措从单一的政府渠道转变为政府、集体、个人、社会相结合的资金投入格局，资金来源渠道迅速拓宽；五是注重山水田林路的综合治理，重视经济、社会、生态协调发展。

第四节 扶贫存在的主要问题

在看到成绩的同时，也必须清醒地看到，李庄村与经济发达村之间的差距仍在扩大；虽然绝对贫困问题已基本解决，但相对贫困问题还较突出。扶贫开发工作中存在许多值得注意的问题。

一 目标瞄准偏离问题

目标瞄准偏离问题是扶贫工作中的一个痼疾。首先是贫困群体识别中就存在偏离。由于缺乏统一的贫困农户统计资料、简单易操作的识别方法和贫困户识别的监督机制，仍然有很多贫困户被排除在外，也有很多非贫困户被纳入到扶贫范围。现行贫困户以人均纯收入为衡量指标，而没有考虑支出因素。一些人均纯收入虽超过1500元但因上学、生病等原因开支很大的农户，生活非常困难，这些农户目前被排斥在贫困农户之外。二是贫困标准偏低。按现行标准，人均年纯收入1500元以下的农户为贫困户，而三口之家年纯收入在4500元以下的农户在当地很难生存下去，更不要说应对生病、上大学、结婚等大笔开支。贫困标准偏低，也助长了虚报贫困户以获取扶贫资金的现象。三是贫困群众稳定脱贫问题仍未能根本解决。经过多年努力，虽然有些昔日的贫困人口已脱离贫困线，但有些过去并不贫困的农户却因灾、因病、因教、因家庭变故等原因陷入贫困，而且刚刚越过温饱线的群众一旦遇到疾病和自然灾害也很容易返贫。

与此相对应的是，在每一个具体的扶贫项目中存在着目标瞄准偏离问题。整村推进中需要农户配套的项目、扶贫小额贷款、劳动力转移培训中无一例外地发现了目标瞄准偏离的问题，而且这种偏离的主要形式是非贫困户排挤贫困户，从而受益于扶贫资源。因此，扶贫工作中的目标瞄准偏离已经不是一个道德范畴的问题，而是一项制度性的缺陷，扶贫资源在很大程度上成为一种稀缺资源，成为各农户相互竞争的产品，在各方博弈的过程中，失败的总是弱势群体。

二 扶贫资金使用效率低

近几年，对贫困地区的扶贫投入不少，并在改善生产条件和提高贫困农户的收入水平等方面发挥了很大作用，但不可否认的是，扶贫项目决策失误、效益不高的问题同样存在。在167户调查户中，认为扶贫效果很好的农户只占7.19%，认为一般和有点效果的占38.32%，认为没有效果和不知道的达54.49%。

1. 基础设施建设中的问题

现有的扶贫资金主要用在建房、筑路、修桥等基础设施建设上，在改善贫困村生产、生活条件方面，确实起到了重要作用，但是项目的"造血"能力依然不足，且重建设、轻维护，难以从根本上改变贫困面貌。由于缺少配套资金，扶贫资金仅能用于项目建设，而缺乏建成后的统一管理、使用和维护，甚至存在"面子工程"、"验收工程"。20世纪90年代，省财政向李庄村投资十多万元修建一条灌溉渠，以期解决长期以来困扰该村农业生产发展的干旱问题。可是由于该工程不配套，渗水、漏水严重，灌溉效率很低，每亩田的灌溉成本是正常灌溉的2倍多，这条灌溉渠至今从未使用过。

2. 农业产业化中的问题

农业产业化是开发式扶贫的一项重要内容，也是帮助贫困农户脱贫致富的一个重要手段。在此次调查的22户贫困户中，希望通过调整种植业品种脱贫的农户有2户，通过发展养殖业脱贫的农户有9户，两者合计占贫困户总数的一半。但农户在农业产业化和农业结构调整中面临着许多困难。在调查的167户农户中，觉得缺少资金、缺少技术、缺少项目的农户分别占29.95％、9.58％、8.38％，觉得项目、技术、资金都缺的农户占20.36％。

为推动贫困地区农业产业化，各级政府加大了农业产业化的扶贫力度，但农业产业化实施的难度较大，风险较高。2006年，李庄村利用省财政"整村推进"资金20万元为45户农户建设标准猪舍，原计划在一个经济相对贫困、养猪基础较好的自然村建设，但某些领导觉得项目放在另一个通水泥路的自然村效果会更好，也更容易观摩。45个猪舍在公路两边整齐地建起来了，但由于这些农户出去打工的较多，愿意养猪的却不多，45个新建的猪舍有许多至今没有使用过。

3. 劳动力培训中的问题

贫困地区的劳动力资源比较丰富，只要通过培训，实现转移，就可能将人口压力转化成人力资源，将劣势变为优势。因此，加强对贫困劳动力的技能培训，促进其实现就业，促使其解放思想、转变观念，具有"一次培训、终生受益，一人务工、带动一片"的作用。在此次调查的 22 户贫困户中，希望通过外出打工脱贫的农户有 8 户，占贫困户总数的 36.36%。

观念落后、体制僵化是当前开展转移培训工作面临的核心问题。表现为培训目标模糊，办学形式单一、不能适应农民的需求；片面追求短期效果，什么流行办什么，而农民真正需要的农业实用技术却很少。2006 年，为照顾农民上培训班方便，县级培训机构在李庄村设立了一个电动缝纫培训班，但由于缺少监督，老师本应每天上 7 小时的课，却经常迟到早退，每天实际上课时间不到 2 小时。农民觉得效果差，听课就不正常，办了一段时间后这个培训点只能合并到临近乡镇的培训点，结果是去听课的农民更少了。一个月的培训实际上课时间不到 30 个小时，农民没学到什么技术，但结业证书照样发放，而培训机构根据培训名单照样领取培训费。

第五节　扶贫效率低的成因分析

扶贫效率低，从客观上看，是因为扶贫开发的难度逐步加大；但我们认为，根本原因在于现有的扶贫体制和扶贫政策。

一　扶贫力量分散

现阶段，扶贫工作的显著特点是专项扶贫和社会扶贫相结合，扶贫资金跟着项目走，项目又归属于不同的部门去进行管理，造成了扶贫工作条块分割的管理体制。其关键的原因：一是支持和规范各项资金投入、分配、使用和管理的政策和制度上存在冲突；二是部门、地区之间在扶贫中的分工和配合机制没有有效形成；三是没有在源头上对各项资金进行整合。长期以来，对扶贫信息收集工作严重漠视，各部门内部很少花大力气搜集与本部门有关的信息，对自己部门所管辖的项目或资金以及使用效果讳莫如深，自然也谈不上与其他部门共享资源。众多部门之间合作不足造成了扶贫资源的浪费，影响了扶贫效果。

二 扶贫项目缺乏责任主体

扶贫资金使用效益低的一个重要原因是扶贫资金使用上权责利不统一，尤其是缺乏责任主体。目前财政资金主要由财政部门监督实施，但由于财政部门负责的项目很多，人力有限，而且鞭长莫及，所以在项目的监督上往往心有余而力不足。乡镇一把手是许多扶贫项目的第一责任人，但由于缺乏必要的监督考核机制，实际上并没有对项目实施负起责任。镇村干群是项目的受益主体，但由于不掌握财权，同样无法对项目实施有效的监督。其结果：一是盲目决策。许多基础设施项目仅凭领导的长官意志办事，决策缺乏民主性、科学性和可行性。二是搞形象工程。一些基层领导在做扶贫项目时，只考虑政治效果，或只考虑眼前利益，热衷于做表面文章。

三 扶贫项目缺乏有效监测和评估

目前对扶贫项目的监测和评估还停留在项目检查和抽查的层次上，在实际的操作过程中存在许多问题：重计划、轻监测，重投入、轻产出，重工程产出效果、轻实际扶贫效果等。并且就是这种不完善的项目检查制度也是由各个部门自己来执行，部门之间缺少必要的协调和信息交换。这种形式的检查历来都是自上而下的，往往流于形式，在检查技术上缺乏参与式的评价。这样就造成了目前对扶贫资金管理上的松散性：只知道计划资金安排，不知道实际资金的使用模式和使用效果。

四 以输血为主内生动力不足

对李庄村的持续扶持对改变这个村的落后面貌起到了重要作用，但也在少数基层干群众中产生了"等、靠、要"的依赖思想，致富的内生动力明显不足。一是安于现状。农业生产有很强的自然风险和市场风险，贫困农户抗风险能力薄弱，因而不少农户对种植业结构调整和发展养殖业缺乏兴趣，满足于种植几亩稻麦；还有的贫困农户怕吃苦、怕竞争、怕冒风险，安于现状，有吃、有住就很满足了。二是有很强的依赖性。这种依赖思想使他们认为，加快扶贫开发是中央和省委的决策，每年上级来人都会带资金、上项目，这些现成的、送上门的实惠，"不要白不要"。这种思想也导致他们对各级政府加大资金投入的期望值很高，把主要精力用于争取扶贫资金，而对如何谋划自身发展、如何艰苦创业考虑不多，重视不够。

扶贫主体的低度参与所导致的最直接的问题主要有：一是扶贫项目的设计脱离了贫困农户的实际需求，限制了扶贫项目的脱贫效果，同样也造成了扶贫资源的浪费。二是扶贫项目在社区层次缺乏有效的监督机制，这也造成了扶贫资源的渗漏和偏离。在此次调查的 167 户农户中，对扶贫措施非常了解和基本了解的农户只占 5.39%，了解一点的农户占 20.96%，不了解的农户达 73.65%。三是扶贫项目实施结束后缺乏有效的可持续管理和维护机制，造成了扶贫行为的短期性和扶贫资源的浪费。

帮助贫困农户脱贫致富是开发式扶贫的一项重要任务。李庄村现有贫困户中，通过帮扶能脱贫的农户占到 2/3 左右。党的十六届五中全会明确提出建设社会主义新农村的战略任务，确立了"生产发展、生活宽裕、乡风文明、村容整洁、管理民主"的新农村建设目标。《江苏省扶贫开发"十一五"规划纲要》对经济薄弱村提出了"有双强班子、有科学规划、有高效农田、有特色产业、有配套设施、有保障机制、有整洁村容、有文明村风"的"八有"目标。可以预见，随着各级政府帮扶力度的加强，李庄村脱贫致富的步伐一定会越来越快。

各级政府和社会各界在对李庄村的具体帮扶措施上，要注意以下几点：一是积极筹措资金，加强村级基础设施和社会事业建设。结合新农村五件实事，把与改善群众基本生产生活条件、增加经济收入有直接关联的基础设施建设作为扶持重点之一。二是开发优势资源，推动农业产业化经营。李庄村具有丰富的水资源，今后几年要充分利用这些资源，力争成为水稻良种繁殖基地，以及螃蟹养殖等特种水产品生产基地，逐步实现农业的特色化生产、规模化经营，形成一村一品。三是加大小额贷款支持力度，为贫困农户脱贫提供资金支持。小额贷款深受贫困农户的欢迎，是帮助贫困农户脱贫致富的一种好形式。四是加大财税支持力度，成立农民专业合作经济组织。通过专业合作经济组织，把全村贫困户的生产经营纳入产业链中，既做到提高收入，又能受到信息、技术、销售服务方面的渗透。五是多元投入，加大劳动力培训转移力度。加大财政扶贫资金用于贫困地区劳动力转移培训的力度，同时努力形成企业支持、个人负担、社会捐助和利用信贷资金的多元投入机制。六是提高贫困农户的知情权与参与度，增强贫困农户脱贫致富的内生动力。

后　记

　　江苏省社会科学院农村发展所共有 12 位研究人员参与了农户问卷调查。调查人员以每天每人独自完成 2 户调查的进度开展工作。多数人参加调查时间两周，少数人调查时间一周，包括问卷的试调查时间在内，农户问卷调查累计工作量共 128 人/天。最终实际完成的有效问卷共 167 份，占全村总农户数的 26.1%。问卷调查表共有 622 项指标，若不计缺省项，包括 739 个被调查农户成员的基础信息在内，此项问卷调查共获得了 14.68 万个第一手农户调查数据，拍了数百张资料照片。各章执笔的具体分工如下：

绪　论　　包宗顺　杜志雄

第一章　　章寿荣　周春芳

第二章　　金高峰

第三章　　徐元明

第四章　　曹明霞

第五章　　周春芳　许佩倩　包宗顺

第六章　　吕美晔

第七章　　皮后锋

第八章　　高　珊

第九章　　潘必胜

第十章　　徐志明

　　问卷调查期间，全体调查人员住在离李庄村 5 公里的双沟镇上。尽管从双沟镇到李庄村搭乘农村公共汽车十分方便，但由于问卷调查量很大，完成一户完整的问卷调查（包括项目指定的《行政村入户调查表》和项目组自己开发的补充调查表），平均耗时超过2.5 小时，调查时间最长的户耗时达 3.94 小时。为了提高调查工作效率，调查人员采取早出晚归的方法，中午固定在对各调查小组而言地点适中的一个农户家搭伙，我们付给这家农户劳务费和餐费标准，比我们在双沟镇饭店用餐的标准还高。事实上，这样做有几个好处。第一，拉近了调查人员与农户间的距离；第二，给付相对较高的劳务费和餐费标准本身即体现研究人员"扶贫"的一份心意；第三，利用午间休息时间可到农户家串门，察看农户的饮食消费水平；第四，减少了调查人员往返住宿地的车旅劳顿，同时也节约了时间。

　　该国情调查项目的实施，对社科工作者而言，是深入了解社情民意、了解政府惠农政策落实情况和财政支农投入实施效果非常难得的机会。对青年科研人员的帮助尤其显著。由于在该村开展此项调研的许多有利条件，使得该项目调查工作的独立性、真实性为国内罕见。

　　在本书付梓之际，我们首先要感谢双沟镇政府给予我们课题组调研工作的支持和提供宽松的调研环境。特别要感谢李庄村村干部们的积极配合和广大被调查农户的主动热情支持。记得在问卷调查期间，每当我们研究人员走进村子，总有许多村民主动迎上前来，为我们指路或热情带我们找寻抽中的农户家，这令我们的研究人员倍感亲切。

　　我们要衷心感谢中国社会科学院学部委员、农村发展研究所前所长张晓山研究员，他在繁重的行政事务、科研和政府咨询工作中，挤出时间对整个书稿进行了认真仔细的审读，提出了许多对于研究成果完善颇具指导性的修改意见。

　　我们还要感谢为本书出版发行付出辛勤劳动的中国社会科学出版社编辑老师和校对老师。

杜志雄　包宗顺

2011 年 12 月 18 日